We

DER TOD, DIE BRÜCKE ZU NEUEM LEBEN

Beweise für ein persönliches Fortleben
nach dem Tod

Der Bericht eines Physikers

Verlag „Die Silberschnur" GmbH

ISBN 3-923 781 - 26 - 1

1. Auflage 1988
Druck: Strüder-Druck, Neuwied
Covergestaltung: Didier Guedron, Langenlonsheim
Printed in W.-Germany

Verlag „Die Silberschnur" GmbH
D 5451 MELSBACH/NEUWIED, Gartenstraße 15

Über das Werk

Die Wissenschaft der Parapsychologie befaßt sich mit seltenen Naturerscheinungen, die eng mit dem menschlichen Leben verknüpft sind und in den herkömmlichen Wissenschaften nicht untersucht werden. Die Parapsychologie untersucht auch die Frage nach der Herkunft und dem Ziel des menschlichen Lebens und versucht eine Antwort darauf zu geben, ob denn der Tod wirklich das Ende des „Lebens" überhaupt ist. Diese Wissenschaft hat zahlreiche Fälle aufgedeckt, in denen das „Ich" verstorbener Menschen sich trotz des Zerfalls des irdischen Körpers wieder mit Menschen dieser Welt in Verbindung setzen und handfeste Zeichen seines Fortbestandes geben konnte. Die Parapsychologie sieht darin einen Erfahrungsbeweis für das Überleben des Todes. Man mag darüber denken, wie man will, fest steht, daß man an dem Tatsachenmaterial der Parapsychologie und ihrer Jenseitsforschung nicht vorbeikommt, wenn man über die Möglichkeiten eines Weiterlebens nach dem Tode nachdenkt.

Über den Autor

Werner Schiebeler, Diplomphysiker, Prof. Dr. rer. nat., geboren 1923 in Bremen. Er studierte in Göttingen Physik und promovierte 1955 mit einer Arbeit am Max-Planck-Institut für Strömungsforschung in Göttingen. Von 1955-1965 war er in der Elektroindustrie bei der Fa. Standard-Elektrik-Lorenz AG in Pforzheim tätig und leitete dort sieben Jahre eine Entwicklungsabteilung für elektronische Fernschreibtechnik. 1965 wurde er Dozent für Physik und Elektronik an der damaligen Staatlichen Ingenieurschule in Ravensburg, der heutigen Fachhochschule Ravensburg-Weingarten. 1971 erfolgte die Ernennung zum Professor und 1983 der Eintritt in den Ruhestand. Neben seinen naturwissenschaftlich-technischen Lehrfächern vertrat er seit 1969 in regelmäßigen Sondervorlesungen an der Fachhochschule Ravensburg-Weingarten auch das Lehrgebiet Parapsychologie und Parapsychophysik und setzt dies auch in den kommenden Jahren fort.

Der Autor veröffentlichte zahlreiche Zeitschriftenartikel über die verschiedensten parapsychologischen Themen. Daneben erschienen über das Institut für den wissenschaftlichen Film in Göttingen von ihm zwei Filme über „Paranormale Heilmethoden auf den Philippinen". Hierfür erhielt er 1974 von der Associazone Italiana Scientifica di Metapsichica den „Ernesto Bozzano-Preis" und 1988 den „1. Schweizer Preis" von der Schweizerischen Stiftung für Parapsychologie.

Inhaltsverzeichnis

1. Einleitung   6

2. Der biologische Lebensbegriff 13

3. Das geistige Leben 14

4. Die physikalische Natur der geistigen Lebensvorgänge . . 15

5. Die Voraussetzungen zur Aufrechterhaltung des Lebens . 20

6. Sonderfälle geistiger Lebensvorgänge 24

7. Möglichkeiten zur Fortführung der
    Informationsspeicherung und Informationsverarbeitung
    nach dem irdischen Ableben 31

8. Der Vorgang des irdischen Todes aus
    parapsychologischer Sicht 50

9. Die sichtbare Erscheinung der Gestalt Verstorbener . . . 73

10. Mediale Mitteilungen Verstorbener 157

11. Die Kreuzkorrespondenzen 183

12. Die Kundgaben verstorbener Komponisten 202

13. Die mediale Durchgabe dichterischer Werke 216

14. Die Urheberschaft physikalischer Erscheinungen
    der Parapsychologie 225

15. Schlußfolgerungen aus dem Erfahrungsmaterial 232

16. Der Gegensatz Spiritismus - Animismus 237

17. Literaturangaben 249

18. Personen- und Sachverzeichnis 256

1.

Einleitung

Unsere heutigen Wissenschaften, insbesondere die Naturwissenschaften, haben uns in den letzten Jahrhunderten, in starkem Maße aber in den letzten Jahrzehnten, sehr bedeutsame Erkenntnisse über unser Universum, unsere Erde, unsere Umwelt und unseren menschlichen Körper geliefert. Wir wissen z. B. schon recht gut über die Funktionen unseres menschlichen Körpers, seine Krankheiten und deren Behandlung Bescheid. Aber alle herkömmlichen Wissenschaften enden bislang beim oder am Tode des Menschen. Geburt und Tod werden als Beginn und Ende der menschlichen Existenz angesehen. Die Menschen wissen aber im allgemeinen nicht, warum sie diese Strecke zwischen den beiden angeblichen Endpunkten durchlaufen. Die Geburt wird meist als freudiges Ereignis angesehen, der Tod dagegen als unbarmherziger Vernichter.

Seit über 100 Jahren besteht aber eine Wissenschaft, die wir heute Parapsychologie nennen, jedoch besser Paranormologie nennen sollten. Diese Wissenschaft greift über die bestehenden Naturwissenschaften hinaus, versucht sie zu erweitern.

Welches ist nun das Forschungsgebiet der Parapsychologie, womit befaßt sie sich? Wir haben zunächst vier herkömmliche Wissenschaften, die sich mit dem Menschen und seinen Lebenserscheinungen befassen. Es sind dies:

1. Die Physiologie; das ist die Lehre von den normalen körperlichen Lebensvorgängen.
2. Die Medizin; das ist die Lehre und Heilkunde der krankhaften körperlichen Lebensvorgänge.
3. Die Psychologie; das ist die Lehre der normalen geistigen Lebensvorgänge und
4. die Psychiatrie; das ist die Lehre und Heilkunde der krankhaften geistigen Lebensvorgänge.

Daneben tritt als 5. Wissenschaft die Parapsychologie. Sie ist die Lehre von geistigen und anderen Lebensvorgängen, die vom normalen Verlauf abweichen, jedoch nicht krankhaft sind. Die Parapsychologie [1]) befaßt sich mit Geschehnissen, die im oder am lebenden Menschen oder in seiner Umgebung stattfinden und auf irgendeine noch unbekannte Weise mit dem menschlichen Geist oder mit dem Phänomen, das wir Leben nennen, zusammenhängen. Dabei sind diese Vorgänge derart, daß sie sich nicht in die normale Psychologie, Physiologie oder Physik einordnen lassen. Man bezeichnet daher diese Abläufe auch als paranormal. Die Erscheinungen, die die Parapsychologie untersucht, lassen sich in mehrere große Gruppen einteilen:

Erstens in die parapsychischen Vorgänge. Dazu gehört die außersinnliche Wahrnehmung, das heißt die Aufnahme von Informationen ohne die Benutzung der uns bis jetzt bekannten Sinnesorgane.

Dabei handelt es sich entweder um das Erkennen von Gedankeninhalten anderer Personen, Telepathie genannt, oder um das Erkennen von räumlich weit entfernten Vorgängen oder von Geschehnissen, die in der Vergangenheit abgelaufen sind oder sich erst in der Zukunft ereignen werden. Man spricht dann vom räumlichen oder zeitlichen Hellsehen oder von Präkognition.

Weiter gehören zu den psychischen Vorgängen der Parapsychologie die sogenannten Trance-Phänomene. Sie bestehen darin, daß die Sprechorgane oder Gliedmaßen eines lebenden Menschen im Zustand der Bewußtlosigkeit, Trance genannt, von anderen Wesenheiten paranormal angesteuert werden. Bei diesen anderen Wesenheiten handelt es sich in der Regel um verstorbene Menschen, die aus ihrer jetzigen, uns unsichtbaren Daseinsebene, in unsere irdische Daseinsebene hineinzuwirken versuchen.

Die zweite große Erscheinungsgruppe der Parapsychologie betrifft physikalische Vorgänge. Man spricht dann auch von Parapsychophysik oder kurz Paraphysik. Es handelt sich dabei um Geschehnisse, die zwar ihre Ursache oder ihren Ausgang in paranormalen **geistigen** Vorgängen haben, sich jedoch in rein physikalisch-materiellen Auswirkungen bemerkbar machen. Das betrifft zum Beispiel die mechanische Bewegung von materiellen Gegenständen ohne sichtbaren Urhe-

---

[1]) Ein Kunstwort aus folgenden drei griechischen Bestandteilen: para = neben, daneben, darüber hinaus; psyche = Seele; logos = Wort, Beschreibung, Kunde

ber oder erkennbaren physikalischen Wirkungsmechanismus. Man spricht dann je nach der Art und dem Auftreten der Bewegung von Psychokinese, Telekinese, Levitation und Apport. Weiterhin zählen zu den paraphysikalischen Vorgängen die sogenannten Materialisationsphänomene. Man versteht darunter die meist vorübergehende paranormale Bildung von organischer oder anorganischer Materie aus einem sichtbaren, fühlbaren und photographierbaren Stoff, den man Ektoplasma nennt. Hierbei entstehen für einige Minuten oder etwa höchstens bis zu einer Stunde vollständige Lebewesen oder isolierte Teile von ihnen, zum Beispiel losgelöste Gliedmaßen.

Trotz des Fehlens eines vollständigen Körpers können derartige Gliedmaßen oft relativ große Kräfte entfalten und manchmal schwere Gegenstände bewegen.

In sehr seltenen Fällen treten bei diesen Materialisationsvorgängen auch sich bewegende und lebende Tiere in Erscheinung.

Alle diese paranormalen Vorgänge treten nur auf, wenn lebende irdische Menschen vorhanden sind, die über eine Eigenschaft verfügen, die wir Medialität nennen. Sehr stark ausgeprägte Medialität ist selten, aber doch nicht so selten, wie man zunächst vielleicht annehmen möchte. Manche Menschen verfügen über diese Eigenschaft, ohne es zu wissen. Durch Zufall wird diese Gabe manchmal entdeckt und kann dann entwickelt und trainiert werden. In schwachem Maße aber verfügen viele Menschen über mediale Eigenschaften. Sie merken es hin und wieder im Laufe ihres Lebens dadurch, daß sie ein telepathisches Erlebnis, das Auftreten einer zeitlichen Vorschau haben oder die Ankündigung eines Sterbenden wahrnehmen.

Ein drittes großes Erscheinungsgebiet betrifft die sogenannte Geistige Heilung. Man versteht darunter die paranormale Heilung oder Linderung von Krankheiten und Körperschäden, bei der keine der üblichen Heilmethoden angewendet wird, die nicht nach bekannten medizinischen Erfahrungen verläuft und die nicht nur durch Suggestion[2]) oder Autosuggestion[3]) erklärbar ist.

In der Parapsychologie wird nun ganz besonders auch die Frage nach der Herkunft und dem Ziel des menschlichen Lebens untersucht und eine Antwort darauf gegeben, ob denn der Tod wirklich das Ende des

---

[2]) Suggestion = Einrede, Einflüsterung
[3]) Autosuggestion = Selbsteinrede, Selbstbeeinflussung

Lebens in weitem Sinne ist. Um diese Frage beantworten zu können, muß zunächst geklärt werden, was eigentlich unter „Leben" zu verstehen ist und was den irdischen Tod denn überleben könnte. Die Frage soll in diesem Buch an Hand des heutigen Kenntnisstandes der Naturwissenschaften und des Erfahrungsmaterials der Parapsychologie untersucht werden.

Das Ergebnis wird sein, daß sich nach meiner Auffassung eine persönliche Fortexistenz nach dem irdischen Tode durch Indizien und Erfahrungsbeweise zumindest in Einzelfällen nachweisen läßt. Die Zusammenfassung und Gewichtung dieser Erfahrungsbeweise wird heutzutage als spiritistische Theorie oder spiritistische Hypothese bezeichnet.

Aufgrund des heute vorliegenden Erfahrungsmaterials bin ich der Meinung, daß der Tod nicht das schrecklichste Ereignis ist, als das er vielfach angesehen wird. Er ist auch nicht die totale Auslöschung der menschlichen Existenz durch Gott, wie es moderne Theologen manchmal behaupten. Statt dessen ist er die Beendigung eines Lebensabschnittes und der Beginn eines neuen Lebensabschnittes, das Hinübergehen in eine andere Welt und das Betrautwerden mit neuen Aufgaben.

Wer sich auf diesen Übergang schon jetzt vorbereiten und bereits heute nach den möglicherweise auf ihn zukommenden Aufgaben Ausschau halten will, wer diese Dinge womöglich erforschen und die Ergebnisse anderen mitteilen will, muß sich auf die größten Schwierigkeiten gefaßt machen.

Das ist nicht verwunderlich. Dinge, die für die Menschen neu und ungewöhnlich sind, stoßen meist auf Unglauben und Unverständnis. Das hat sich bei den meisten bedeutenden Entdeckungen der Wissenschaften und den Erfindungen der Technik gezeigt. Die Mehrheit der Zeitgenossen, darunter auch oft bedeutende Wissenschaftler, ist meist mit Hohn und Spott gegen neue Erkenntnisse zu Felde gezogen.

Dabei können neue Erkenntnisse zuerst durchaus noch mit Fehlern behaftet sein. Sie vermögen aber trotzdem später zu einer bedeutenden Erweiterung des menschlichen Wissens führen.

Als ein Beispiel sollen die Überlegungen und Erkenntnisse des Genuesen Christoph Kolumbus (1451-1506) angeführt werden, die zur Entdeckung eines neuen Kontinentes geführt haben.

Im Mittelalter suchten italienische Kaufleute von der Levante aus, den Ländern um das östliche Mittelmeer, nämlich Kleinasien, Syrien und Ägypten, einen unmittelbaren Zugang zum fernen Asien, zu China und Indien, aus denen die Gewürze und die begehrten Luxusgüter des Orients kamen. Besonders bekannt geworden ist unter diesen Kaufleuten der Venezianer Marco Polo, der sich von 1271-1295 in China aufhielt.

Dieser Reiseverkehr nach dem Fernen Osten wurde Ende des 14. Jahrhunderts durch die Eroberungen des grausamen mongolischen Sultans Tamerlan (oder Timur)[4], der Persien und Kaukasien in Besitz nahm, wieder gesperrt. Später kam das Vordringen der Türken durch die Eroberung Konstantinopels 1453 erschwerend hinzu. Zu dieser Zeit war die orientalische Welt für Europäer auf dem Landweg unerreichbar geworden. Auf dem Seeweg um Afrika herum waren die Portugiesen mit dem Seefahrer Bartholomëu Diaz 1488 aber erst bis zur Südspitze Afrikas gelangt.

Da kam der Genuese Kolumbus auf den Gedanken, ob man Indien und China nicht viel einfacher auf dem Seewege in westlicher Richtung erreichen könnte. Das setzte jedoch voraus, daß ein solcher Seeweg überhaupt bestand, daß die Erde Kugelgestalt hatte. Diese Auffassung war aber damals nicht selbstverständlich.

Der Grieche Eratosthenes hatte zwar bereits 200 vor Chr. in Alexandrien von der Kugelgestalt der Erde ausgehend nach selbst vorgenommenen Messungen den Erdumfang zu 250000 Stadien[5] gleich 41000 km errechnet. Das war ein erstaunlich genauer Wert für die damalige Zeit, denn der wirkliche Erdumfang beträgt 40000 km. Das Wissen darüber ging jedoch in der breiten Öffentlichkeit im Mittelalter verloren, denn die kirchlich maßgebenden Kreise kehrten zu den Vorstellungen des Altertums zurück, daß nämlich die Erde eine vom Ozean umflossene Scheibe sei.

Die Kirchväter, z. B. Laktanz und Augustin, bekämpften meist die Lehre von der Kugelgestalt der Erde. Sie suchten es als lächerliche und absurde Idee abzutun, daß es Gegenfüßler gebe, die mit dem Kopf nach unten an der Erde hängen. Augustin sagte: „Die Behauptung, daß es auf der entgegengesetzten Seite der Erde bewohnte Län-

---

[4] Tamerlan, 1336-1405, ab 1388 Sultanstitel
[5] ein griechisches (ägäisches oder attisches) Stadion = 164 m

der gibt, widerspricht den Lehren der Heiligen Schrift. Weil es nämlich den Nachkommen Adams unmöglich war, über das dazwischenliegende Weltmeer zu kommen, würde die Existenz der Bewohner auf der anderen Erdseite bedeuten, daß es Nationen gäbe, die nicht von Adam abstammen. Das hieße aber das Ansehen der Bibel umstoßen, welche ausdrücklich lehrt, daß alle Menschen von einem gemeinschaftlichen Vater herkommen."

Kolumbus waren nun Berichte zu Ohren gekommen, daß durch Westwinde in Portugal und an den Azoren Baumstämme unbekannter Herkunft, die teilweise sogar geschnitzt waren, Schilf unbekannter Art und sogar zwei menschliche Leichname mit unbekannten Gesichtszügen und Hautfarbe angetrieben worden seien. Er deutete das als Sendzeichen der westlich liegenden Länder Indien, Japan und China. Er machte weiterhin die falsche Annahme, die aber für den erfolgreichen Ausgang seiner späteren Unternehmung entscheidend war, daß nämlich der Erdumfang sehr viel geringer sei, als er tatsächlich ist. Demzufolge setzte er auch die Entfernung von Spanien bis zur Ostküste Asiens viel geringer an, als sie in Wirklichkeit ist. Eine der Biographien über Kolumbus gibt diese angenommene Entfernung nur zu etwa 2000 km an. Tatsächlich segelte er aber 1492 in 36 Tagen von den Kanarischen Inseln aus etwa 5000 km, ehe er am 12. Oktober die Insel Guanahani (San Salvador) in der Bahama-Inselgruppe erreichte.

Trotz mancher Fehler in seinen Annahmen und trotz der irrigen Meinung bis zu seinem Tode, den Seeweg nach Indien gefunden zu haben, hat Kolumbus eine großartige Entdeckung gemacht. Er zog aus, den unbekannten Weg in ein fernes Land zu suchen. Dabei mußte er die verworrensten Vorurteile überwinden wie z. B., daß man vielleicht die Hinfahrt nach Indien erreichen könne, wenn die Erde eine Kugel sei, daß eine Rückkehr aber unmöglich sein würde, da man dabei dann bergauf fahren müsse.

Wer sich mit dem Leben nach dem Tode befaßt, sucht gleichfalls nach Erkenntnis und einem Weg in ein unbekanntes Land, und zwar einen Weg, den wir alle einmal gehen müssen, sofern er wirklich vorhanden ist. Einem solchen Suchenden werden ebenso wie Kolumbus die seltsamsten Argumente entgegengehalten. Man glaubt ihm nicht, so wie man auch den Theorien von Kolumbus anfangs nicht geglaubt hat. Auch ihm werden wie Kolumbus falsch ausgelegte Bibelstellen entgegengehalten.

Viele werden daher die in diesem Buch dargebotenen Berichte und die daraus gezogenen Schlußfolgerungen als zu unwahrscheinlich ablehnen. Aber andere werden vielleicht aufmerksam und nachdenklich gemacht. Sie mögen das einmal geweckte Interesse für die Parapsychologie und das Leben nach dem Tode nicht einschlafen lassen und können versuchen, sich an Hand der in diesem Buch angegebenen Originalliteratur ein umfassendes Bild zu machen. Die Entscheidung jedoch, ob jemand dieses Bild dann für sich annimmt oder ob er es verwirft, muß jeder für sich selbst treffen.

2.
Der biologische Lebensbegriff

Wenn vom Tod und seinem Überleben die Rede ist, muß zuerst einmal erörtert werden, was unter dem Leben und dem Tod zu verstehen ist. Die Biologie versteht unter Leben etwa folgendes, wobei im Leben auch das tierische und pflanzliche Leben einbegriffen ist:

Ein Organismus lebt,

1. wenn er einen autonomen Stoffwechsel hat (Ernährung, Ausscheidung, Atmung),

2. wenn er reizempfindlich ist und auf Reize zielstrebig, d.h. sinnvoll antwortet,

3. wenn er die Eigenschaften des Wachstums, der Fortpflanzung und der Vererbung aufweist.

Besonders die zweite Eigenschaft ist wichtig. Professor August Bier, der bedeutende deutsche Chirurg, schreibt von den zwei kennzeichnenden Merkmalen des Lebens: Reizbarkeit und zielstrebige Handlung. Nur das Lebendige ist reizbar. Was nicht reizbar ist, hat nie gelebt oder ist abgestorben (12,S.372). Die aufgezählten Eigenschaften des Lebens sind im Sinne unserer heutigen Biologie an die uns bekannte Materie gebunden. Der materielle Tod tritt ein, wenn diese Eigenschaften erlöschen, wenn also beispielsweise der Stoffwechsel zum Stillstand kommt (Atmung und Herztätigkeit aufhören, klinischer Tod) und auf Reize nicht mehr sinnvoll geantwortet wird.

3.
Das geistige Leben

Diese biologische Definition des Lebens wird man aber für das menschliche Leben als offensichtlich unzureichend ansehen. Für den menschlichen Lebensbegriff sind der Stoffwechsel, das biologische Wachstum, die Fortpflanzung und die Vererbung von untergeordneter Bedeutung, so wichtig sie biologisch gesehen auch sein mögen.

Der eigentliche Hauptbestandteil des menschlichen Lebens ist dagegen das sogenannte geistige Leben. Volkstümlich ausgedrückt kann man darunter folgendes verstehen:

Das geistige Leben besteht aus:

1. dem Ichbewußtsein,

2. der Fähigkeit zum Denken und gemäß dem Denken nach einer freien Willensentscheiung zu handeln,

3. der Möglichkeit, vermittels der Sinnesorgane Erfahrungen zu sammeln und zu lernen,

4. dem Ansammeln von Erinnerungen und der Fähigkeit, sie bei Vorgängen des logischen Denkens und der Auslösung von Gemütsbewegungen beliebig zu verwenden,

5. den Gemütsbewegungen, wobei die Freude eine besonders wichtige Rolle spielt.

4.
Die physikalische Natur der geistigen Lebensvorgänge

Was bedeutet aber das geistige Leben in der Sicht der Naturwissenschaften, insbesondere der Physik und ihrer Unterwissenschaft der Kybernetik? Was man heute feststellen kann ist, daß das geistige Leben innerhalb unseres materiellen Körpers durch das Zentralnervensystem des Menschen, insbesondere das Gehirn ermöglicht und aufrechterhalten wird, wobei die Verbindung mit der Umwelt vermittels der Sinnesorgane über das periphere Nervensystem erfolgt. Nach den Erkenntnissen der heutigen Physik bzw. Kybernetik besteht das geistige Leben in der Aufnahme, Speicherung, Verarbeitung und Weitergabe von Informationen, d. h. Signalen.

Über die Art wie diese Vorgänge sich im Zentralnervensystem und im peripheren Nervensystem physikalisch abspielen, geben die Forschungen der letzten Jahrzehnte in zunehmendem Maß Auskunft, wenn auch natürlich viele Einzelheiten noch unaufgeklärt sind. Die Informationsübertragung und Informationsverarbeitung erfolgt im menschlichen wie im tierischen Organimus durch elektrochemische Vorgänge, die man im tierischen Organismus mit einer ausgeklügelten Technik untersuchen kann. So läßt sich durch Untersuchung mit sehr feinen Mikroelektroden feststellen, daß die Informationsübertragung auf den Nervenfasern oder Neuriten und damit von Nervenzelle zu Nervenzelle durch elektrische Impulse, sog. Nervenimpulse, erfolgt, d. h. durch kurzdauernde elektrische Entladungen von etwa 1/1000 Sekunde Dauer. Man nennt die kurzzeitig auftretenden elektrischen Spannungsimpulse auch Nervenaktionsspannungen. Mit einem Kathodenstrahloszilloskop oder einem anderen Registriergerät lassen sich diese Vorgänge sichtbar machen. Bild 1 (56, S. 300) zeigt z. B. die kurzzeitige Entladung (also die Nervenaktionsspannung) einer Nervenzelle aus dem Rückenmark einer Katze.

Diese Entladung wird durch gleichartige Impulse ausgelöst, die über

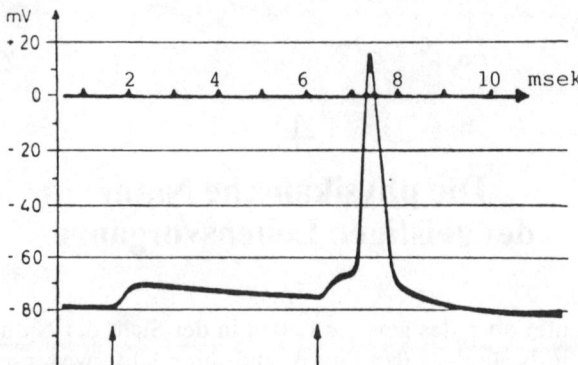

Bild 1 Kurzzeitige elektrische Entladung der Nervenzelle einer Katze. Sie wird ausgelöst durch elektrische Reizung (↑) zuführender Nervenfasern. Der erste Reiz ist noch nicht ausreichend. Erst beim zweiten Reiz wird das sog. „Schwellenpotential" erreicht und ein „Aktionspotential" ausgelöst.

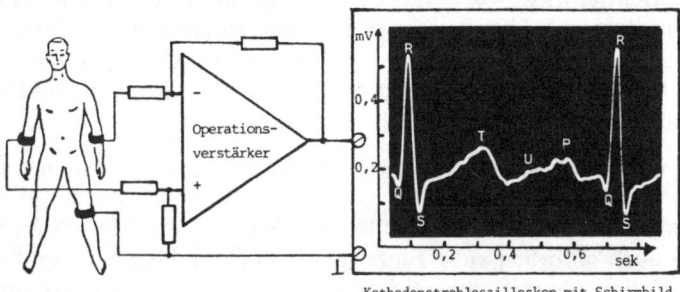

Kathodenstrahloszilloskop mit Schirmbild
eines Elektrokardiogramms

Bild 2 Vereinfachtes Schaltbild einer Anordnung zur Aufnahme eines Elektrokardiogramms (EKG)

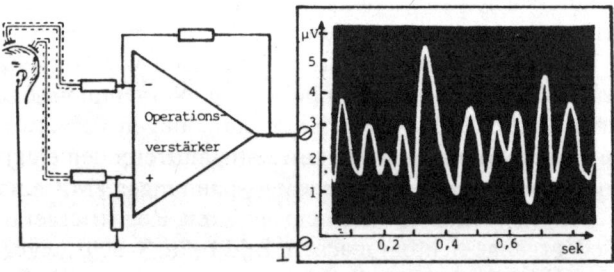

Kathodenstrahloszilloskop mit Schirmbild
eines Elektroenzephalogramms (α-Schwingung)

Bild 3 Vereinfachtes Schaltbild einer Anordnung zur Aufnahme eines Elektroenzephalogramms (EEG)

angeschlossene Nervenfasern und ihre Verbindungsstellen, die sog. Synapsen, zugeführt werden. Die Häufigkeit der Impulse je Zeiteinheit spiegelt den Informationsinhalt wider. Man nennt das eine Impulsfrequenzmodulation (2).

Nervenimpulse, die ja körpereigene Botschaften oder Befehle darstellen, werden über die Nervenfasern auch den verschiedensten Muskelgruppen zugeführt. Dort angekommen, lösen sie Zusammenziehungen aus, d. h. Muskelverkürzungen oder sog. Muskelkontraktionen.

Diese verursachen z. B. die Bewegungen der Gliedmaßen. Auch die Muskelkontraktionen sind mit elektrischen Vorgängen verknüpft. Es entstehen die Muskelaktionsspannungen. Sie sind ebenfalls meßbar.

Ein besonders großer, starker und ständig beanspruchter Muskel in unserem Körper ist der Herzmuskel. Seine rhythmisch entstehenden Muskelaktionsspannungen breiten sich über den ganzen Körper aus und können sogar noch an den äußeren Gliedmaßen abgenommen, gemessen und aufgezeichnet werden. Eine derartige Aufzeichnung nennt man ein Elektrokardiogramm (EKG). Es ist in Bild 2 dargestellt. Darin ist der Verlauf des Kurvenbereichs QRS besonders auffallend. Die Spannungsspitzen spiegeln den Erregungsablauf in der Herzkammermuskulatur wider und entsprechen der Kammerkontraktion (Zusammenziehung des Herzmuskels). Bei Störungen der Herztätigkeit und Erkrankungen des Herzmuskels treten bezeichnende Abweichungen der Form des Elektrokardiogramms auf. Aus ihnen kann der Arzt auf die vorhandenen Störungen schließen.

Im Gehirn, der Befehlszentrale des menschlichen Körpers, haben wir es mit einer besonders großen Ansammlung von Nervenzellen zu tun. Ihre Anzahl wird heute auf etwa 10^{10} (10 Milliarden) geschätzt.

Das physikalische Zusammenspiel dieser großen Vielzahl von Nervenzellen mit ihren umfangreichen Verknüpfungen ergibt das, was wir das geistige Leben nennen. Dabei arbeitet jede einzelne Nervenzelle aber nur mit kurzzeitigen elektrischen Entladungen, wie es in Bild 1 wiedergegeben ist. Die Summation all der vielen ständig entstehenden Nervenaktionsspannungen hat nicht eine völlig unregelmäßige Form, sondern ergibt einen gewissen Rhythmus. Es entsteht so etwas wie eine nicht ganz regelmäßige elektrische Schwingung. Sie durchdringt sogar die Schädeldecke und kann auf der Kopfhaut durch aufgelegte Elektroden elektrisch abgenommen, verstärkt und mit Hilfe eines

Elektronenstrahloszilloskops sichtbar gemacht werden. Bild 3 zeigt solch eine Versuchsanordnung. Die entstandene Aufzeichnung nennt man ein Elektroenzephalogramm (EEG)[6]. Die Frequenz der Schwingung, d. h. die Anzahl der Schwingungen je Sekunde, hängt von der Bewußtseinslage des untersuchten Menschen ab. Die Mediziner sprechen hier etwas ungenau von Gehirnwellen[7]) und unterscheiden:

1. Delta-Wellen mit einer Frequenz von 0,5-3 Hz[8]), vorkommend im Tiefschlaf.

2. Theta-Wellen mit einer Frequenz von 4-7 Hz, vorkommend beim Einschlafen und leichten Schlaf.

3. Alpha-Wellen mit einer Frequenz von 8-13 Hz, überwiegende Gehirnaktivitätsform beim Wachsein.

4. Beta-Wellen mit einer Frequenz von 14-30 Hz, vorkommend bei Spannungs- und chronischen Angstzuständen und als sog. „Spindeln" (wegen der äußeren Form ihres Auftretens) im leichten Schlaf.

Das EEG, wie man es vom Gesunden her kennt, ändert sich bei Erkrankungen des Gehirns, z. B. Epilepsie, Gehirntumor, Vergiftungen, Drogenmißbrauch u. a.. Der Mediziner kann also anhand eines veränderten EEG in gewissen Grenzen eine Krankheitsdiagnose stellen.

Auch im Gehirn selbst lassen sich mit Hilfe von Mikroelektroden Informationsverarbeitungsvorgänge verfolgen, beispielsweise die elektrischen Signale, die auf einen Sehvorgang hin entstehen. Wie die logischen Vorgänge im Innern des Gehirns und die Speicherung der Informationen im Langzeitgedächtnis im einzelnen ablaufen, ist noch nicht bekannt. Jedoch lassen sich aus der Rechenmaschinentechnik Möglichkeiten dafür und gewisse Modellvorstellungen herleiten (29; 52; 84; 85; 93).

Zerstörungen größerer Bereiche von Nervenzellen im Gehirn (durch Unfall, Verwundung, Tumor, Schlaganfall, Sauerstoffmangel im Gehirn über 8 Minuten hinaus) führen zu ganz charakteristischen Ausfallserscheinungen, je nach der betroffenen Stelle im Gehirn. Es kann

---

[6]) Entdeckt 1928 von dem in Jena lehrenden deutschen Psychiater und Neurologen Prof. Hans Berger (1873-1941)
[7]) Physikalisch gesehen handelt es sich aber nicht um Wellen, sondern um Schwingungen
[8]) Hz = Hertz (Maßeinheit der Frequenz) = Anzahl der Schwingungen je Sekunde

18

zu Lähmungen der Gliedmaßen, zu Gedächtnisstörungen, zu Sprachstörungen bis zur Sprachlosigkeit, zu Denkstörungen und zum dauernden Verlust des Bewußtseins (sog. Gehirntod) kommen. Das Gehirn und der von ihm gesteuerte menschliche Körper reagieren, so hat es den Anschein, wie eine technische Maschine, bei der wichtige Steuerungsteile zerstört oder gestört sind.

Selbst Gemütsleiden werden heute schon auf einen gestörten Gehirnstoffwechsel zurückgeführt (42), also auf rein materielle Ursachen.

Auch die Gemütsbewegungen des Menschen und der Tiere lassen sich in die heutigen physikalischen Vorstellungen einordnen. Die Gemütsbewegungen wie Freude, Furcht, Zorn, Ekel usw. bestehen nicht nur in subjektiven inneren Vorstellungen und Gefühlen, die durch Informationsaufnahme und Informationsverarbeitung (geistige Erlebnisse) hervorgerufen werden, sondern auch in klar umrissenen und meßbaren Reaktionen des Organismus, d. h. chemischen Veränderungen im Körperhaushalt, mit dem Ziel, das Individuum einer besonderen Umweltsituation möglichst gut anzupassen, ihm eine größere Überlebenschance im Kampf mit der Umwelt zu geben. Diese Zusammenhänge hat für die Furcht der amerikanische Physiologe Cannon vor dem ersten Weltkrieg zuerst nachgewiesen (20).

Gemütsbewegungen treten aber nicht nur nach geistigen Erlebnissen, d. h. als Folge von Informationsverarbeitung auf, sondern lassen sich auch durch direkte elektrische Reizung der entsprechenden Gehirnbezirke oder durch Zuführung von Chemikalien (Drogen) erzeugen, ohne daß entsprechende geistige Erlebnisse vorliegen.

Aufschlußreiche Untersuchungen in dieser Richtung an Hühnern, Affen und anderen Tieren, denen Drahtelektroden in das Gehirn eingeführt wurden, sind in den Arbeiten (39) und (21) dargestellt. Die Tiere konnten allein durch elektrische Reize zu den verschiedensten Verhaltensweisen angeregt werden, denen Gemütsbewegungen zugrunde lagen, die wir beim Menschen mit den Worten Furcht, Ekel, Geltungsdrang, Wut usw. kennzeichnen. In allen diesen Fällen lagen keine äußeren Erlebnisse vor, die die Verhaltensweisen der Tiere hätten auslösen können. Es liegt bislang kein Grund zu der Annahme vor, daß der Mensch, falls man bei ihm ähnliche Versuche durchführen könnte und würde, etwa ein anderes Verhalten an den Tag legte.

5.

Die Voraussetzungen
zur Aufrechterhaltung des Lebens

Diese bislang gewonnenen Erkenntnisse lassen den Schluß zu, daß für die Fortführung unseres geistigen Lebens auf dieser Erde die Funktionstüchtigkeit unseres Zentralnervensystems erforderlich ist, oder noch einschränkender gesagt, es muß die Möglichkeit zur Informationsaufnahme, Informationsspeicherung, Informationsverarbeitung und Informationsabgabe bestehen. Die Unversehrtheit des ganzen materiellen Körpers ist zum Fortleben in diesem Sinne nicht unbedingt notwendig. Einen Menschen, dem Arme und Beine amputiert wurden, werden wir immer noch als lebend ansehen. Selbst wenn wir nur den Kopf eines Lebewesens ohne den eigenen Körper funktionsfähig erhalten, so daß es noch denken und sprechen kann und sein Gedächtnis behält, so daß wir es an seiner spezifischen Ausdrucksweise und an seinen Kenntnissen erkennen können, werden wir sagen müssen, daß das Lebewesen lebt.

Das sind heute nicht nur reine Denkmöglichkeiten, sondern es bestehen bereits Möglichkeiten zur Durchführung. Die Mediziner Kolff und Kralios sagen (48, S. 47): „Der Gedanke mag uns gefallen oder nicht, aber wir besitzen jetzt die Möglichkeit, einen abgetrennten Kopf durch eine Batterie von Pumpoxygeneratoren, Ernährungsröhren, Luftschläuchen usw. am Leben zu erhalten. Ob freilich das Leben eines Kopfes ohne Körper ein erstrebenswertes Ziel ist, dazu möchte ich mich nicht äußern."

Auch Versuche zur praktischen Durchführung werden bereits unternommen. Der Neurochirurg Prof. Robert Josef White am Metropolitan General Hospital in Cleveland (USA) präpariert Affengehirne aus dem Schädel heraus und erhält sie am Leben. Das erkennt man daran, daß das Elektroenzephalogramm des Gehirns normal bleibt. Weiter verpflanzt White Affenköpfe von einem Körper auf einen anderen. Die Operationsdauer beträgt etwa 10 Stunden. Am 7.12.1977 wurde vom 1. Deutschen Fernsehen um 22.50 Uhr eine solche Verpflanzung in einer Sendung unter dem Titel „Grenzen der Forschung" ausgestrahlt.

Die Überlebensdauer der transplantierten Köpfe beträgt bislang zwar nur maximal 7 Tage. Aber White hofft, diese Zeit in Zukunft bedeutend verlängern zu können. White sieht seine Affenexperimente als Vorstufe für Operationen am Menschen an, um z. B. aus zwei halben Menschen (einer mit unversehrtem Kopf, der andere mit unversehrtem Leib) einen ganzen zu machen. White behauptet, das sei bereits heute möglich. Man müsse allerdings eine hohe Sterblichkeitsquote in Kauf nehmen. Aber es gehe dabei um die Frage, ob man lieber leben oder lieber tot sein wolle.

Man kann hier erkennen, welche Konsequenzen in Gedanken und in Taten gezogen werden, wenn man davon ausgeht, daß unser menschliches Leben mit dem Tode seinen endgültigen Abschluß findet. Und dabei ist White nicht etwa ein Atheist, sondern wird als gläubiger Katholik geschildert.

Es ist übrigens beachtenswert, daß es auch in der Natur Lebewesen (Wirbeltiere, sogar Menschen) gibt, die nur aus dem Kopf bestehen und über keinen eigenen Leib verfügen, sondern sich einen solchen mit einem anderen Kopf teilen müssen. Beim Menschen gelangen solche Individuen in sehr seltenen Fällen sogar bis in das Erwachsenenalter.

Bei der Definition des Lebens und Fortlebens müssen wir sogar noch einen Schritt weitergehen: Wenn es möglich wäre oder wenn wir feststellen, daß es möglich ist, die gespeicherten Informationen eines Menschen aus seinem Gedächtnis in ein anderes Gedächtnis, d. h. einen anderen Informationsspeicher zu übertragen und wenn dieser neue Informationsspeicher mit der Möglichkeit der Informationsaufnahme, Informationsverarbeitung und der Informationsabgabe versehen ist, und wenn bei der Informationsübertragung die spezifischen Eigenschaften und das Ichbewußtsein, d. h. die Persönlichkeitsstruktur, erhalten bleiben, müssen wir von einem Fortleben sprechen, auch wenn der alte Körper und das bisherige Gehirn materiell vernichtet sind. Von einem Tod, d. h. von einem Auslöschen der geistigen, der persönlichen Existenz können wir erst dann sprechen, wenn die wesentlichen, im Lauf des Lebens gespeicherten Informationen, die Erinnerung unwiderruflich gelöscht, d. h. aus der Welt geschafft sind.

Sind die Informationen noch vorhanden und ist nur die Informationsaufnahme und Informationsverarbeitung unterbunden, so wird man von einem Schlafzustand des Individuums sprechen.

Hier treten übrigens bereits die ersten Schwierigkeiten bei der Frage auf, wie man denn die Fortexistenz oder das Fortleben eines Menschen sowohl auf dieser Erde als auch nach seinem Tode feststellen kann, insbesondere dann, wenn man ihn längere Zeit nicht gesehen hat. Als Erkennungszeichen kann man ja nur seine Persönlichkeitsstruktur, seine Fähigkeiten und sein Wissen, d. h. seine Speicherinhalte, verwenden. Alles wandelt sich aber ständig, wenn der Mensch lebt, da er ja ständig neue Informationen aufnimmt, d. h. neue Erfahrungen sammelt, die seine Persönlichkeitsstruktur wandeln. Das mag vielleicht in Tagen und Wochen kaum in Erscheinung treten, kann innerhalb von Jahrzehnten jedoch sehr stark sein, so stark, daß es einem Menschen, der nach 30 Jahren aus einer Gefangenschaft heimkommt, schwerfällt, seine Identität nachzuweisen. Es gibt in dieser Beziehung tragische Beispiele.

Wenn es nun schon auf dieser Erde schwer sein kann, die menschliche Fortexistenz nachzuweisen, um wieviel schwerer ist es erst, nach dem Ereignis des biologischen Todes ein Fortleben der menschlichen Persönlichkeit nachzuweisen. Man ist da weitgehend auf Indizien angewiesen, auf die man auch im täglichen Leben und in der Rechtsprechung ständig zurückgreift. Auch im täglichen Leben ist es unmöglich, das Fortleben eines Menschen ständig zu überwachen. Kaum einer wird aber an der Fortexistenz eines Verwandten oder Freundes ernsthaft zweifeln, nur weil er ihn drei Jahre nicht mehr gesehen hat, beim Wiedersehen aber „einwandfrei" wiedererkennt. Dieses Wiedererkennen ist aber bestimmt kein zwingender und unumstößlicher Beweis. Es gibt ja schließlich zum Verwechseln ähnlich aussehende Doppelgänger, Ausweise können gefälscht sein usw. Wenn man aber in jedem Fall absolut sichergehen und unumstößliche Beweise verlangen wollte, müßte man erkennen, daß solches nicht möglich ist und bei Beharren auf diesem Standpunkt ein menschliches Zusammenleben nicht möglich wäre.

Wir werden daher bei dem Suchen nach „Beweisen" für das Fortleben nach dem irdischen Tode auch nicht strengere Maßstäbe anlegen dürfen, als wir es im täglichen Leben tun. Wir müssen uns also mit Indizien zufriedengeben und nach einer möglichst großen Anzahl dieser

Indizien suchen, die sich möglichst gegenseitig stützen. Daraus läßt sich dann ein „Beweis" konstruieren, den man in der Rechtsprechung „Indizienbeweis" und in der Physik „Erfahrungsbeweis" nennt.

6.

Sonderfälle geistiger Lebensvorgänge

Die bisherigen naturwissenschaftlichen Forschungsergebnisse scheinen zu zeigen, daß die geistigen Lebensvorgänge nach bekannten physikalischen Gesetzen ablaufen und daß diese geistigen Lebensvorgänge zum Erliegen kommen, wenn das Gehirn materiell zerstört wird.

Diese Auffassung faßt der Mediziner Prof. Borchardt in einer Arbeit über „Die körperlichen Grundlagen der seelischen Lebensvorgänge" (16) mit folgenden Worten zusammen:

„Es kann nicht wundernehmen, daß die unübersehbare Fülle der Hirnleistungen den Eindruck erwecken muß, daß es sich hier um Auswirkungen übersinnlicher und übernatürlicher Kräfte handelt. Beweise dafür liegen aber in keiner Weise vor. Vielmehr steht die Tatsache unerschütterlich fest, daß alle Leistungen des Gemüts und der Verstandestätigkeit an die lebende Materie gebunden sind, daß sie ihren festen Sitz in bestimmten Teilen des Nervensystems haben und daß Schädigungen dieser Teile mit entsprechenden Ausfallerscheinungen verbunden sind. Das ist schon von Flechsig nachgewiesen worden und bestätigt sich immer wieder."

Der Physiker Prof. Steinbuch äußert sich in der Arbeit „Bewußtsein und Kybernetik" (84) in ähnlicher Weise. Er schreibt: „Was wir an geistigen Funktionen beobachten, ist Aufnahme, Verarbeitung, Speicherung und Abgabe von Informationen… Auf gar keinen Fall scheint es mir wahrscheinlich oder gar bewiesen, daß zur Erklärung geistiger Funktionen irgendwelche Voraussetzungen gemacht werden müssen, welche über die normale Physik hinausgehen."

Wir kennen nun aber interessante Sonderfälle geistiger Tätigkeit, die die Allgemeingültigkeit dieser eben geschilderten Auffassungen als sehr fraglich erscheinen lassen. Es hat den Anschein, als ob die geistigen Lebensvorgänge nicht **nur** an unsere irdische Materie und ein intaktes Gehirn gebunden sind. Man beobachtet nämlich manchmal

Fälle sehr tiefgreifender Gehirnverletzungen, die zumindest kurzzeitig — meist kurz vor dem Tode — nicht zu den Ausfallerscheinungen führen, die man eigentlich erwarten müßte.

Damit soll nicht gesagt werden, daß die bisherigen Annahmen und die heute üblichen wissenschaftlichen Deutungsversuche völlig falsch sind. Im Sinne von Arbeitshypothesen haben sie durchaus ihre Berechtigung. Sie werden uns sicher noch weiterhin wertvolle Erkenntnisse über die Wirkungsweise des menschlichen Gehirns und des geistigen Lebens auf dieser Erde verschaffen. Die folgenden Beispiele sollen aber zeigen, daß es vermutlich übergeordnete Gesetzmäßigkeiten gibt, die uns noch unbekannt sind.

Betrachten wir zunächst schwere Gehirnverletzungen, die durch Kriegseinwirkung hervorgerufen wurden.

Ein Schweizer Arzt schreibt darüber (7, S. 830):

„Etwa die Hälfte der Kopfdurchschüsse im ersten Weltkrieg zertrümmerten wesentliche Anteile des Großhirns; die Verletzten blieben vollbewußt. Einem Mechaniker wurden durch Propellerschlag beide Hinterhauptlappen amputiert; der Mann wurde sofort blind, jedoch nicht bewußtlos. Einem Patienten von Lenggenhager wurden beide Stirnlappen sozusagen abgefräst; der Verunfallte war imstande, einige Meter weit zu gehen. Schwerste Hirnverletzungen, Fälle bei denen der Arzt Hirnbrei in der Tiefe der Wunde findet, gehen vielfach ohne Bewußtseinsverlust einher. Ganze Hirnlappen müssen mitunter abgetragen werden; trotzdem kann man sich mit den Patienten unterhalten. Man ist überhaupt überrascht festzustellen, wieviel Zerrungen, Druck, Quetschung, ja sogar an Zerstörung ein Großhirnteil ohne Erlöschen des Bewußtseins auszuhalten vermag."

In ähnlicher Weise berichtet Prof. Carl Ludwig Schleich (79, S.10), daß er im ersten Weltkrieg mindestens 20 Fälle von Hirnverletzungen behandelt habe, bei denen löffelweise ganglienenthaltende Substanz ohne Intelligenz- oder Bewußseinstörung des Patienten entfernt wurde.

Gleichartige Fälle legt der französiche Arzt Dr. Geley vor (33, S. 66). Er schreibt:

„Im Juli 1914 übergab Dr. Hallopeau der Société de Chirurgie den Bericht über eine Operation, die man in Hospital Necker an einem jungen Mädchen vorgenommen hatte, das aus einem Wagen der Untergrundbahn gefallen war. Bei der Schädelbohrung stellt man fest, daß ein beträchtlicher Bruchteil der Gehirnmasse buchstäblich in Brei verwandelt ist. Man spült aus, legt Wundröhrchen ein, schließt wieder, und die Kranke wird völlig gesund."

Folgendes veröffentlichten die Pariser Zeitungen über die Sitzung der Akademie der Wissenschaften vom 24. März 1917:

„Die teilweise Entfernung des Gehirns. – In Fortsetzung seiner früheren Mitteilungen über diesen Eingriff, der im Gegensatz steht zu den bis jetzt allgemein vertretenen Anschauungen, richtet Dr. A. Guépin aus Paris an die Akademie einen neuen Beitrag zum Studium dieser Frage. Er erwähnt darin, daß sein erster Operierter, der Soldat Louis R., heute Gärtner in der Nähe von Paris, trotz des Verlustes eines gewaltigen Teils seiner linken Gehirnhälfte (Rindensubstanz, weiße Substanz, zentrale Kerne usw.) fortfährt, sich geistig wie ein normaler Mensch zu entwickeln, und dies trotz der Verletzung und Entfernung von Windungen, die als der Sitz wesentlicher Funktionen betrachtet wurden."

Einige Zeilen später berichtet Geley: „Hier haben wir noch überraschendere Tatsachen, die in der Klinik von Dr. Nikolas Ortiz beobachtet wurden und die mir Dr. Domingo Guzmann in liebenswürdiger Weise mitgeteilt hat. Die Quelle dieser Beobachtungen kann nicht angezweifelt werden; sie stammen von zwei Gelehrten, die in unserer Wissenschaft einen hohen Rang einnehmen:

Der erste Fall betrifft einen Knaben von 12-14 Jahren, der im vollen Besitz seiner geistigen Fähigkeiten starb, obgleich sich das Gehirn, ähnlich wie bei einem Geköpften, vollkommen vom oberen Teil des Rückenmarks losgelöst hatte. Die Überraschung der Ärzte war groß, als sie, bei der Obduktion den Schädel öffnend, die Gehirnhäute blutüberfüllt und ein großes Geschwür, fast das ganze Kleinhirn, einen Teil des Großhirns und die Varolsbrücke einnehmen sahen; und doch wußte man, daß dieser Mensch wenige Augenblicke zuvor ganz richtig dachte. Sie müssen sich notwendigerweise gefragt haben: Wie ist so etwas möglich? Der Knabe klagte über heftige Kopfschmerzen, seine Temperatur sank nicht unter 39°; die einzigen hervorstechenden Symptome bestanden in einer Ausdehnung der Pupillen, einer gewissen Scheu vor Licht und einer großen Überempfindlichkeit der Haut. Diagnose: Gehirn und Gehirnhautentzündung."

All diesen geschilderten Fällen ist das nach unseren bisherigen Kenntnissen der Physik so Erstaunliche gemeinsam, daß die Zerstörung der Gehirnteile ohne bemerkbare Auslöschung von Gedächtnisinhalten oder sonstige wesentliche Ausfallserscheinungen vor sich ging.

In diesem Zusammenhang verdienen auch Fälle aus der Psychiatrie Beachtung, die darüber berichten, daß Geisteskranke, die seit vielen Jahren zu keiner normalen Verstandestätigkeit mehr fähig waren, kurz vor ihrem Tode wieder „normal" wurden.

Dr. du Prel schreibt darüber (71): „Daß Irrsinnige oft kurz vor dem Tode den Gebrauch ihrer Verstandeskräfte wieder erhielten und völlig verwandelt erschienen, ist häufig beobachtet worden."

W. Bischoff kommentiert derartige Fälle folgendermaßen (13): „Wie wenig die Entwicklung der Seele an das Nervensystem des Körpers gebunden ist, beweist die Tatsache, daß Geisteskranke kurz vor ihrem Tode − wenn also das zentrale Nervensystem praktisch völlig zerstört ist[9]) − wieder völlig klar werden können, ja in ihren Gedanken eine geistige Reife zeigen, die nicht vollendeter sein könnte, wenn sie nie gehirnkrank gewesen wären."

Ein Beispiel soll hier angeführt werden, das der Verfasser zahlreicher parapsychologischer und heilkundlicher Schriften G. W. Surya[10]) 1920 berichtete (88, S. 15):

„Ein Freund von mir, ein angesehener Wiener Bürger, hatte das Unglück, daß sein Bruder seit vielen Jahren wegen völliger geistiger Umnachtung in einer Irrenanstalt untergebracht werden mußte. Eines Tages erhielt er nun von der Direktion dieser Anstalt ein Telegramm, daß der Geisteskranke ihn zu sprechen wünsche. Er fuhr sofort hinaus und war höchst erstaunt, seinen Bruder nun auf einmal ganz normal zu finden. Aber beim Abschied sagte ihm der Direktor der Anstalt − natürlich unter vier Augen −, daß dieser lichte Moment ein nahezu sicheres Anzeichen des baldigen Todes des Kranken sei. Und so war es auch. In kurzer Zeit starb der Kranke, und nun bat der Bruder, bei der Leichenöffnung anwesend sein zu dürfen. Ausnahmsweise wurde ihm dies gestattet. Als nun das Gehirn des Verstorbenen untersucht wur-

---

[9]) Das betrifft allerdings nicht die Schizophrenie, bei der keine strukturelle Veränderung des Nervensystems nachweisbar ist.
[10]) Sein richtiger Name lautete Demeter Georgiewitz Weitzer (1873 - 1949). Er war von Beruf Maschinenbau-Ingenieur

de, erwies es sich als ganz vereitert. Diese Vereiterung hatte sicher schon längere Zeit bestanden. Womit hatte also der Geisteskranke in den letzten Tagen seines Lebens wieder klar gedacht?[11])

Da gibt es wohl nur eine Deutung: Auch Geisteskrankheit, selbst verbunden mit Gehirnauflösung, kann den inneren Menschen nicht zerstören. Die beste und klarste Begriffsbestimmung für Irrsinn ist also geistige Umnachtung. Wie die Sonne wohl durch Wolken verdunkelt werden kann, aber sofort im alten Glanze auf uns herniederstrahlt, wenn die Wolkenschleier sich verziehen, ebenso kann auch der innere Mensch der Außenwelt gegenüber durch Wahnsinn wohl 'umnachtet', nie aber dadurch vernichtet werden."

Seltsam ist auch folgender Fall, der in der französischen Zeitschrift Revue Métapsychique, 1925, Nr. 6, berichtet wurde (zitiert nach (76)):

„In der Nähe von Marseille lebt ein Knabe, der eine auf Ausfall der Schilddrüsentätigkeit beruhende Idiotie hat, aber seit seinem vierten Lebensjahr in völlig sinngemäßer Weise Musikstücke, die ein anderer spielt, auf dem Klavier begleitet. Er hat nie Klavierspielen gelernt, und er hat auch seit seinem sechsten Lebensjahre keine Fortschritte gemacht, wie er auch sonst nichts gelernt hat und noch nicht einmal sprechen kann. Jetzt ist der Knabe fünfzehn Jahre alt. Diese musikalische Gabe scheint ihm angeboren zu sein. Er improvisiert auch am Klavier und transponiert auch von allein, aber er versteht nicht, wenn man ihn bittet, er möge transponieren. Beim Spielen sitzt er in ganz ungezwungener Haltung da, achtet anscheinend gar nicht auf das, was er spielt, schaut umher, lächelt einen Zuhörer an, als ob er für ihn allein spiele, folgt mit den Blicken den umhersummenden Fliegen usw. Eine merkwürdig einseitige Begabung bei einem Blödsinnigen."

Nach den heutigen wissenschaftlichen Vorstellungen von der Wirkungsweise des menschlichen Gehirns ist eine derartige Fähigkeit unverständlich. Die Fähigkeit zum Klavierspiel ist ja nicht angeboren. Jeder muß sie erst mühsam erlernen und bedarf dazu eines intakten Geistes. Wer aber hat dann hier gespielt?

---

[11]) Vermutlich hat dieser Patient an Paralyse, einer Spätform der syphilitischen Erkrankung, gelitten. Es kommt dabei zu einem Hirnrindenschwund, vor allem des Stirnhirns, verbunden mit dem Einsickern von Lymphozyten, Plasmazellen, Stäbchenzellen und Spirochäten, den Erregern der Syphilis. Diese Veränderung bezeichnet der Bruder des Patienten hier als „Vereiterung". Heutzutage kommt die Paralyse wegen der verbesserten Behandlungsmöglichkeiten der Syphilis kaum noch vor.

Es kommt sogar vor, daß ein Mensch, der zeit seines Lebens aus gehirnanatomischen Gründen nie ein Wort gesprochen hat, bei dem nie eine geistige Tätigkeit beobachtet wurde, z. B. auch nicht eine sinnvolle Aufnahme und Speicherung von Informationen, kurz vor seinem Tode beginnt, seine Sprachorgane sinnvoll zu gebrauchen. Solch ein Fall wird uns von dem Direktor der Heil- und Pflegeanstalt Hephata in Treysa, Pfarrer Fritz Happich, berichtet (Erstveröffentlichung 1934). Er schreibt (74):

„Zu den tiefststehenden Pfleglingen, die wir je hatten, gehörte Käthe. Von Geburt an war sie völlig verblödet. Nie lernte sie ein Wort sprechen. Stundenlang starrte sie auf einen Punkt, dann zappelte sie wieder stundenlang ohne Unterbrechung. Sie schlang Nahrung hinunter, verunreinigte sich Tag und Nacht, stieß einmal einen tierischen Laut aus und schlief. Das waren alle Lebensäußerungen, die wir in über 20 Jahren an ihr beobachteten. Nie haben wir in der langen Zeit gemerkt, daß sie auch nur eine Sekunde an dem Leben ihrer Umgebung teilnahm. Ein Bein hatte Käthe noch abgenommen werden müssen. Sie siechte dahin. Eines Morgens rief mich einer unserer Ärzte, der als Wissenschaftler und praktischer Psychiater anerkannt ist, an: 'Komm einmal gleich her, Käthe liegt im Sterben!' Als wir gemeinsam das Sterbezimmer betraten, trauten wir unseren Augen und Ohren nicht. Die von Geburt an völlig verblödete Käthe, die nie ein Wort gesprochen hatte, sang sich selbst die Sterbelieder. Vor allem sang sie immer wieder: 'Wo findet die Seele die Heimat, die Ruh? Ruh, Ruh, himmlische Ruh!' Eine halbe Stunde lang sang Käthe. Das bis dahin so verblödete Gesicht war durchgeistigt und verklärt. Dann schlief sie still ein. − Immer wieder sagte der Arzt, dem ebenso wie der pflegenden Schwester und mir Tränen in den Augen standen: 'Medizinisch stehe ich völlig vor einem Rätsel. Durch eine Sektion kann ich, wenn es verlangt wird, nachweisen, daß Käthes Hirnrinde restlos zerstört und anatomische Denktätigkeit nicht mehr möglich war.'"

Die in diesem Abschnitt geschilderten Fälle geben bislang einer physikalischen Betrachtungsweise die größten Rätsel auf.

Sie legen jedoch den Schluß nahe, daß zumindest in Sonderfällen die quasielektronische Steuerung des menschlichen Organismus und insbesondere seiner Ausgabeorgane durch eine physikalisch noch nicht bekannte Ansteuerung ersetzt werden kann.

Sie legen weiter die Vermutung nahe, daß auch die Bewußtseinsvorgänge und die Informationsspeicherung nicht nur in physikalisch bekannter oder vermutbarer Weise ausschließlich an die biologische Gehirnsubstanz gebunden sind. Es hat den Anschein, als ob die für diese Vorgänge bekannten physikalischen Gesetzmäßigkeiten in übergeordnete, uns noch unbekannte Gesetzmäßigkeiten eingelagert sind. Die rein physikalische Betrachtungsweise nach dem bisherigen Kenntnisstand legt nahe, daß der menschliche Körper etwa einem Klavier entspricht, das menschliche Gehirn aber dem Klavierspieler. Die Sonderfälle der geistigen Tätigkeit lassen es aber als möglich erscheinen, daß der Klavierspieler gar nicht im Gehirn sitzt, sondern außerhalb, und daß das Gehirn nur die Klaviertasten darstellt. Um in diesem Bilde zu bleiben, würden dann die Sonderfälle geistiger Tätigkeit (bei gestörtem Gehirn) darin bestehen, daß vorübergehend auch einmal die Klaviertasten umgangen werden können und die Saiten in diesem Fall durch einen uns unbekannten Mechanismus direkt angeschlagen werden.

Damit kommen wir aber zu der Frage, ob denn unsere Persönlichkeitsstruktur unbedingt nur im Gehirn und innerhalb der uns bekannten Materie gespeichert sein muß.

7.

Möglichkeiten zur Fortführung der Informationsspeicherung und Informationsverarbeitung nach dem irdischen Ableben

Die Speicherung der menschlichen Gedächtnisinhalte und der Persönlichkeitsstruktur muß nicht notwendigerweise ständig an unsere irdische Materie und an ein funktionsfähiges materielles Zentralnervensystem gebunden sein, wenn sie auch im irdischen Leben durch sie in Erscheinung treten. Nehmen wir einmal an, daß parallel zu unserem irdischen, materiellen Gedächtnis ein irgendwie geartetes Gedächtnis, also ein Informationsspeicher mit einem Informationsverarbeitungssystem vorhanden sei, das nicht an unsere irdische Materie gebunden ist. Nehmen wir weiter an, daß dieses System entweder in unserem irdischen Leben schon parallel zu unserem materiellen Gedächtnis die Informationen speichert oder aber sie im Augenblick des irdischen Ablebens übernimmt, und daß nach diesem Ableben eine weitere Informationsverarbeitung vielleicht in einer anders strukturierten Welt möglich ist. Wenn dabei die Eigenheiten der Persönlichkeitsstruktur weitgehend erhalten bleiben, müssen wir von einem persönlichen Überleben des irdischen, biologischen Todes reden, ganz gleich in welcher Art das Weiterleben und in welcher Umgebung es stattfindet.

Was hat nun die Parapsychologie zu diesen zunächst hypothetischen Überlegungen zu sagen? Trägt sie zur Klärung der aufgeworfenen Fragen bei, ob und in welcher Form ein persönliches, geistiges Überleben des irdischen, biologischen Todes stattfindet?

Die paranormale Erscheinung, über die zunächst gesprochen werden soll, hat den Namen „Austritt des Astralleibes" erhalten.

Dieses Phänomen tritt manchmal auf, wenn bei gesunden, kranken oder geschwächten Personen das normale Bewußtsein beispielsweise durch Gehirnerschütterung, Narkose, körperliche Erschöpfung oder Drosselung der Luftzufuhr (beim Ertrinken) ausgeschaltet wurde. Manchmal wird das Phänomen auch im Zustand des sog. klinischen Todes (vorübergehender Herzstillstand) oder auch im Schlaf beobachtet. Von wenigen Personen kann es sogar absichtlich herbeigeführt werden.

Bei solchen Zuständen wird von den betroffenen Menschen beobachtet und berichtet, daß sich im Augenblick des Eintritts der körperlichen Bewußtlosigkeit aus dem materiellen, irdischen Körper ein gleichartig oder ähnlich gestalteter, manchmal auch nicht bestimmbarer Körper löst, der aus einer uns unbekannten, unsichtbaren und physikalisch bisher nicht nachweisbaren Substanz besteht. Dieser Körper wird gewöhnlich mit dem Wort "Astralleib" bezeichnet. Während des sog. Austritts hat das „Ich" des betreffenden Menschen in dem Astralleib das volle Bewußtsein. Es kann durch die „Sinnesorgane" des Astralleibes die Umgebung wahrnehmen und den bewußtlosen, eigenen, materiellen, fleischlichen Körper als fremden Gegenstand liegen sehen. Es kann denken und beispielsweise seine besondere Lage erfassen, ist jedoch meist nicht imstande, sich seiner materiellen Umwelt irgendwie bemerkbar zu machen. In gewissem Umfang kann der Astralleib seinen Standort willkürlich verändern. Zu dem normalen, materiellen, jetzt bewußtlosen Körper besteht lediglich eine vom Kopf ausgehende Verbindung über einen dehnbaren, oft silbrig glänzenden, etwa fingerdicken Strang, der wegen seines Aussehens meist „silberne Schnur" genannt wird. Die Kenntnis dieses Stranges ist sehr alt. Er wird vermutlich als „silberne Schnur" bereits in der Bibel (Pred. 12, 6) erwähnt. Allerdings wird dieser Strang von vielen dem Austritt unterworfenen Personen nicht wahrgenommen, da sie auf das Ereignis im allgemeinen nicht vorbereitet sind, die ganze Angelegenheit meist in relativ kurzer Zeit vorübergeht und sie daher auf diese Einzelheit nicht ausreichend achtgegeben haben.

Entsprechende Berichte werden sowohl in der älteren parapsychologischen Literatur (5; 41; 54; 59) als auch in der neueren parapsychologischen und medizinischen Literatur in großer Anzahl (57; 58; 82) aufgeführt.

Das für unsere Betrachtungen Wesentliche an diesem Phänomen ist nun, daß die dem Austritt unterworfene Person durch den ausgetretenen Astralleib Informationen aufnehmen, verarbeiten und als Erinnerung in den materiellen Körper nach der Wiedervereinigung zurückbringen kann, obwohl das Gehirn und die materiellen, fleischlichen Sinnesorgane ausgeschaltet sind und obwohl, wenn diese nicht ausgeschaltet wären, von dem Standort des materiellen Körpers aus diese Information oft gar nicht hätten gewonnen werden können.

Dr. Mattiesen legt in dem Kapitel „Austritt des Ich mit Wahrnehmung des eigenen Leibes" in dem Werk (54, Bd. II, S. 296 f) 60 Fälle dieser Art vor. Einer soll hier berichtet werden (54, Bd. II, S. 331).

Er betrifft einen reformierten Geistlichen L. J. Bertrand und ist den Proceedings of the Society for Psychical Research, Vol. VIII, S. 194 entnommen. Es heißt:

„Bertrand hatte sich während einer Bergbesteigung von seinen Gefährten getrennt und am Rande eines Abhanges niedergelassen, als er sich von einer Lähmung ergriffen fühlte, die ihn sogar verhinderte, ein Streichholz fortzuwerfen, mit dem er sich eine Zigarre hatte anzünden wollen und das ihm bereits die Finger verbrannte. Er hielt den Anfall für hereinbrechenden 'Schneeschlaf', beobachtete das allmähliche Absterben der Füße und Hände, dann der Knie und Ellbogen, des Rumpfes und Kopfes und schließlich das 'Ausgehen' des Lebens. Er hielt sich für 'tot' und hatte das Bewußtsein, als eine Art 'Ballon' in der Luft zu schweben. 'Niederblickend, war ich erstaunt, meine eigene totenblasse sterbliche Hülle zu erkennen. Seltsam, sagte ich zu mir selbst, dort ist mein Leichnam, in dem ich lebte und den ich als mein Ich bezeichnete, als wenn der Rock der Körper wäre und der Körper die Seele.' Er sah die Zigarre in der Hand des 'Leichnams' und stellte sich vor, was die Gefährten sagen würden, wenn sie seinen Körper fänden. Dann nahm er wahr, daß diese einen Weg zum Gipfel wählten, den sie ihm hatten versprechen müssen, nicht zu benutzen, und daß der Führer sich heimlich gewisse Speisevorräte seiner Schutzbefohlenen aneignete. 'Hallo, sagte ich, dort geht meine Frau nach Lungern, und doch sagte sie mir, sie werde nicht vor morgen abreisen.' Er fühlte sich abwärts in den Körper zurückgezogen, geriet in 'Verwirrung und Chaos', im Gegensatz zu der völligen Klarheit zuvor, und fand, als er zu voller Besinnung kam, daß die Genossen ihn aufgefunden und 'wiederbelebt' hatten. Er hielt ihnen ihren Wortbruch und dem Führer seinen Diebstahl vor, und der Mann, der den Teufel vor sich zu haben glaubte, nahm Reißaus unter Verzicht auf seinen Lohn. Auch was B. bezüglich seiner Frau gesehen, erwies sich als richtig."

Ein zweites Beispiel wurde mir von dem Betroffenen selbst erzählt. Der Inhaber eines Pflasterbaubetriebes J.W. aus der Nähe von Offenburg, 26 Jahre alt, wurde Mitte 1972 gegen 11 Uhr beim Abfahren von Bauaushub auf der Abladestelle von einer Hornisse in den linken Ringfinger gestochen. Da er allergisch gegen Insektenstiche war, wurde er nach 14 Minuten ohnmächtig. Ein zufällig anwesender Arzt veranlaßte nach vergeblichen Versuchen, den Patienten zum Bewußtsein zu bringen, die unverzügliche Überführung in ein Krankenhaus. Hier wurde Herzstillstand festgestellt. Zur Wiederbelebung erfolgten mehrere intrakardiale Injektionen und Stromstöße durch das Herz. Bei diesen Manipulationen sah sich der Patient von der Zimmerdecke aus ohne Bewußtsein auf dem Behandlungstisch liegen und hörte die Gespräche der Ärzte. Er hatte dabei den Eindruck, daß sein aus dem materiellen, bewußtlosen Körper ausgetretener Astralleib aufrecht auf einem festen, nicht näher identifizierbaren Untergrund nahe der Zimmerdecke stand. Er bemerkte ein sehr dünnes blauviolett flimmerndes Band vor dem Kopf seines Astralleibes zum bewußtlosen Körper laufen. Es war dünner als ein Finger.

Auf einmal hatte der Patient das Gefühl, vor zwei Treppen zu stehen. Die eine war sauber, frei und bequem zu begehen. Die andere machte den Eindruck, beschwerlich zu besteigen zu sein. Diese Treppe ging der Patient hinauf. Nachdem er sie zu einem Viertel erstiegen hatte, empfand er eine Stimme, die ihm sagte: „Du mußt zurück, du wirst noch nicht gebraucht. Geh wieder zurück!" Der Patient ging wieder zurück und versuchte nochmals, die Treppe zu ersteigen. Wieder wurde er zurückgewiesen und erlangte dann etwa gegen 14 Uhr in seinem materiellen Körper das Bewußtsein zurück, war zunächst aber noch gelähmt, konnte nur hören, später auch sprechen. Erst nach Stunden war er fähig, wieder seine Glieder zu bewegen. Der Arzt erzählte ihm später, daß während der Bewußtlosigkeit sein Herz dreimal ausgesetzt habe, einmal 4 Minuten, einmal 6 und einmal 7 Minuten.

Ein drittes Beispiel ist einem Buch (41, S. 153) von Dr. Guido Huber (1881-1953) entnommen. Er berichtet innerhalb einer Reihe von Beispielen:

„In genau gleicher Weise nämlich schilderte mir ein Bekannter, fünf Tage vor seinem Tode, sein Erlebnis. Nur durch Vergleichen gewinnen diese Berichte an überzeugender Kraft.

Ich kam an einem Freitag vormittags 11 ½ Uhr zu ihm und traf ihn in seinem Schlafzimmer im ersten Stock des Hotels, das ihm gehörte und das er führte, an, im Schlafrock auf seinem Bett sitzend, in Gegenwart seiner Frau. Er erzählte mir, nachdem er mir berichtet hatte, wie plötzlich die Krankheit über ihn gekommen sei, er habe vor wenigen Tagen eine Ohnmacht gehabt und in dieser sei ihm eine höchst merkwürdige Wahrnehmung zuteil geworden. Er habe sich nämlich außerhalb seines Körpers befunden, habe diesen wie leblos auf dem Bette liegen sehen und sei nun plötzlich, aller Schmerzen und aller Angst ledig, frei gewesen. Es sei ein unbeschreiblich schönes, beruhigendes Gefühl gewesen, er wäre zu gerne nicht mehr in seinen Körper zurückgekehrt. Hier warf ich nun die Frage ein, nach jahrzehntelangen parapsychologischen Studien darauf bedacht, jede Suggestion zu vermeiden:

'Sahen Sie auch das Band?' Bei dem Wort 'Band' sprang mein Bekannter auf, so daß seine Gattin und ich ihn beruhigen mußten. Aufgeregt rief er: 'Ja, ich sah das Band' und ging an den Tisch, zeichnete mit einem Blaustift auf ein Blatt Papier, wie seiner Meinung nach dieses leuchtende Band rechtwinklig abgebogen habe, je weiter er sich von seinem Körper, einem Licht entgegen, entfernte. Er wußte aber an einem bestimmten Punkt, weiter könne er nicht mehr, hier sei die Grenze zwischen Leben und Tod und er müsse zurück in seinen Körper. In dem leuchtenden Band sei Leben gewesen, ein fortdauerndes Strömen hin und her. Sich selbst aber sah er körperlos, das heißt, er beachtete vielleicht die ätherische Hülle ebensowenig, wie er es unterlassen hatte, die beiden Punkte zu bestimmen, von denen aus das Band sich erstreckte.

Er starb fünf Tage später; aus der zweiten folgenden Ohnmacht kam er nicht mehr zurück."

Ein viertes Beispiel wird von dem Betroffenen selbst berichtet. Es handelt sich um den in der Schweiz lebenden ungarischen Architekten Stefan v. Jankovich, der am 16. Sept. 1964 einen schweren Autounfall erlitt. Er hat über das sich daraus ergebende Erlebnis in einer Reihe von Zeitschriften, u. a. auch in der ADAC-Zeitschrift, im Fernsehen und in einer Vielzahl von Vorträgen berichtet. Ein Auszug seiner Schilderung lautet folgendermaßen (43):

„Ich hatte als Beifahrer einen sehr schweren Autounfall, bei dem ich aus dem Auto geschleudert wurde und mit 18 Knochenbrüchen bewußtlos auf der Straße liegenblieb. Mein Todeserlebnis hat sehr wahrscheinlich im Moment des Stillstandes meines Herzens begonnen, d. h. nach dem völligen Zusammenbruch des Kreislaufes. Durch den Unfall mußte ich glücklicherweise den langsamen Todeskampf nicht durchmachen. Durch den Schock des Unfalls wurde mein Astralkörper plötzlich vom materiellen Körper getrennt, ich fühlte mich dadurch sehr erleichtert. Ich fand diesen Zustand sehr schön, so göttlich, kosmisch, natürlich. Ich fühlte mich so erleichtert, ja geradezu erlöst, und ich hatte das Gefühl: endlich bin ich soweit. Ich dachte: ‚Ich bin glücklich, daß ich jetzt sterbe, ohne jegliche Angst, nur mit glücklicher Neugierde wartete ich darauf, wie dieser Sterbevorgang oder Todesprozeß weiter vor sich gehen würde.'

Ich fühlte, daß ich schwebte und gleichzeitig wunderschöne Klänge hörte. Zu diesen Klängen nahm ich dazugehörende harmonische Formen, Bewegungen und Farben wahr. Irgendwie hatte ich das Gefühl, daß jemand mich trägt, ruft, tröstet, leitet, immer höher in die andere Welt, wo ich nun als Neuling eintreten durfte.

Ein göttlicher Friede und eine noch nie wahrgenommene Harmonie erfüllten mein Bewußtsein. Ich war restlos glücklich und wurde durch keine Probleme belastet. Ich war allein, kein Wesen der Erde störte meine göttliche Ruhe.

Ich habe oft darüber nachgedacht, ob mir damals irgendein irdisches Problem oder eine Person in den Sinn gekommen war, aber ich konnte dies bis jetzt nicht genau feststellen. Ich war − wie gesagt − völlig allein, völlig glücklich und war in einem völlig harmonischen Zustand. Ich hatte nur noch ein deutliches Empfinden, nämlich, daß ich endlich starb: 'Näher mein Gott zu Dir…' sagt hierzu der Choral. Ich schwebte immer näher zum Licht empor.

Nach diesem wunderschönen Intermezzo hat sich der Vorhang plötzlich wieder geöffnet, und eine weitere Phase begann. Es war sehr merkwürdig: Ich schwebte über der Unfallstelle und sah dort meinen leblosen, schwerverletzten Körper liegen, ganz genau in derselben Lage, wie ich es später von den Ärzten und Polizeirapporten erfuhr. Ich sah auch ganz deutlich unseren Wagen und die Leute, die rings um die Unfallstelle standen.

Dann beobachtete ich einen Mann, der versuchte, mich wieder zum Leben zurückzurufen. Ich konnte genau hören, was die Leute untereinander sprachen. Der Arzt kniete an meiner rechten Seite und gab mir eine Spritze, zwei andere Personen hielten mich an der anderen

Seite und befreiten mich von den Kleidern. Ich sah, wie der Arzt meinen Mund mit irgendeinem Gegenstand – sehr wahrscheinlich mit einem Holzklotz – aufspreizte. Unter anderem konnte ich auch erkennen, daß mein Arm gebrochen war.

Ferner beobachtete ich, wie der Arzt versuchte, mich auf künstliche Art zu beleben und wie er feststellte, daß meine Rippen gebrochen waren. Er bemerkte: 'Ich kann keine Herzmassage machen.' Nach einigen Minuten stand er auf und sagte: 'Es geht nicht.' Er sprach berndeutsch und ein etwas komisches Italienisch. Er sagte: 'Man kann nichts machen, er ist tot.'

Man wollte meinen Körper vom Straßenrand entfernen und fragte das Militär, ob irgendwo eine Decke sei, um meine Leiche zu bedecken. Ich habe fast gelacht über diese blöde Szene, weil ich wußte, daß ich noch da war, denn ich war noch nicht ganz gestorben. Ich wollte ihnen sagen: 'Leute, ich bin noch nicht ganz gestorben, macht doch keinen Zirkus.'

Ich fand dies eigentlich alles ein bißchen komisch, aber es störte mich keineswegs. Im Gegenteil: es machte mir geradezu Spaß, die Bemühungen dieser Leute mitansehen zu können. Anschließend sah ich jemanden in Badehosen mit einer kleinen Tasche in der Hand hinzukommen. Diese Person sprach schriftdeutsch mit dem anderen Arzt. Er hatte mit ihm irgendeinen Wortwechsel, kniete daraufhin zu mir nieder und unternahm auch etwas mit mir. Ich konnte das Gesicht dieses Mannes ganz gut in mich aufnehmen. Und tatsächlich, einige Wochen später kam ein Mann in mein Spitalzimmer im normalen Straßenanzug mit dem gleichen Gesicht. Zuerst war ich schockiert, denn ich hatte diesen Menschen schon irgendwo einmal gesehen. Er sagte, daß er beim Unfall zugegen gewesen und der Arzt sei, der mir diese sogenannte lebensrettende Spritze – ich würde sagen 'satanische Spritze', mit der mein Leiden begonnen hat – in mein Herz gegeben hat. Ich erkannte ihn dann auch sofort und konnte mich auch gut an seine Stimme erinnern. Wir wurden sofort Freunde.

Es war interessant, diese schreckliche Szene zu sehen, wie nach einem Autounfall ein Mensch 'unten' starb. Besonders interessant war, daß dieser Mensch ICH selber war und ich mich selber von oben her als Zuschauer ohne Emotionen, ganz ruhig in einem himmlischen, glücklichen Zustand in göttlicher Harmonie genauestens beobachten konnte. Es ist sehr selten, daß der Mensch sich selber sterben sieht. Aber noch interessanter ist es, daß dies ohne Aufregung geschieht und mit der Befriedigung: Endlich sterbe ich!

Dies war mein erstes vierdimensionales Erlebnis, nämlich als ich frei in ca. 3 m Höhe über meiner Unfallstelle schwebte. Meine Sinnesorgane funktionierten alle gut, und mein Gedächtnis konnte alles registrieren, ich spürte auch kein Hindernis.

Ich flog allein weiter, doch hatte ich das Gefühl, daß ich nicht allein war, sondern daß sehr gute Wesen mich umgaben. Alles war beruhigend, alles harmonisch, alles war glücklich und so wunderschön. Das Erlebnis des Todes begann durch die Trennung des astralen vom materiellen Körper. Der einzige Inhalt war: ICH STERBE.

Ich war sehr erstaunt darüber, daß ich das Sterben gar nicht als unangenehm empfand. Ich fürchtete mich überhaupt nicht vor dem Tod. Es war alles so natürlich, so selbstverständlich, daß ich am Sterben war, und endlich, ja endlich spürte ich, daß ich starb und diese Welt verließ. Während meines Lebens hätte ich nie daran gedacht, daß man vom Leben so schön und so einfach scheiden kann, daß man plötzlich nicht mehr verkrampft am Leben hängt.

Die Unwissenheit über den Tod ist die Ursache dafür, daß wir so sehr am Leben hängen."

So weit der Bericht von Stefan v. Jankovich.

In manchen Fällen verdichtet sich der ausgetretene, im allgemeinen unsichtbare Astralleib derart, daß er auch für normale Menschen sichtbar wird. Gelegentlich kann er sogar leichte physikalische Handlungen ausführen wie z. B. schreiben oder einen Gegenstand bewegen. Man spricht dann von einem Doppelgänger oder dem Phänomen der Bilokation. Solche Erscheinungen sind auch gelegentlich bei einzelnen Heiligen beobachtet (82, S. 111 f) worden. Der russische Staatsrat Aksákow hat in einem ausführlichen Kapitel „Das außerkörperliche Wirken des lebenden Menschen, welches sich durch die Erscheinung seines Ebenbildes mit gewissen Attributen der Körperlichkeit verrät" seines Werkes (5, Bd. II, S. 605 f) eine Reihe solcher Beispiele zusammengestellt. Weitere Fälle sind dem Buch „Die astrale Doppelexistenz" (82, S. 87 f) den Kapiteln „Astralprojektionen, Der Doppelgänger, Die Gabe der Bilokation" zu entnehmen.

Ein erstes Beispiel soll hier berichtet werden. Es wird von dem amerikanischen Roman- und Schauspieldichter und Experimentator auf dem Gebiet der Außersinnlichen Wahrnehmung Harold Sherman (geb. 1898) in seinem Buch „You live after death" (81) geschildert. Es wird zitiert nach (92, S. 47). In Verbindung mit der Abfassung eines Drehbuches wohnte Sherman 1941 in dem Fremdenheim Canterbury Apartments, 1746 North Cherokee Ave., Hollywood, Calif. Er hatte sich sehr angefreundet mit einem anerkannten Spezialisten für Kriminalistik, einem gewissen Harry J. Loose, früher Mitglied der Chicagoer Polizei, dann Detektiv am Hull House (Chicago), zuletzt Leiter der Privatdetektivabteilung der „Chicago Daily News". Er lebte nun als Pensionist etwa 25-30 Kilometer auf der anderen Seite von Los Angeles in Monterey Park, 123 Elizabeth Ave. Dieser höhere Polizeibeamte hatte sich sehr eingehend mit Okkultismus beschäftigt, und Sherman pflegte seine Sonntagnachmittage freizuhalten, um entweder in seiner eigenen oder dessen Wohnung mit ihm zusammenzukommen.

Am Thanksgiving Day (Erntedankfest), Donnerstag, den 20. November 1941, hatte Sherman der Familie Loose als Freundschaftszeichen einen Früchtekorb geschickt. Am kommenden Sonntag war diese an der Reihe, den Besuch Shermans zu empfangen. Er war nachmittags ausgegangen und etwas überrascht, als er bei der Rückkehr etwa um 15 Uhr einen Zettel in seinem Fach vorfand, den der Portier William A. Cousins ausgefüllt hatte. Er lautete: „Herr Loose war hier − erwartet Sie am Sonntag." Die Shermans wunderten sich, daß Loose, statt anzurufen, es darauf ankommen ließ, ob sie zu Hause seien, zumal die Fahrt durch Hollywood an einem verkehrsreichen Feiertag recht ermüdend ist. Eigentlich war eine Einladung für Sonntag nicht nötig, da Looses ja an der Reihe waren. Aber sie wollten sich vielleicht für den Früchtekorb bedanken? Sherman wartete, bis Loose wieder zu Hause sein mußte und rief ihn dann an, voller Bedauern, ihn versäumt zu haben. Es war um 15.30 Uhr, der Portier hatte den Zettel auf 14.30 Uhr datiert. Herr Loose erklärte sofort, es müsse sich um eine Verwechslung handeln, er sei den ganzen Tag nicht ausgegangen.

Seltsamerweise war der Name Loose auf dem Zettel richtig geschrieben, Sherman las ihn vor. Gewiß, war die Antwort, wir erwarten Sie am Sonntag, „aber der Portier muß sich geirrt haben. Josie und Ray und der kleine John (Looses Tochter, Schwiegersohn und Enkelchen) waren zum Mittagessen hier. Ich habe den ganzen Tag keine Schuhe angezogen und bin in meinen Arbeitshosen und der alten braunen

Strickweste, habe Pantoffeln an ... Mein Wagen ist gar nicht aus der Garage gekommen."

Seltsam! Sherman begab sich sofort wieder hinunter zum Portier, dem er mitteilte, daß der Besucher den ganzen Tag zu Hause gewesen sei. Er fragte ihn, ob er sich vielleicht erinnern könnte, wie der Herr aussah? Mr. Cousins erwiderte, er hätte wie ein Arbeiter ausgesehen. Arbeitshosen und eine braune Strickjacke mit einem dunkelblauen Hemd und eine Mütze angehabt. Sherman war verblüfft über diese genaue Schilderung Looses, was er Cousins auch sagte: Loose hätte ihm eben mitgeteilt, daß er auf diese Weise gekleidet sei, zugleich aber, er sei den ganzen Tag zu Hause gewesen.

Nun war es an Cousins, verblüfft zu sein. Er erinnerte sich nun, daß er den Mann gar nicht hereinkommen gesehen hatte, als er aufsah, stand er auf einmal da, er sprach langsam, als falle es ihm schwer, wie jemand, der fürchtet, sein Gebiß zu verlieren! Seine Worten waren: „Sagen − Sie − Herrn − Sherman − Mr. Loose − erwarte − ihn − am − Sonntag -." Er fragte noch, ob der Portier alles richtig verstanden habe. Eine Dame, die dabei zugegen war, sagte nachher, es sei ein sonderbarer Mann gewesen. (Sie hatte ihn also auch gesehen!) Er verschwand dann, ohne daß der Portier wie sonst die sich entfernenden Schritte und das Öffnen und Schließen der Eingangstüre gehört hätte.

„Wenn das nicht Herr Loose war", schloß der erstaunte Cousins, „wer war es dann?"

Sherman rief Loose abermals an und berichtete ihm das Ganze. Nun schien Loose etwas bestürzt, er bat Sherman, die Sache dem Portier gegenüber auf sich beruhen zu lassen und versprach, sie am kommenden Sonntag aufzuklären. Anläßlich seines Besuches vertraute er dann Sherman an, daß er die Fähigkeit besitze, seinen Körper zu verlassen, und zwar absichtlich, voll bewußt und mit völliger Erinnerung an das Erlebte bei der Rückkehr. Er pflege auf diese Weise einige ihm nahestehende Personen zu „besuchen", nach vorheriger telepathischer Vereinbarung, so daß er erwartet werde. Seine Frau passe inzwischen auf seinen Körper im Schlafzimmer auf, da es einen Nervenschock auslösen könnte, wenn er unzeitig geweckt werde. Frau Loose pflege, wenn Besuche kämen, zu sagen, ihr Mann habe sich niedergelegt und dürfe nicht gestört werden. Ein Freund von Loose, John Carlos, ein katholischer Geistlicher in Südamerika (Loose selbst war nicht Katholik, doch sei das von der Konfession unabhängig), pflege seinerseits auch Loose auf diese Weise zu besuchen, es geschehe dies meist auf einer bestimmten stillen Gartenbank. Sollte jemand zufällig vorbeigehen, würde er wohl kaum merken, daß es sich nicht um einen Menschen in seiner fleischlichen Körperlichkeit (in the flesh) handle. Was Loose nun beunruhigte, war, daß er diese Fälle von Ausscheiden des Doppelgängers immer voll bewußt und absichtlich vollzogen hatte, im vorliegenden Fall aber nichts davon merkte. Er war offenbar eingenickt, nachdem er kurz vorher an Sherman und sein freundliches Geschenk gedacht und sich auf seinen bevorstehenden Besuch am Sonntag gefreut hatte. Wie lange er geschlafen hatte, wußte er nicht, vielleicht war der Schlaf in Bewußtlosigkeit übergegangen, und ein Teil seiner selbst hatte sich selbständig gemacht. Seine Tochter und ihre Familie hatten sich nach dem Essen verabschiedet, seine Frau und deren Schwester hatten sich zu einem Mittagsschläfchen zurückgezogen, während er selbst über ein Buch gebeugt, das er lesen wollte, in dem Zimmer am Eingang saß (die Tochter sah ihn, als sie wegfuhr, noch kurz nach 13.30 Uhr). Frau Loose und ihre Schwester wurden kurz vor 14.30 Uhr durch den Schlafzimmerwecker (der etwas vorging) aufgescheucht und begaben sich nach kurzer Unterhaltung wieder in das Vorzimmer, wo sie Herrn Loose über sein Buch gebeugt vorfanden. (Frau R. A. Burkhart, geborene Loose, ihr Mann, Frau Emily H. Loose und ihre Schwester Dorothy Hesse, bestätigten dies alles an Eides Statt in einer Erklärung vom 20. Dezember 1941). Sein unbewußt sich ablösendes Selbst wußte offenbar, daß Sherman nicht zu Hause war, da „es" gar nicht nach ihm fragte, sondern nur die Botschaft hinterließ.

Loose wollte sich nun versichern, daß der Portier Cousins ihn wirklich gesehen habe. Am folgenden Dienstag fuhr er nach vorheriger Vereinbarung nach Hollywood, wo er Sherman traf. Sie begaben sich an einen Seiteneingang des Hauses in der Yuca Street. Dort blieb Sherman an einer Stelle stehen, von der aus man die Eingangshalle überblicken konnte, während Loose − in seiner Gartenkleidung − auf die Portierloge zuschritt. Dort blieb er stehen, ohne etwas zu äußern. Plötzlich rief Cousins voller Überraschung und Bestürzung:

„Oh! Guten Morgen, Herr Loose!"

Loose fragte nun, ob Herr Sherman zu Hause sei und erhielt die Antwort, er sei soeben weggegangen. Sherman merkte, daß Herr Cousins nervös war, er eilte deshalb hinzu und versicherte ihm, daß dies wirklich der leibhaftige Mr. Loose sei. Cousins atmete erleichtert auf, er hätte wirklich nicht gewußt, was er jetzt denken sollte. Herr Loose bat ihn, sein Erlebnis vom Thanksgiving Day zu wiederholen und fragte, ob er genau so gekleidet sei, wie damals? Dies bestätigte Cousins, nur das Hemd komme ihm unbekannt vor, es scheine heller zu sein, als das, das Loose damals trug. Auch dies stimmte, jenes andere Hemd war inzwischen in die Wäsche gegeben worden! (Auch Herr William A. Cousins hat dieses alles in einer eidesstattlichen Erklärung vom 27. Dezember 1941 bestätigt.)

Sherman hat alle diese Erklärungen mit einer Photographie Looses im Gartenanzug noch heute in seiner Kartothek aufbewahrt. Auf die Bitte, es veröffentlichen zu dürfen, erlaubte Loose es, jedoch dürfte es erst nach seinem Tod geschehen. Dieser erfolgte am 21. November 1943.

Ein weiteres Beispiel zeigt, wie der Astralleib in einem besonderen Fall die Notlage eines anderen Menschen erkennen und daraufhin Hilfe veranlassen konnte. Auch in diesem Fall wurde eine materielle Handlung vollzogen, die als Beweis dafür gelten kann, daß wirklich eine Wanderung des Astralleibes stattgefunden hat. Der Bericht stand im September 1963 in der amerikanischen Zeitschrift Fate und beruht auf brieflichen Schilderungen der Hauptbeteiligten und Zeugen. Er lautet (82, S. 16 f):

„Carol Hales aus Quartz Hills, Kalifornien, schreibt, am Abend des 28. Mai 1961 habe sie in den Zweigen eines hohen Eukalyptusbaumes in ihrem Garten eine Erscheinung gesehen. Sie erkannte das Gesicht ihrer Freundin, Miß Jaime Palmer, deren Züge schmerzhaft verzerrt waren.

'Ich helfe dir', versprach Miß Hales dem Abbild ihrer Freundin, daraufhin verflüchtigte es sich. Carol lief zum Telefon und rief Jaime Palmer an, erhielt aber keine Antwort.

Wenn Jaime nicht ans Telefon geht, kann sie auch nicht auf die Türklingel reagieren, also wäre ein Telegramm zwecklos, ebenso ein Besuch bei ihr zu Hause, etwa vierzehn Kilometer von Carols Wohnung entfernt. Außerdem war ein schlimmer Sturm aufgekommen. Die Polizei anrufen? Wer weiß, wie die Betroffenen wohl darauf reagieren würden. Carol Hales war ganz verzweifelt. Sie legte sich aufs Bett und nahm ihre Zuflucht zum Gebet. Und bald löste sich ihre Besorgnis in einem Gefühl der Erleichterung auf.

Sie berichtet im weiteren: 'Wie ich so auf meinem Bett lag, hatte ich auf einmal das Gefühl, ich erhöbe mich und triebe leicht und unbeschwert weg von meinem Körper, aus meinem Zimmer und aus meiner Wohnung. Es war mir, als schwebte ich in völliger Ruhe, ich bemerkte zwar das wilde Sausen und die Macht des Windes, doch es berührte mich nicht.' Der Sturm hatte sich gelegt, als sie das Haus ihrer Freundin erreichte. Sie nahm noch wahr, daß sie das Schlafzimmer Jaimes über den Balkon betrat und fand diese in nahezu bewußtlosem Zustand auf dem Bett liegen.

'Ich wußte sofort, daß sie schwer krank war', schreibt Carol. 'Ich trat ans Bett und legte meine Hand auf ihre Stirn. Sie bewegte sich unruhig und stöhnte.'

Carol wußte, sie mußte jetzt von irgendwoher Hilfe holen. Sie ging auf den Balkon zurück, schwebte über die Brüstung und trieb langsam in den Garten hinab. 'Ich erinnere mich, daß ich dort ein Orangenbäumchen berühte und mit den Fingern fest einen grünen Zweig umklammerte.'

Das nächste, an das sie sich noch erinnern konnte, war, daß sie daheim im Bett lag und in der Hand ein Zweiglein mit grünen Blättern von einem Orangenbaum hielt. In der Nähe ihres Hauses gab es keine Orangenbäume, und damit wußte sie: Was sie erlebt hatte, war kein Traum gewesen. 'Ich wußte genau, was ich zu tun hatte; ich rief die Ärztin Dr. Marion J. Dakin, eine gute Bekannte, an und sagte ihr, ich wüßte, daß meine Freundin, Miß Palmer, sehr krank sei, und sie möge doch bitte zu ihr gehen.'

Dr. Dakin und ihre Sprechstundenhilfe, Unetta Morse, begaben sich sofort zu Miß Palmer. Sie klopften an und riefen laut nach ihr, erhielten aber keine Antwort. Sie rüttelten an allen Türen. Zum Glück hatte irgendwer vergessen, eine Seitentüre abzuschließen; sie traten ein und fanden die Kranke in bedrohlichem Zustand vor. Man brachte sie schnell ins Santa Monica Hospital, wo sie sofort von Dr. Earl Boehme unter Assistenz von Dr. Dakin operiert wurde. Man entfernte einen außergewöhnlich großen Gallenstein, der, wie man Miß Palmer später sagte, so unglücklich lag, daß er in Kürze die Wand des Gallenganges gesprengt hätte.

Jaime Palmer bezeugte schriftlich: 'Von beiden Ärzten und den Schwestern des Krankenhauses weiß ich, ich wäre nicht am Leben geblieben, wenn man mich nicht auf der Stelle operiert hätte.' Sie fügte hinzu, Carol habe sie gerettet, und zwar genau so, wie es in dem Artikel dargestellt sei. Sie erinnerte sich, zu Beginn der Gallenblasenattacke noch gedacht zu haben: 'Ich möchte Carol jetzt keine Schwierigkeiten bereiten, aber ihre Hilfe käme mir doch sehr gelegen.'

'Wenn mein Erlebnis ein bloßer Traum war', fragte Miß Hales, 'wie kam ich dann zu den Blättern von dem Orangenbaum? Und wie erfuhr ich von Jaimes verzweifelter Notlage?'"

Bei dem Kriminalbeamten Loose hatten wir den Fall vor uns, daß bei einer bestimmten Gelegenheit die Erlebnisse des ausgetretenen Astralleibes nicht in das Wachbewußtsein des materiellen Körpers gelangten, wobei letzterer während der Astralreise sich im Schlaf befand, also ohne Wachbewußtsein war. Auch bei dem vorangegangenen Beispiel der Carol Hales müssen wir annehmen, daß in ihrem zurückgelassenen materiellen Körper während des Austritt-Erlebnisses kein Wachbewußtsein vorhanden war.

Es gibt andererseits jedoch Geschehnisse, bei denen der materielle Körper einer Person während des Austrittes seines Astralleibes, der sogar sichtbar wurde, bei vollem Wachbewußtsein war. Beide Körper schienen unabhängig voneinander zu handeln. Einen sehr eindrucksvollen Fall dieser Art schildert der russische Staatsrat Aksákow (5, Bd. II, S. 593 f). Es handelt sich um eine damals 32 Jahre alte Lehrerin für Französisch Emilie Sagée[12]), die im Jahre 1845 in einem Mädchenpensionat in Neuwelcke in der Nähe von Riga unterrichtete. Schon bald nach ihrem Dienstantritt beobachteten die Bewohner des Pensionates, daß die Lehrerin oftmals doppelt vorhanden war. Bei den Mahlzeiten stand z. B. bisweilen die zweite Gestalt, der Doppelgänger oder der ausgetretene und sichtbar gewordene Astralleib, hinter der „materiellen" Emilie Sagée und vollführte mit den Händen nachahmende Eßbewegungen, allerdings ohne Messer und Gabel. Aksákow berichtet weiter (5, Bd. II, S. 596):

„Aber der merkwürdigste Fall dieser anscheinend von einander unab-

---

12) Der Name „Sagée" ist ein Pseudonym. In Wirklichkeit hieß die Dame „Fähnlein", wie aus einem Brief des damaligen Institutsleiters Heinrich Buch an den Bischof J. M. Nitschmann der Evangelischen Brüder-Unität in Berthelsdorf bei Herrnhut vom Mai 1846 hervorgeht. Heinrich Buch stand der Brüder-Unität nahe. In seinem Brief berichtet Heinrich Buch nicht ausführlich über die seltsamen Eigenschaften seiner Französischlehrerin, sondern erwähnt nur, daß sie eine Nervenkrankheit mit den wunderbarsten, nicht zu erklärenden psychologischen Erscheinungen gehabt habe. Anders als mit dieser verharmlosenden Beschreibung hätte er es einem evangelischen Bischof wohl auch kaum verdeutlichen können

hängigen Tätigkeit der beiden Gestalten ereignete sich folgendermaßen: –

Eines Abends waren alle jungen Damen des Institutes, an Zahl 42, in demselben Zimmer versammelt und mit Stickereien beschäftigt. Es war eine geräumige Halle in dem ersten Stockwerk des Hauptgebäudes, welche vier große Fenster oder vielmehr Glastüren hatte, denn sie öffneten sich auf den Flur und gestatteten den Eintritt in einen ziemlich geräumigen Garten vor dem Hause. Es stand ein langer Tisch in der Mitte des Zimmers, und an ihm waren die verschiedenen Klassen gewohnt, sich zu Nadelarbeiten oder ähnlichen Beschäftigungen zu vereinigen.

Bei dieser Gelegenheit saßen die jungen Damen alle an dem besagten Tische, von dem aus sie deutlich sehen konnten, was im Garten vorging; und während sie mit ihrer Arbeit beschäftigt waren, hatten sie Mademoiselle Sagée daselbst, nicht weit entfernt vom Hause, Blumen pflückend bemerkt, was sie sehr liebte. Am oberen Ende des Tisches saß in einem Armstuhl (von grünem Maroquin, dessen sich meine Berichterstatterin noch ganz deutlich erinnern will,) eine andere Lehrerin zur Beaufsichtigung der Zöglinge. Nach einiger Zeit hatte diese Dame zufällig das Zimmer zu verlassen, und der Armstuhl blieb leer. Er blieb dies jedoch nur für kurze Zeit; denn plötzlich erschien dort die Gestalt der Mademoiselle Sagée auf ihm sitzend. Die jungen Damen blickten sofort in den Garten und sahen sie dort noch immer wie zuvor beschäftigt; nur bemerkten sie, daß sie sich sehr langsam und matt bewegte, wie dies eine schläfrige oder erschöpfte Person tun würde. Wiederum sahen sie auf den Armstuhl, und dort saß sie schweigend und regungslos, aber für das Auge so greifbar wirklich, daß, hätten sie selbige nicht draußen im Garten gesehen und nicht gewußt, daß sie im Armstuhl erschienen war, ohne daß sie in das Zimmer hereinschritt, sie alle vermutet haben würden, daß es die Dame selbst wäre. Da sie so, wie die Sache lag, ganz gewiß waren, daß es nicht eine wirkliche Person sei, und da sie bis zu einem gewissen Grade mit diesem sonderbaren Phänomen vertraut geworden waren, näherten sich zwei der kühnsten und versuchten, die Gestalt zu berühren. Sie behaupteten, einen leichten Widerstand zu empfinden, welchen sie mit dem eines Gewebes von feinem Muslin oder Crepp für das Gefühl verglichen. Die eine von den beiden schritt hierauf bis dicht vor den Armstuhl und tatsächlich durch einen Teil der Gestalt hindurch. Die Erscheinung jedoch blieb, nachdem sie dies getan hatte, noch einige Zeit länger sitzen, wie zuvor. Zuletzt verschwand sie allmählich: Und dann wurde beobachtet, daß Mademoiselle Sagée mit all ihrer gewohnten Lebhaftigkeit ihre Arbeit des Blumenpflückens wieder aufnahm. Jede von den 42 jungen Damen sah dieselbe Gestalt auf die nämliche Weise.

Einige von den jungen Damen befragten nachher Mademoiselle Sagée, ob sie irgend etwas Besonderes bei dieser Gelegenheit in sich empfunden hätte. Sie versetzte, daß sie sich nur des Folgenden erinnere: daß, als sie zufällig aufblickte und der Lehrerin Armstuhl leer sah, sie bei sich gedacht hätte: – 'Ich wünschte, sie wäre nicht weggegangen; diese Mädchen werden gewiß ihre Zeit vertändeln und irgendwelches Unheil anrichten.' –

Dieses Phänomen dauerte unter verschiedenen Modifikationen die ganze Zeit über fort, in der Mademoiselle Sagée ihre Stellung in Neuwelcke behielt, nämlich durch einen Teil der Jahre 1845 und 1846, und im ganzen etwa anderthalb Jahre; jedoch mit Zwischenpausen, – zuweilen eine Woche lang, zuweilen mehrere Wochen zugleich aussetzend. Es schien sich hauptsächlich bei Gelegenheiten zu zeigen, in denen die Dame sehr ernst oder eifrig in ihrem Tun war. Es wurde stets bemerkt, daß, je deutlicher und materieller die Doppelgängerin für das Gesicht war, desto starrer und hinfälliger befand sich die lebende Person; und in dem Verhältnis, in welchem die Doppelgängerin dahinschwand, nahm das wirkliche Individuum an Kräften wieder zu.

Sie selbst jedoch war des Phänomens sich total unbewußt; sie war zuerst nur aus dem Berichte anderer darüber benachrichtigt worden; und sie entdeckte es gewöhnlich aus den Blicken der anwesenden Personen. Sie sah niemals selbst die Erscheinung, noch auch schien sie die Art von apathischer Starrheit zu bemerken, welche sie überfiel, sobald die Erscheinung von anderen gesehen wurde."

Diese Erscheinungen erregten auf die Dauer sehr großes Aufsehen. Auch waren manche der Schülerinnen den Erscheinungen gegenüber sehr furchtsam, so daß sie von ihren Eltern bei dem Mädchenpensionat abgemeldet wurden. Als nach 18 Monaten die Anzahl der Schülerinnen von 42 auf 12 abgesunken war, sah sich der Direktor gezwungen, die Lehrerin zu entlassen. Als ihr das mitgeteilt wurde, brach sie in Tränen aus und rief: „Ach! Schon das neunzehnte Mal! Es ist sehr hart, das zu ertragen." Es stellte sich heraus, daß sie wegen ihrer seltsamen Eigenschaft schon aus 18 vorhergehenden Stellungen als Erzieherin, beginnend ab ihrem 16-ten Lebensjahr, entlassen worden war.

Eine weitere Begebenheit dieser Art wurde von Dr. Max Kemmerich 1921 veröffentlicht. Dieser Fall ist dadurch noch etwas ausgeprägter als der vorhergehende, weil die Person, von der berichtet wird, ihren Doppelgänger selbst genau beobachten konnte, während die Emilie Sagée ihren zweiten Körper selbst niemals sah, weil er sich stets außerhalb ihres Gesichtsfeldes befand. Dr. Kemmerich berichtet (47, S. 126):

„Das eigenartigste mir zur Kenntnis gelangte Erlebnis mit seinem Doppelgänger hatte der jetzt in München lebende Ingenieur Dr. Karl Sch. – dem Interessenten kann jederzeit die Adresse mitgeteilt werden –, das sich folgendermaßen zutrug. Er stand damals Mitte der zwanziger Jahre, und wohnte in Berlin, eifrig beschäftigt mit der Konstruktion eines Theatergebäudes. Er konnte die Lösung des Dachstuhls trotz eifrigen Rechnens und Grübelns nicht finden und ging, ziemlich verdrossen, kurz nach Mittag zum Essen. Auf dem Heimweg besuchte er noch einen Zigarrenladen, wo er mit dem Verkäufer über allerlei plauderte, ohne sich bewußt mehr mit seiner Aufgabe zu beschäftigen und kam kurz nach zwei Uhr wieder in sein Zimmer zurück, um dort mit der Arbeit fortzufahren. Beim Eintreten sah er einen Mann an seinem Schreibtisch über das Zeichenbrett gebeugt, eifrig zeichnend. Sein erster Eindruck war der des Ärgers, daß seine Wirtin ihm einen Fremden in seiner Abwesenheit ins Zimmer gelassen hätte, zumal seine Arbeiten noch nicht dem Patentamt vorgelegt worden waren. In der Absicht, den Eindringling unbemerkt zu beobachten, blieb er geräuschlos an der Türe stehen, ohne sie zu schließen. Da erkannte er zu seinem größten Erstaunen in dem unbekannten Manne sich selbst! Er beobachtete den im hellen Licht am Fenster stehenden Doppelgänger genauestens. Er war in derselben Kleidung, die er selbst trug, im braunen Havelock, ja, er erkannte sogar eine eingerissene Stelle an dessen Tasche, die genau wie seine eigene Manteltasche zerrissen war. Der Doppelgänger hatte den Hut abgenommen, aber er selbst hatte ja das gleiche beim Eintreten ins Zimmer getan! Er wunderte sich, daß das Phantom nicht den Mantel, der ihn beim Zeichen hinderte, abgelegt hatte.

Etwa zehn Minuten, jedenfalls aber eine relativ lange Zeit, beobachtete der Dr. Sch. die Erscheinung, weit mehr interessiert, als erstaunt.

Sie arbeitete emsig mit dem Bleistift. Allmählich sank sie unter den Tisch, und er sah, ohne an seinem eigenen Körper die geringste Veränderung feststellen zu können, wie sich die Füße, dann die Unterschenkel auflösten, gleichsam zerschmolzen, bis das Phantom gänzlich verschwunden war. Der Ingenieur trat nun an das Zeichenbrett, wo er zu seiner größten Überraschung die zeichnerische Lösung der Aufgabe fand. Während er selbst mit gelbem Kohinoor nur ganz feine Striche gezeichnet hatte, waren die des Phantoms breit, aber nicht kräftig geführt, da sie sich leicht ausradieren ließen. Die Lösung hatte das Phantom in einer richtig konstruierten und, soweit dies aus der freien Hand möglich ist, auch richtig gezeichneten Kuppel gefunden, an die der Ingenieur selbst nicht gedacht hatte. Die Zeichnung, die übrigens später aus anderen Gründen nicht ausgeführt wurde, reichte der Doktor im Original der Firma Wilke in Hannover ein, wo sie vielleicht heute noch im Archiv liegt.

Die Begebenheit ist aus folgendem Grund so überaus merkwürdig: In der Regel liegt, wie wir sahen, der Mensch nahezu leblos da, während der Doppelgänger ihn verläßt. Was dieser außerhalb seines Körpers tat oder sah, das muß er sich mühsam nach Wiedererwachen ins Gedächtnis zurückrufen. Es besteht also zu gleicher Zeit nur ein Bewußtsein. Hier aber handelt es sich um gleichzeitig zwei Intelligenzen. Die eine − das Phantom − arbeitet, während der Mensch ihn beobachtet."

Die Erscheinung trat völlig spontan auf, ohne daß der Ingenieur, wie er überzeugt war, überhaupt an seine Arbeit dachte. Da er sich mit paranormalen Dingen niemals vorher beschäftigt hatte, war ihm auch die Möglichkeit solcher Vorgänge völlig unbekannt. Er erlebte nach dieser Begebenheit nur noch einmal eine Verdoppelung seiner Person, als er nämlich beim Eintreten in sein Zimmer sich auf dem Sofa sitzen sah. In diesem Fall war jedoch die Dichtigkeit des Doppelgängers weit geringer als beim ersten Mal. Er löste sich bald auf, ohne etwas getan zu haben. Diese Erscheinung geschah wie die erste bei vollem Tageslicht. Bei den Vorkommnissen dieses Ingenieurs wie auch der Emilie Sagée und anderen hier nicht erwähnten Personen hat man den Eindruck, daß der „Doppelgänger" seinen materiellen Körper gelegentlich ein wenig unterstützen will.

Es scheint mir unberechtigt, die vielen von den unterschiedlichsten Autoren berichteten Erlebnisse als reine Halluzinationen, gekoppelt mit Außersinnlicher Wahrnehmung und Psychokinese abzutun und ihnen einen tatsächlichen Hintergrund abzusprechen. Man muß diese Erlebnisse als Indiz für die Hypothese ansehen, daß es parallel zu unserem irdischen, materiellen Körper einen zweiten Leib aus einer noch unerforschten Substanz gibt, in dem auch das menschliche Bewußtsein lokalisiert sein kann und in dem auch Informationsverarbeitungsvorgänge stattfinden können. Normalerweise besteht eine Bewußtseinssperre zwischen diesem zweiten Leib und unserem normalen Körper. In den geschilderten Sonderfällen kann diese Bewußtseinssperre jedoch gelegentlich aufgehoben sein. Wir haben in diesem zweiten Leib, dem sog. Astralleib, den zunächst spekulativ geforderten weiteren Informationsspeicher vor uns, in dem auch die Persönlichkeitsstruktur gespeichert sein kann. Dieser Astralleib braucht nicht unbedingt dem materiellen Tod des physischen Körpers, in den er während des irdischen Lebens normalerweise eingeschachtelt ist, mitunterworfen zu sein. Da er offensichtlich aus einer anderen Substanz besteht, könnte er den materiellen Tod überdauern, d. h. überleben. Suchen wir also nach weiteren Indizien für diese Hypothese.

8.

Der Vorgang des irdischen Todes aus parapsychologischer Sicht

In der parapsychologischen Literatur wird berichtet, daß beim Ablauf des irdischen Todes der Astralleib ebenfalls aus dem materiellen Körper austritt, sich von ihm löst, diesmal aber unter Zerreißung des Verbindungsbandes, der sog. silbernen Schnur. Der Tod oder das Ableben soll dann irreversibel geworden sein. Er soll dann nicht mehr wie beim klinischen Tod (d. h. bei nur vorübergehendem Kreislaufstillstand aber noch nicht irreversiblem Erlöschen der Gehirntätigkeit) durch Wiederbelebung rückgängig gemacht werden können (37, S. 336).

Das Austreten und Lösen des Astralleibes in der Phase des Todes kann hin und wieder von einzelnen anwesenden, insbesondere sog. hellsichtigen Personen mehr oder weniger deutlich beobachtet werden. Fälle dieser Art werden in den Werken (54, Bd. II, S. 355 f und 37, S. 246 f) beschrieben.

Weiter kann beobachtet werden, daß der Sterbende von Wesenheiten aus dem Jenseits, insbesondere von bereits verstorbenen Verwandten oder Freunden empfangen und abgeholt wird. Diese Verwandten und Freunde sieht auch gelegentlich der Sterbende selbst schon kurz vor seinem Tode und berichtet davon den Umstehenden. Im allgemeinen pflegt man derartige Wahrnehmungen (auch schöne Musik wird gehört) und Äußerungen Sterbender als Imaginationen oder Halluzinationen im Delirium anzusehen. Der ganze paranormale Zusammenhang legt aber die Auffassung nahe, daß es sich hier nicht um Halluzinationen, also Produktionen des eigenen Geistes, sondern um Visionen mit einem realen Geschehen als Ursache und Hintergrund handelt. Eine Vielzahl von Berichten dieser Art werden von den Doktoren Osis und Haraldsson (61) vorgelegt.

Hier möge als Beispiel der Bericht einer englischen Krankenschwester

Joé Snell folgen. Sie selbst war „hellsichtig" und konnte die Sterbevorgänge durch quasioptische Eindrücke verfolgen, d. h. wahrnehmen, als wenn sie es mit den eigenen irdischen Augen sähe.

Sie berichtet (83, S. 8):

„Ich wurde dann Berufspflegerin, und diese Berufung übte ich 20 Jahre aus. Ich war Zeugin vieler Todesvorgänge, aber immer sofort nachher sah ich die Geistform, in Erscheinung ein ätherisches Doppel der menschlichen Form, über dem Körper, in dem das Leben erlosch, Gestalt annehmen, und dann verschwinden."

Einige Seiten weiter (83, S. 19) berichtet Joé Snell:

„Etwa sechs Monate nach meinem Eintritt in den Spitaldienst offenbarte sich mir, daß Sterbende wirklich die sahen, welche vom Geisterreich gekommen waren, um sie zu begrüßen bei ihrem Übertritt in eine andere Daseinsform. Das erstemal bekam ich diesen sichtbaren Beweis bei dem Tode von L., einem süßen Mädchen von 17 Jahren und Freundin von mir. Sie war das Opfer von Auszehrung. Schmerzen hatte sie nicht, aber die innere Ermüdung, die von der großen Schwäche und Hinfälligkeit kam, belastete sie sehr, und sie sehnte sich nach dem Ende. Kurz vor ihrem Ende bemerkte ich zwei Gestalten, die zu beiden Seiten des Bettes standen. Ich hatte sie nicht kommen sehen, sie standen am Bett, als ich sie bemerkte, und ich sah sie so deutlich, wie ich alle Anwesenden in dem Raum sah. In meiner Vorstellung nannte ich diese Wesen aus einer anderen Welt immer Engel, und als von solchen will ich weiterhin sprechen. Ich erkannte in den beiden zwei intime Freundinnen des Mädchens, die gleichaltrig mit ihr ein Jahr vorher gestorben waren. Gerade bevor die beiden erschienen, hatte das sterbende Mädchen gesagt: 'Es ist so dunkel geworden, ich kann gar nichts mehr sehen.' Aber diese erkannte sie sofort. Ein liebliches Lächeln glitt über ihr Gesicht. Sie streckte die Hände aus und rief in freudigen Tönen: 'Oh, ihr seid gekommen, mich abzuholen! Ich freue mich, denn ich bin so müde.' Als sie ihre Hände ausstreckte, ergriff jeder der beiden Engel deren eine. Ihre Gesichter waren leuchtend, wie auch das Gesicht der Sterbenden strahlend lächelte, die ja nun die Ruhe finden sollte, nach der sie so verlangte. Sie sagte nichts mehr, aber für etwa eine Minute hielt sie die Hände ausgestreckt, die von den Händen der Engel gehalten wurden, und sie sah sie weiter an mit strahlenden Augen und dem Lächeln auf ihrem Gesicht. Vater, Mutter und Bruder, die ersucht worden waren, zugegen zu sein, wenn das Ende käme, begannen bitterlich zu weinen, als sie merkten, daß sie sie verlassen werde. Von meinem Herzen aber stieg eine Bitte empor, daß sie sehen könnten, was ich sah, aber sie konnten nicht.

Die Engel schienen die Hände der Sterbenden loszulassen, die dann auf das Bett zurückfielen. Ein Seufzer, wie von jemand, der sich glücklich dem Schlaf hingibt, kam von ihren Lippen, und dann war sie, wie die Welt sagt, tot. Aber das milde Lächeln, das auf ihr Gesicht gekommen war bei dem Erkennen der Engel, blieb noch. Die Engel blieben am Bett während des kurzen Augenblickes, bis die Geistform über dem toten Körper sich gebildet hatte. Sie erhoben sich dann und blieben einige Augenblicke neben ihr, die ihnen nun gleich war. Dann verließen drei Engel den Raum, wo vorher nur zwei gewesen waren."

Ein ähnliches Erlebnis berichtet ein amerikanischer Arzt Dr. med. C. Renz aus San Francisco, allerdings nicht von sich selbst, sondern von dem Ehemann einer Patientin, die an einer zum Tode führenden Krankheit litt. Dr. Renz behandelte sie und betont, daß der Ehemann ein energischer, gleichmütiger und äußerst ruhiger Geschäftsmann war, den er seit längerer Zeit kannte. Irgendwelche Sinnestäuschungen oder psychische Erkrankungen sind bei ihm niemals beobachtet worden. Er beschäftigte sich auch nicht mit paranormalen Dingen und stand ihrer angeblichen Existenz ablehnend gegenüber. Daher hatte er auch große Schwierigkeiten, das Erlebnis, das er beim Tode seiner Frau hatte, einigermaßen richtig bei sich einzuordnen. Jedenfalls fragte dieser Kaufmann während des Todeserlebnisses bei seiner Frau den behandelnden Arzt Dr. Renz mehrfach, ob letzterer es für möglich halte, daß er irrsinnig werden könnte.

Doch hören wir den Bericht dieses Geschäftsmannes selbst an (73):

„All meinen Freunden ist bekannt, daß meine Frau am Freitag, dem 23. Mai 1902, ein Viertel vor 12 Uhr nachts von hinnen schied. Am gleichen Nachmittag nach 4 Uhr war mir die Gewißheit gekommen, daß ihr Tod nur noch die Frage von wenigen Augenblicken sei. Um sie herum versammelt waren einige meiner vertrautesten Freunde, ihr nahes Ende erwartend, wie auch der behandelnde Arzt mit zwei geprüften Krankenpflegerinnen das Bett umstanden.

Die rechte Hand der Kranken in der meinigen haltend, saß ich an der Seite. Die Freunde waren im Zimmer verteilt, einige saßen, andere wiederum standen. Kein Wort verlautete, alle lauschten angestrengt auf das immer schwächer werdende Atmen und den Augenblick, da es ganz aufhören würde und die Seele den Körper verlasse. So vergingen zwei Stunden, und noch keine Änderung war eingetreten. Der Diener lud zum Diner ein, aber niemand war geneigt, dieser Aufforderung zu einer Stärkung nachzukommen. Gegen 1/2 7 Uhr forderte ich doch dringend unsere Freunde, den Arzt und die Krankenschwestern auf, sich zum Diner zu begeben, da man ja nicht wissen könnten, wie lange sich noch die Nachtwache hinziehen würde und man sich doch nicht so lange der Speise enthalten sollte. So verließen denn alle, gehorsam meines Winkes, das Zimmer.

Eine Viertelstunde später, also 15 Minuten vor sieben − ich weiß dies so genau, weil sich auf dem Toilettentisch eine Uhr befand, die mir zugewandt war −, sah ich unwillkürlich einmal nach der Türe und bemerkte, wie drei getrennte, indes deutliche Wolkenschichten in das Zimmer hineingeweht wurden. Jede Wolke schien eine Ausdehnung von etwa vier Fuß in der Länge zu haben, sechs bis acht Zoll in der Breite, und die unterste war zwei Fuß von dem Boden entfernt; die anderen schienen in Zwischenräumen von etwa sechs Zoll sich zu bewegen.

Mein erster Gedanke war nun, daß einige unserer Freunde (und ich muß sie heute noch deswegen um Verzeihung bitten) vor dem Schlafzimmer ständen, Zigarren rauchend, und die Rauchwolken drängen ins Zimmer ein. In diesem Gedanken sprang ich auf, um ihnen meine Ungehaltenheit kundzugeben, aber da stand niemand an der Türe, noch war jemand auf dem Gang oder in den Nebenzimmern zu sehen.

Erstaunen überkam mich, und ich sah nach den Wolken, und diese näherten sich leise dem Bette, bis sie dasselbe vollständig eingehüllt hatten. Als ich dann in den Nebel hineinstarrte, gewahrte ich zu Häupten meines im Sterben liegenden Weibes eine weibliche Gestalt, etwa drei Fuß groß, durchsichtig, dennoch wie ein lichter Schein von leuchtendem Gold, eine Frauengestalt, so erhaben von Anblick, daß mir die Worte fehlen, sie genauer zu beschreiben. Eingehüllt in ein griechisches Gewand mit langen, lose herabwallenden Ärmeln. Auf ihrem Haupt eine strahlende Krone. So stand die Gestalt in ihrem vollen Glanze und ihrer Schönheit unbewegt da, ihre Hände über meine Frau erhoben, schien sie ihr gleichsam einen Willkomm zu bieten mit heiterer, stiller Miene, würdevoll Ruhe und Frieden ausstrahlend. Zwei andere Gestalten in Weiß knieten an der Seite meines Weibes und lehnten sich anscheinend gegen sie an. Andere Gestalten schwebten über dem Bett mehr oder weniger deutlich.

Über meiner Frau, indessen durch ein Band mit ihr verbunden, das über dem linken Auge von der Stirne ausging, schwebte in die Höhe eine unbekleidete weiße Gestalt, anscheinend ihr Astralkörper. Zeitweise verhielt sich die so verbundene Person vollständig ruhig, dann aber schrumpfte sie in sich zusammen, bis sie nicht größer als etwa 18 Zoll war. Der Körper war vollständig, Arme und Beine alles vollständig. Während der Astralkörper so an Gestalt abnahm, wandte er sich öfter heftig hin und her, schlug mit Armen und Beinen um sich, vermutlich in der Absicht, sich freizumachen und zu entkommen. Er wandte sich so lange hin und her, bis er entkräftet zu sein schien. Dann wurde er ruhig, nahm wieder an Größe zu, um das nämliche Spiel von neuem beginnen zu lassen.

Diese Vision, oder was es auch sein mochte, habe ich andauernd während der ganzen fünf Stunden gehabt, die dem Scheiden meiner Gattin vorausgingen. Unterbrechungen, wenn ich z. B. mit meinen Freunden sprach, mein Auge schloß und den Kopf abwandte, vermochten das Blendwerk nicht im mindesten zu beeinflussen; denn sobald ich wieder meinen Blick auf das Sterbebett richtete, war auch die Geistererscheinung zu sehen. Diese ganzen fünf Stunden hindurch hatte ich ein seltsames Gefühl der Bedrückung, eine schwere Last lag auf meinem Kopf und meinen Gliedern, meine Augen waren schwer und voll Schlaf. Und während dieser Periode waren die Empfindungen so seltsam, die Erscheinungen so beständig und lebhaft, daß ich glaubte, den Verstand zu verlieren, und mehr als einmal dem behandelnden Arzte von Zeit zu Zeit sagte: 'Herr Doktor, ich verliere meinen Verstand.'

Endlich trat der verhängnisvolle Augenblick ein. Ein Keuchen, der Astralkörper wand sich hin und her, mein Weib hörte auf zu atmen; es machte den Anschein, als wenn sie nun gestorben sei. Einige Augenblicke später jedoch begann sie wieder zu atmen, zweimal, und dann war alles still. Mit ihrem letzten Atemzuge und dem letzten Seufzer, als die Seele den Körper verlassen hatte, war das Verbindungsband plötzlich abgerissen und die Astralgestalt verschwunden. Die Wolken und die Geistergestalten verschwanden augenblicklich, und seltsam, das ganze schwere Gefühl, das auf mir gelastet hatte, war mit einem Male von mir gewichen. Ich war mir selbst wiedergegeben, kaltblütig, ruhig und besonnen, und von dem Augenblick des Todes an befähigt, alle Anordnungen betreffs des irdischen Körpers und seiner Bestattung zur letzten Ruhe zu treffen.

Ich muß nunmehr meinen Lesern überlassen, darüber zu urteilen, ob ich einer Sinnestäuschung unterworfen war infolge des Grams, des Herzeleids und der Ermattung oder ob nicht doch ein Schimmer jener geistigen Welt mit ihrer Schönheit, Glückseligkeit, Ruhe und Frieden meinen sterblichen Augen vergönnt war."

Diesem Bericht ist nicht zu entnehmen, daß die Sterbende die Gestalten, die sie abholten, erkannte, etwa als frühere Angehörige oder Freunde. Bei den folgenden Begebenheiten erkannten die Sterbenden jedoch, wer sie in Empfang nahm. Die Umstehenden konnten dagegen nichts sehen.

Zuerst der Bericht des reformierten Pfarrers Alex Stern aus Bern. Er schildert im Jahre 1912 (86, S. 143) den Tod des Pfarrers Wilhelm Lehmann[13]) aus Lennep im Rheinland und schreibt:

„Im Alter von noch nicht einmal sechzig Jahren war er durch eine auszehrende Krankheit aufs Krankenlager geworfen und war bereits ein Jahr bettlägerig, abgezehrt und so schwach, daß er nur sehr wenig und leise sprechen konnte und sich nicht mehr allein herumzulegen oder aufzurichten vermochte. Zwei seiner Söhne waren sechs bis acht Jahre vor ihm gestorben: der eine, Julius, in seinem elften und der andere, Rudolf, in seinem achten Lebensjahr. An seinem letzten Lebenstag umstanden seine Ehegattin und seine lebenden Kinder, ein Sohn und drei Töchter, und einige Freunde sein Bett, ohne daß man erwartet hatte, daß sein Ende schon vorhanden sei. Auf einmal sagte der Kranke: 'Da sind ja meine Söhne Julius und Rudolf. Sie sind gekommen, mich abzuholen; es ist aber noch etwas zu früh, ich muß vorher noch einmal sprechen.' Nun beschrieb er ihre herrlichen Gestalten, sagte, wie groß und schön sie geworden seien, und setzte sich, zum Erstaunen der Anwesenden, im Bett auf, so daß seine Gattin ihn fragte: 'Was willst du, lieber Mann, denn tun?', worauf er erwiderte: 'Ich muß jetzt noch einmal predigen.' Mit verklärtem Angesicht, mit Kraft und Begeisterung hielt er nun eine herzergreifende Rede, in der er die Anwesenden ermahnte, ihrem Erlöser treu zu bleiben, weil es außer ihm kein Heil gebe und wir nur durch ihn Gnade bei Gott, Vergebung unsrer Sünden und die Seligkeit erlangen könnten. Darauf segnete er die Seinigen und die anderen Anwesenden, legte sich zurück und war verschieden."

---

[13]) Wilhelm Lehmann, 1.9.1772-14.3.1824, ab 1807 evang. Pfarrer in Lennep

Die folgende Begebenheit schildert der reformierte Pfarrer in Basel Eucharius Kündig. Er hatte sich besonders der Seelsorge der Kranken und Sterbenden gewidmet und die Erfahrung gemacht, daß sterbende Kinder manchmal mehr wahrnehmen, als die umstehenden Erwachsenen sehen können. Er berichtet (49, S. 68) um 1850:

„Ich bekenne, daß unter den Kranken die Kinder mich vorzüglich interessieren; ja, ich habe schon am Bettlein von Kindern gestanden, wo sich mir der Glaube an eine Fortdauer nach dem Tode fast in ein Schauen und Betasten verwandelte. Da muß ich Ihnen von zwei Schwestern erzählen, Emilie und Julie; die erstere sechs, die letztere fünf Jahre alt, die einander gar zärtlich liebten und immer Hand in Hand miteinander gingen. Emilie wurde krank und starb. Das gab in das Herz der Julie einen starken Riß. Nach drei Wochen wurde sie von Unwohlsein befallen, das aber für nicht bedeutend gehalten wurde. In ihrem Bettlein nun unterhielt sie sich immer mit der verstorbenen Emilie, auch während sie spielte. Fragte die Mama: 'Siehst du denn die Emilie? ', so antwortete sie: 'Siehst du sie denn nicht?' Nach etlichen Tagen fiel der Mutter die veränderte, fast verklärte Physiognomie der Julie auf; sie teilte ihrem Gatten ihre Besorgnis mit und wie das Kind den ganzen Morgen immerwährend mit der Emilie rede und behaupte, sie zu sehen. Als beide Eltern am Bettlein der kleinen Kranken saßen, rief sie zu wiederholten Malen und fast unwillig: 'Ich kann nicht! ich kann nicht!' Auf einmal sagte sie freudig: 'Jetzt kann ich!' und starb."

Nicht immer sind es verstorbene Freunde oder Verwandte, die von Sterbenden wahrgenommen werden, sondern manchmal auch Gestalten des religiösen Glaubens wie z. B. Engel. Darüber berichtet Eucharius Kündig ebenfalls ein Beispiel. Er schildert (49, S. 69) das mit starken Schmerzen verbundene siebenmonatige Krankenlager eines zehnjährigen Mädchens. Im Verlaufe seiner Krankheit wandte es sich sehr dem Gebet und dem Neuen Testament zu. Das Ende des Leidens schildert Kündig folgendermaßen:

„Am Morgen seines Todestages, während eines sanften Schlummers, sang es das Lied: Jesus nimmt die Sünder an. Als es damit zu Ende war, erwachte es und fragte lächelnd: 'Habe ich gesungen?' Als ihm dies bejaht wurde, sagte es mit einer unaussprechlichen Heiterkeit: 'es sind Engel zu mir gekommen und haben gesagt, wir wollen das Lied singen: Jesus nimmt die Sünder an — da sagte ich: ich singe auch mit.' Abends war das liebe Kind sanft entschlafen."

Bei den letzten drei Berichten ist der Einwand denkbar, daß es sich bei den Ereignissen nur um Halluzinationen[14]) ohne jeden tatsächlichen Hintergrund gehandelt haben könnte. Dem steht aber entgegen, daß die Sterbenden nicht den Eindruck machten, im Delirium zu liegen und wirres Zeug zu reden. Diese Meinung vertrat auch der britische Physiker Sir William Barret[15]), der durch seine Frau, die Ärztin für Geburtshilfe war, auf Visionen[16]) Sterbender aufmerksam gemacht wurde. Sie hatte in der Nacht des 12. Januar 1924 im Krankenhaus bei der Entbindung einer gewissen Doris ein für sie sehr erregendes Erlebnis.

Die Ärztin berichtet über die Patientin (6. S. 14):

„Plötzlich sah sie aufgeregt in eine Ecke des Zimmers, während ein strahlendes Lächeln ihren Gesichtsausdruck erhellte. 'Oh, wie schön, wie schön', sagte sie. 'Was ist schön?' fragte ich sie. 'Das, was ich sehe', erwiderte sie in verhaltenem, leidenschaftlichem Ton. 'Was sehen Sie?' 'Eine wunderschöne Helligkeit − allerliebste Geschöpfe.' Es ist schwer, den Eindruck der Wirklichkeit zu beschreiben, die bei ihr durch die starke Versenkung in die Vision hervorgerufen wurde. Dann, während sie ihre Aufmerksamkeit noch intensiver einem bestimmten Punkt zuwandte, stieß sie eine Art fast glücklichen Schrei aus und rief: 'Wirklich, es ist mein Vater! Oh, er ist so froh, daß ich komme; er ist so froh. Wie schön wäre es, wenn W. (ihr Mann) auch käme.'

Ihr Säugling wurde gebracht, damit sie ihn sehen konnte. Sie betrachtete ihn aufmerksam und sagte dann: 'Glauben Sie, daß ich um des Babys willen bleiben sollte?' Dann wandte sie sich wieder der Vision zu und sagte: 'Ich kann nicht, ich kann nicht bleiben; wenn du sehen könntest, was ich mache, würdest du wissen, daß ich nicht bleiben kann.'

Offenbar 'sah' die junge Frau etwas so Reales, so Befriedigendes, so Wertvolles, daß sie ihr Leben und ihr eigenes Kind aufgeben wollte.

Aber dann wandte sie sich ihrem Mann zu, der hereingekommen war, und sagte: 'Du wirst das Baby niemandem überlassen, der es nicht

---

[14]) Halluzination = innere Wahrnehmungsempfindung ohne äußeren entsprechenden Sinnesreiz und ohne paranormale Anregung, Wahrnehmngstäuschung
[15]) Sir William Fletcher Barret, 1845-1926, bedeutender britischer Physiker, Prof. an der Universität Dublin, Mitbegründer der britischen Society for Psychical Reserarch
[16]) Vision = bildhafte, anschauliche, innere Wahrnehmung eines normal nicht sichtbaren Sachverhaltes mit paranormalem Hintergrund

liebt, nicht wahr?' Dann schob sie ihn sanft beiseite und sagte: 'Laß mich das liebliche Licht sehen.'

Konnte dies alles lediglich die Erfüllung eines Wunschdenkes in Form einer Halluzination gewesen sein? Barret erwog eine derartige Erklärung, verwarf sie jedoch, da unter den Erscheinungen der Toten jemand gewesen war, den Doris nicht zu sehen erwartet hatte. Ihre Schwester Vida war drei Wochen zuvor gestorben. Doris war jedoch wegen ihres angegriffenen Gesundheitszustandes nicht davon unterrichtet worden. Aus diesem Grunde war Doris ein wenig verwundert, als das Folgende geschah.

Sie sagte zu ihrem Vater: 'Ich komme', während sie sich gleichzeitig zu mir umwandte, indem sie sprach: 'Oh, er ist so nah.' Wieder mit dem Blick auf die gleiche Stelle sagte sie mit einem ziemlich verwunderten Gesichtsausdruck: 'Er hat Vida bei sich', und, indem sie sich wieder mir zuwandte, bemerkte sie: 'Vida ist bei ihm.' Schließlich sagte sie: 'Du möchtest mich wirklich bei dir haben, Vater? Ich komme.'"

Prof. Barret war von der Schilderung seiner Frau so beeindruckt, daß er daraufhin weitere Berichte dieser Art sammelte und sie in einem Buch „Death-bed Visions" 1926 veröffentlichte. Er vertrat darin die Ansicht, daß Sterbende in ihren Visionen verstorbene Personen sehen, die gekommen sind, um sie in die jenseitige Welt abzuholen. Er bemerkte dabei, daß die Patienten in ihren Visionen bei klarem und ungetrübtem Bewußtsein waren und manchmal etwas „sahen" oder erfuhren, was sie nicht erwarteten. Zum Beispiel waren Kinder sehr verwundert, Engel ohne Flügel zu sehen, oder die Patientin „Doris" im vorhergehenden Bericht war sehr überrascht, daß ihre Schwester Vida an ihr Sterbebett kam, obwohl sie diese noch unter den Lebenden glaubte. Dreißig Jahre später regten die Untersuchungen Prof. Barrets den in den U.S.A. lebenden lettischen Parapsychologen Dr. Karlis Osis[17]) zu einer ähnlichen Erhebung an. Er befragte in den Jahren 1959-1960 mittels Fragebogen Ärzte und Pflegepersonal in Krankenhäusern über ihre Beobachtungen an Sterbebetten. Osis erhielt 640 Fragebogen zurück, die auf Beobachtungen an 35 540 sterbenden Patienten beruhten (61, S. 28 u. 38). Von ihnen hatten 1318 Kranke Erscheinungen von Gestalten wahrgenommen, die das Pflegepersonal nicht sehen konnte. In den Jahren 1961-1964 wurde eine zweite Frage-

---

[17]) Geboren 1917 in Riga, 1951-1957 Mitarbeiter von Prof. J. B. Rhine an der Duke University in North Carolina

bogenaktion bei Mitgliedern medizinischer Berufe an Krankenhäusern durchgeführt. Es gingen daraufhin 1004 Antworten ein, die auf Beobachtungen an 50 000 sterbenden Patienten beruhten. Wieder gab es viele Berichte, 216 an der Zahl, darüber, daß Sterbende von verstorbenen Verwandten oder von Wesenheiten des religiösen Bereiches besucht wurden, um ihnen beim Übergang in eine andere Form des Seins behilflich zu sein und sie in die jenseitige Welt abzuholen. Dazu ein Beispiel (61, S. 112):

„Ein zehn Jahre altes Mädchen lag in einem Krankenhaus in Pennsylvania und erholte sich gerade von einer Lungenentzündung. Das Fieber war gesunken, sie schien die Krise überwunden zu haben.

Da sah die Mutter, daß ihr Kind zusehends verfiel und rief uns (die Krankenschwestern). Sie sagte, das Mädchen habe ihr gerade erzählt, daß es einen Engel gesehen habe, der es bei der Hand genommen habe − und wirklich starb das Kind im nächsten Augenblick. Wir konnten das einfach nicht begreifen, da es keinerlei Anzeichen eines bevorstehenden Todes gegeben hatte. Sie war so ruhig und heiter − und dem Tod so nahe! Wir waren alle tief betroffen."

Alle diese Berichte standen in krassem Gegensatz zu Halluzinationen bei Fieberphantasien, im Delirium oder bei geistig Kranken, bei denen die Mehrzahl der halluzinierten Personen entweder fremde oder bizarre Gestalten waren. Während gewöhnliche Halluzinationen von der menschlichen Persönlichkeit abhängig sind, hatte dieser Faktor auf die Visionen Sterbender keinen Einfluß. Anstatt reine Projektionen von Wunschgedanken oder unerfüllten Wünschen zu sein, schien es, daß die Erscheinungen ihren Ursprung außerhalb der Persönlichkeit hatten (61, S. 41). In 90 % aller Erscheinungen, die von den Sterbenden als Verwandte erkannt wurden, handelte es sich um nächste Verwandte: Eltern, eigene Kinder, Geschwister oder Ehegatten.

Osis und seine Mitarbeiter überlegten nun, ob die Ähnlichkeit der Sterbebettvisionen bei Amerikanern nicht vielleicht darin ihren Grund haben könnte, daß sie alle denselben religiösen Hintergrund des christlichen Glaubens haben. Um die Abhängigkeit dieses Phänomens von der Religion zu untersuchen, beschloß man, die Fragebogenaktion auf einen Kulturkreis auszudehnen, in dem die Bibel keine Rolle in der religiösen Erziehung der Bevölkerung spielt (61, S. 29). Man entschied sich für Indien. Osis sagt (62, H. 4, S. 7):

„Wir brauchten eine andere Kultur, wo die Vorstellungen über die Natur des Todes zu den unseren grundsätzlich verschieden waren. Gerade deshalb gingen wir nach Indien. Die christliche Vorstellung glaubt an das Hinüber-Gehen der individuellen Persönlichkeit in das Nach-Leben. Hinduistische Vorstellungen sind dem diametral entgegengesetzt: Die Auflösung des Ich in den unpersönlichen Aspekt von Gott, von Brahman. Man will 'das Rad von Tod und Wiedergeburt anhalten'. Während die Christen an Himmel und Hölle glauben, beschäftigen die Hindus sich mit dem Konzept der Reinkarnation. Darüber hinaus glauben westliche Menschen an die Vereinigung mit Familie und Freunden im Augenblick des Todes, wohingegen die Asiaten diese Reise allein antreten. Wo die Bibel vom Gericht spricht, reden die Veden von Karma. Deshalb müssen wir auf jeden Fall etwas vergleichen. Nach unserem Modell sind die Wahrnehmungen von Realität in verschiedenen Kulturen eher gleich als die Phantasien. Während wir alle die Bäume und die Blumen auf dieselbe Art und Weise sehen, 'sehen' nur die Iren Kobolde, und man muß schon ein Norweger sein, um einen Troll zu sehen. Wenn also die Visionen der Sterbenden sich nach dem jeweiligen individuellen Hintergrund richteten, biblisch für die Amerikaner, vedisch für die Hindus, so wäre unsere weitere Forschung am Ende: Es gäbe keine objektive Basis für den Beweis einer Existenz nach dem Tode. Wenn Sterbebettvisionen etwas Reales sind, wird zwischen amerikanischer und indischer Untersuchung weniger Unterschied sein, als wenn sie auf kulturell bedingten Glaubensvorstellungen basierten."

So wurde in den Jahren 1972 und 1973 eine entsprechende Erhebung in Nordindien durchgeführt, hauptsächlich an den großen Universitätskliniken der Städte: Delhi, Meerut, Agra, Allahabad und vier weiteren. Gewöhnlich organisierte dabei der Chefarzt ein Treffen der Befrager mit dem Krankenhauspersonal, bei dem die Fragebogen erläutert und verteilt wurden. Auf diese Weise wurden in Indien 704 ausgefüllte Fragebogen gewonnen. In ihnen wurde von 255 Sterbenden berichtet, die visionär Personen, meist verstorbene Verwandte, wahrgenommen hatten. Diesen Schilderungen wurde dann in ausführlichen Interviews nachgegangen. Osis berichtet (62, H. 4, S. 8):

„Was fanden wir? Die hauptsächlichen Charakteristika dieser Visionen waren die gleichen. Trotz des Hinduglaubens, alles was nach dem Tode geschieht, sei völlig individuell, nicht mit irgend jemandem verbunden, trafen die indischen Patienten doch auf Verwandte und religiöse Figuren. Die vorherrschende Absicht der Erscheinungen war dieselbe: den Patienten in eine Existenz nach dem Tode mitzunehmen. Wie die Amerikaner waren die Hindus in der Mehrzahl 'bereit zu gehen'. Darüber hinaus waren die emotionalen Reaktionen in etwa dieselben, genauso wie die Beschreibungen der jenseitigen Umgebung."

Von den Schilderungen des Dr. Osis sollen hier noch einige wörtlich wiedergegeben werden. Eine indische Krankenschwester beobachtete eine sterbende zuckerkranke indische Frau und berichtet (61, S. 47):

„Sie gab ständig Worte von sich. Ich hörte zu, da ihre Verwandten dachten, daß sie mir etwas erzählen wollte. Sie erzählte mir, daß ihre Mutter, die viele Jahre vorher gestorben war, gekommen war und sie aufforderte, sie in das Reich Gottes zu begleiten. Als ich das ihren Verwandten mitteilte, baten sie mich, ihr zu sagen, daß sie nicht gehen solle; sie sahen das als böses Omen dafür an, daß sie im Sterben läge und man nichts dagegen tun könne. Die Patientin aber sagte, daß sie im Begriff wäre zu gehen und schien glücklich darüber zu sein. 'Ich gehe, meine Mutter ruft mich gerade. Ich gehe jetzt in das Reich Gottes ein.' Das waren ihre letzten Worte. Vor diesem Erlebnis hatte die Patientin erwartet, wieder gesund zu werden.

Aber dieses Phänomen galt nicht nur für Frauen. Ein fünfundsechzig Jahre alter Mann, der an Magenkrebs litt, schien jedesmal vollkommen klar zu sein und rational zu denken, wenn ihm folgendes widerfuhr:

Er schaute meistens in die Ferne; dann erschienen ihm gewöhnlich diese Dinge, und sie schinen für ihn völlig real zu sein. Er starrte immer die Wand an; seine Augen und sein Gesicht leuchteten auf, als ob er jemanden sähe. Er pflegte dann von Licht zu sprechen, von Helligkeit, und er sah Menschen, die anscheinend für ihn wirklich waren. Gewöhnlich sagte er dabei: 'Hallo' und: 'Da ist meine Mutter'. War die Vision vorbei, schloß er die Augen und schien voller Frieden. Er machte mit ausgestreckten Händen Gebärden. Vor der Halluzination war er sehr krank und unleidlich, danach war er heiter und friedlich.

In diesem Fall überkam den Patienten nicht nur der 'Friede, der jenseits allen Verstehens liegt', sondern seine Vision hatte auch die dem Jenseits eigenen Merkmale des Lichtes und der Helligkeit, von denen auch vielfach in der religiösen Literatur die Rede ist.

In manchen Halluzinationen wirkt die Erscheinung für den Kranken so real, daß er die Anwesenheit des Besuchers aus der anderen Welt und die eigenen diesseitigen Belange miteinander vermengt. So war es in dem Fall eines Mannes in den Siebzigern, eines Herzpatienten, der zu Hause starb. Er war bei vollem Bewußtsein, hatte kein Fieber und hatte auch keine schmerzstillenden Mittel erhalten.

Er schaute direkt hinter mich und rief ihr (seiner verstorbenen Frau) zu: 'Mary, wie wäre es, wenn du zu der rückwärtigen Veranda gingest und mir dort ein paar von den frischen Tomaten holen würdest?' Am Ende dieser Unterhaltung mit seiner Frau wandte er sich mir zu und sagte: 'Vermutlich denken Sie, daß ich nicht ganz richtig im Kopf bin, weil ich gerade mit meiner Frau sprach, aber ich sah sie tatsächlich'.

So überzeugend und real wirkte das alles auf den Patienten. Nur in ganz seltenen Fällen bezweifelt ein Patient die Wirklichkeit dieser Art von Erscheinung.

Manchmal ist die Erscheinung eine völlige Überraschung.

Ein fünfzigjähriger Mann mit einer Erkrankung der Herzkranzgefäße sah einen alten Freund, der schon eine ganze Zeit lang tot war. 'Was ist los (indem er den Namen des Betreffenden nannte), was tust du hier?' Das waren die letzten Worte, die er sprach, bevor er starb.

Offenbar 'sah' er, was er nicht zu sehen erwartete.

Während unserer Untersuchung begegneten wir auch einigen äußerst interessanten Fällen, in denen der Patient eine Erscheinung 'sah', und obwohl sein Gesundheitszustand in gar keiner Weise lebensbedrohlich war, starb er dennoch. Im folgenden Fall scheint es so zu sein, daß die Ankündigung des Todes sich entgegen der ärztlichen Prognose bewahrheitete. Der Fall wurde von einem Arzt des großen Ervin-Krankenhauses in Delhi berichtet; er ereignete sich ungefähr drei Jahre vor unserer Befragung. Ein drei- oder vierjähriges Mädchen wurde von ihren Eltern in das Krankenhaus gebracht. Drei Tage zuvor hatte sie begonnen, ihren Eltern ständig zu erzählen, daß ein Gott sie riefe und daß sie bald sterben würde. Das Mädchen war voller Furcht und Angst. Die Eltern brachten es ins Krankenhaus, da sie sehr besorgt über sein Verhalten waren, obgleich das Kind über keinerlei Krankheit klagte. Der Arzt sagte, daß er es persönlich untersucht und für absolut gesund befunden hatte. Aber das Mädchen rief geradezu stereotyp: 'Gott ruft mich, und ich werde sterben.' Man versuchte seine Aufmerksamkeit auf etwas anderes zu lenken, aber nach ein paar Minuten pflegte es die gleichen Worte zu wiederholen. Zwischendurch machte das Kind einen vollkommen normalen Eindruck. Offenbar hörte es etwas und sah es auch, aber beschrieb es nicht. Obgleich es dafür keinerlei Grund zu geben schien, behielt man das Mädchen auf Drängen der Eltern im Krankenhaus. Am Tag darauf war der Arzt, der uns das berichtete, maßlos überrascht, als er von dem diensthabenden Arzt erfuhr, daß das Mädchen an einem allmählich fortschreitenden Kreislaufkollaps gestorben war, der keine offensichtliche Ursache hatte. Dieser Fall verblüffte den Betreffenden mehr als alles, was er je in seiner Berufslaufbahn erlebt hatte."

Das Gesamtergebnis seiner Untersuchungen im Vergleich von amerikanischen und indischen Sterbebettvisionen deutet Osis folgendermaßen (61, S. 223):

„Nach unserer Einschätzung sind die Ähnlichkeiten zwischen den Kern-Phänomenen in den Visionen auf dem Sterbebett in beiden Ländern klar genug, um als Beleg für die Hypothese eines Überlebens nach dem Tod betrachtet zu werden.

Wir fanden noch eine zusätzliche Ergänzung zu unserem Beweismaterial: Innerhalb der einzelnen Kulturen stimmen die Phänomene häufig nicht mit dem religiösen Jenseitsglauben überein. Die Patienten sehen etwas Neues, Unerwartetes und im Gegensatz zu ihren Glaubenssystemen Stehendes. Die christlichen Vorstellungen des 'Gerichts', der 'Erlösung' und der 'Verdammnis' spiegelten sich in den Visionen unserer Amerikaner nicht. Darüber hinaus waren Visionen der Hölle oder von Teufeln praktisch überhaupt nicht vorhanden, während wir viele Berichte über Visionen des Himmels hatten. Die jenseitigen Figuren und Umgebungen, die von Christen erlebt wurden, waren alle wohlwollend und angenehm.

Einige grundlegende hinduistische Vorstellungen von einem Leben nach dem Tod waren niemals in den Visionen der Inder dargestellt. Die verschiedenen vedischen 'Locas' eines Lebens nach dem Tode – der Himmel der Hindus – wurden in keinem einzigen Fall erwähnt; auch nicht die Reinkarnation oder die Vereinigung mit Brahma, dem formlosen Aspekt des Göttlichen, die das Ziel des spirituellen Strebens der Inder ist.

Wir gelangten zu dem Eindruck, daß eine kulturelle Prägung durch christliche oder hinduistische Lehren teilweise durch die visionären

Erlebnisse der Sterbenden widerlegt ist. Uns scheint, daß die Patienten im Endstadium – außer in den symbolischen Darstellungen, die auf erworbenen Glaubenshaltungen beruhen – etwas 'sehen', das unerwartet und für die Betreffenden völlig überraschend ist und zudem nicht in ihrer Erziehung gelehrt wurde."

Dr. Osis erhielt bei seinen Untersuchungen aber nicht nur Berichte über Visionen von sterbenden und dann auch tatsächlich gestorbenen Patienten, sondern auch Berichte von Patienten, die dem Tode nur sehr nahe waren. 56 von ihnen kamen aus den U.S.A. und 64 aus Indien. Im wesentlichen berichteten diese Patienten ähnliche Dinge wie die tatsächlich Verstorbenen, nur mit dem Unterschied, daß sie von den ihnen sichtbar gewordenen Wesenheiten zurückgeschickt wurden. Osis schildert (61, S. 212):

„Ein junges Hindu-Mädchen wurde für tot gehalten, erlangte aber das Bewußtsein wieder. Der Arzt erzählte ihre Geschichte wie folgt:

Zwei Boten banden sie mit Stricken auf eine Bahre und brachten sie hinauf zu Gott. Da sah sie schöne Menschen – Frauen. Sie bereiteten Mahlzeiten zu. Das Mädchen war versucht zu essen. Auf einem erhöhten Standort sah sie eine sehr einflußreiche Person in einem geschmückten Stuhl sitzen. Dieser Mann sagte zu den Boten: 'Warum brachtet ihr sie? Dann beschrieb er genauer jemand anderes, der hätte gebracht werden sollen. Die Boten schickten sie daraufhin zurück. Sie wollte nicht zurückkommen – der Ort war so schön. Danach konnte man die Spuren der Stricke auf ihren Beinen sehen.

Die Inder haben den Brauch, den Körper eines Verstorbenen auf einer Trage festzubinden, die dann zum Scheiterhaufen gebracht wird. Eine islamische Hausfrau mit höherer Schulbildung war nach einer Operation der Gebärmutter in einem kritischen Zustand.

'Ich sah vier Personen in schwarzen Kleidern, die mich aufforderten, mit ihnen zu kommen. Ich hatte Angst vor ihnen; sie schleppten mich mit. Im Himmel war ein offener, grüner Raum. Dort saß Gott. Er fragte mich nach meinem Namen. Er sagte, daß ich nicht hätte heraufgebracht werden sollen. Sie schickten mich zurück'. Später beklagte sie sich bitterlich bei der Krankenschwester: 'Schwester, warum haben Sie mich gerettet? Ich mochte diesen Ort. Ich möchte dorthin zurück.'

Auch christlich getaufte Inder erlebten diese Art von Zurückweisung: 'Du bist der Falsche'. Ein schwedischer Missionar war ebenfalls in einen solchen Irrtum verwickelt und wurde fälschlicherweise 'hinaufgebracht'.

Über einen Büroangestellten aus Westbengalen, der Christ war, wird berichtet:

Der Patient war tot, alle Vorbereitungen für das Begräbnis wurden getroffen. Plötzlich kam er wieder zu Bewußtsein. Er klagte über Schmerzen im Körper. Als man ihn genauer danach fragte, erzählte er, daß er hinuntergestoßen worden wäre und sich dabei verletzt hätte. Er erinnerte sich, daß er über eine lange Treppe hinaufgebracht worden war. Dann sah er eine schöne Szene und liebliche Blumen. Er sah einen Mann in Weiß, der mit einem offenen Buch dasaß. Der schaute in das Buch und sagte zu den Männern, die ihn dorthin gebracht hatten, daß sie den Falschen gebracht hätten. Daraufhin stießen ihn die Boten wieder hinunter.

Er beschrieb nicht, wie seine Seele eigentlich mißhandelt worden war, aber als er ankam, hatte er Schmerzen im Körper.

Es ist charakteristisch für Indien, daß ein autoritäres Gebaren nur den niedrigeren Rängen des himmlischen Personals zugeschrieben wird, den Boten. Der Mann mit dem 'Rechnungsbuch' wird immer als ein wohlwollender Herrscher dargestellt. Eine Aura der Heiligkeit umhüllt ihn, gleichgültig ob er 'der Mann in einer weißen Robe' oder 'Gott' genannt wird. Dieselbe Aura der Heiligkeit taucht in den Visionen religiöser Figuren auf, die von Patienten in den Vereinigten Staaten gesehen werden. Wenn sie erscheinen, beginnt der Patient 'zu strahlen'."

Zum Abschluß sollen noch zwei Berichte von Osis aus dem nordamerikanischen Bereich vorgetragen werden (61, S. 176):

„Im folgenden Fall brachte die Erscheinung eines Verstorbenen deutlich eine diesseitsbezogene Absicht zum Ausdruck. Der Patient war ein 7-jähriger Junge mit einer Brustinfektion in äußerst kritischem Zustand. Er war widerspenstig und weigerte sich, seine Medikamente zu nehmen. Dann sah er plötzlich seinen verstorbenen Onkel, der als Arzt in eben dieser Station des betreffenden Krankenhauses gearbeitet hatte.

Er (der Arzt) war mit der ganzen Familie eng verbunden gewesen.

Der Junge beschwor, daß Onkel Charlie gekommen wäre, sich neben ihn gesetzt und ihn geheißen hätte, seine Medizin zu nehmen. Er hatte dem Jungen auch mitgeteilt, daß er wieder gesund werden würde. Der Junge war absolut sicher, daß Onkel Charlie auf dem Stuhl neben ihm gesessen und ihm diese Dinge gesagt hatte. Nach diesem Erlebnis war der Patient willig. Er war nicht aufgeregt und nahm den 'Besuch' des verstorbenen Arztes als die natürlichste Sache der Welt. Am nächsten Morgen ging es dem Jungen viel besser. In seinem Gesundheitszustand war eine entscheidende Wende eingetreten.

Im nächsten Fall handelt es sich um einen etwa 50-jährigen Ingenieur, mit einer Koronarthrombose. Sein Arzt berichtete: Er sah einen 'bärtigen Mann', der am Eingang eines langen, goldenen Ganges stand. Der schüttelte den Kopf und bewog ihn, zurückzugehen, indem er sagte: 'Nicht jetzt, später.' Das machte den Patienten sehr glücklich. Er sagte, daß ich ihm keine Medikamente mehr zu geben brauchte: 'Man will mich dort nicht.' Unmittelbar nach diesem Erlebnis begann es, ihm besser zu gehen.

Man beachte, daß der Ingenieur in diesem Fall die Erscheinung als einen 'bärtigen Mann' beschrieb und sich nicht um den Namen kümmerte, zum Beispiel 'Gott', 'Jesus' usw. Gefühlvollere Patienten hätten in diesem Fall impulsiv geschlossen, daß der Mann vor dem goldenen Licht eine Gestalt aus ihrem religiösen Glauben darstellte. Das ist der Grund, warum ausführliche Untersuchungen notwendig sind, um hinter die äußere Erscheinungsform dieser Fälle zu kommen."

Gleichartige Beobachtungen wie Dr. Osis in Bezug auf Patienten, die dem Tod nahe waren, veröffentlichte 1975 der amerikanische Arzt Dr. Raymond A. Moddy. Es handelte sich um 150 Patienten, die klinisch tot waren, die also einen vorübergehenden Herz- und Atemstillstand aufwiesen und daraus wiederbelebt wurden (57, 58). Moody erhielt teilweise Berichte, die der schon vorgetragenen Schilderung des Architekten Stefan v. Jankovich ähnelten. Andere entsprachen den hier aufgeführten Berichten von Dr. Osis. Das Vorwort zu dem Buch von Dr. Moody schrieb die schweizerisch-amerikanische Ärztin Dr. Elisabeth Kübler-Ross[18]). Im Vergleich zu ihren eigenen Sterbebettuntersuchungen beurteilt sie Moodys Forschungen folgendermaßen (57, S. 10):

---

[18]) Geb. 1926. In den U.S.A. und Europa bekannt geworden durch ihre Bücher „Interviews mit Sterbenden" und „Was können wir noch tun?", Kreuz-Verlag

„Diese Patienten haben alle die Erfahrung gemacht, aus ihrer stofflichen Körperhülle hinausgetragen zu werden und haben dabei ein tiefes Gefühl von Frieden und Ganzheit gehabt. Die meisten haben eine andere Person wahrgenommen, die ihnen behilflich war bei ihrem Übergang auf eine andere Seinsebene. Die meisten wurden begrüßt von früher Verstorbenen, die ihnen nahegestanden hatten, oder von einer religiösen Gestalt, die in ihrem Leben eine wichtige Rolle gespielt hatte und die natürlich ihren Glaubensüberzeugungen entsprach. Es war für mich erhellend, Dr. Moodys Buch zu lesen in einer Zeit, in der ich daranging, meine eigenen Forschungsergebnisse zu Papier zu bringen. Dr. Moody wird sich auf eine Menge Kritik gefaßt machen müssen, die hauptsächlich von zwei Seiten erhoben werden wird. Auf der einen Seite wird es Theologen geben, die scharf gegen jeden Front machen werden, der die Stirn hat, auf einem Gebiet wissenschaftliche Forschungen anzustellen, das für tabu erklärt ist. In einigen kirchlichen Kreisen hat man derartige Vorwürfe gegen solche Untersuchungen bereits laut geäußert. Ein Priester sprach polemisch davon, hier werde 'billiger Trost verhökert'. Andere hatten einfach das Gefühl, die Frage, ob es ein Leben nach dem Tode gibt, solle eine reine Glaubensfrage bleiben und von niemandem ausgeforscht werden. Die zweite Gruppe, die Dr. Moodys Buch angreifen wird, bilden Naturwissenschaftler und Mediziner, die eine Studie wie diese als 'unwissenschaftlich' ansehen.

Ich glaube, unsere Gesellschaft ist in eine Übergangzeit eingetreten. Wir müssen den Mut aufbringen, neue Tore aufzustoßen und zuzugeben, daß unsere heutigen wissenschaftlichen Methoden nicht ausreichen für eine Vielzahl dieser neuen Forschungen. Ich glaube, dieses Buch wird solche neuen Tore öffnen für Menschen, die geistig offen sein können und wird ihnen Hoffnung und Mut machen, neue Forschungsgebiete auszuloten."

Ebenso wie Dr. Osis erörtert auch Frau Dr. Kübler-Ross die Frage, ob nicht alle „Erlebnisse" Sterbender nur Schöpfungen ihres Unterbewußtseins und eigener Wünsche sein könnten, die durch die Weltanschauung und die bisherigen Lebenserfahrungen geprägt wurden. Sie berichtet darüber in ihrem Buch „Über den Tod und das Leben danach"[19]), S. 65:

---

[19]) Verlag die Silberschnur, 8. Aufl, Melsbach 1988

„Für mich als Psychiaterin war es interessant, daß Tausende von Menschen überall auf dieser Erde vor ihrem Tod die gleichen Halluzinationen haben sollten, in denen sie sich der Anwesenheit einiger ihrer Verwandten und Freunde bewußt wurden, die schon vor ihnen verstorben waren. Man müßte doch einmal der Frage nachgehen, ob vielleicht hinter diesen Behauptungen der Sterbenden nicht doch etwas Wahres verborgen ist. Und so machten wir uns daran, herauszufinden, wie man Wege und Mittel finden könnte, um diese Behauptungen zu überprüfen, sie dann entweder als richtig zu beweisen oder sie einfach als Projektionen von Wunschgedanken zu entlarven.

Wir glaubten, dieses Problem vielleicht am besten studieren zu können, wenn wir uns an die Betten von sterbenden Kindern setzten, die nach einem Autounfall der Familie eingeliefert worden waren. Diese Untersuchungen führten wir meist nach dem 4. Juli, dem Memorial Day, dem Labor Day und an Wochenenden durch, wenn ganze Familien mit ihrem großen Wagen unterwegs zu sein pflegen und allzuoft Frontalzusammenstöße verursachen, bei denen einige Familienmitglieder sofort getötet, andere aber verletzt in verschiedene Krankenhäuser eingeliefert werden. Ich habe mir die Aufgabe auferlegt, mich an das Bett der kritisch verletzten Kinder zu setzen, da ich mich ja im besonderen Maß der Kinder annehme. Ich wußte jeweils ganz sicher, daß jene Sterbenden noch nicht über die Anzahl und die Namen ihrer übrigen Verwandten informiert worden waren, die bereits aufgrund des Unfalls gestorben waren. Es war für mich faszinierend zu hören, daß sie immer ganz genau wußten, wer von den übrigen schon verstorben war. Ich sitze bei ihnen, beobachte sie in aller Stille, vielleicht halte ich auch ihre Hand. So wird mir auch jede bei ihnen aufkommende Unruhe sofort erkenntlich. Kurz vor dem Tod stellt sich bei ihnen oft eine friedliche Feierlichkeit ein, was immer auf ein bedeutsames Anzeichen hinweist. In diesem Moment frage ich sie, ob sie bereit und fähig seien, ihre augenblicklichen Erlebnisse mit mir zu teilen. Und sie antworten mir oft in ähnlichen Worten wie jenes Kind, das sagte: 'Alles ist jetzt in Ordnung. Meine Mutter und Peter warten schon auf mich.' Ich wußte bereits zu dieser Zeit, daß seine Mutter schon am Unfallort gestorben war, doch daß sein Bruder Peter bereits gestorben sein sollte, davon war mir noch nicht berichtet worden. Kurze Zeit darauf nahm ich einen Anruf vom Kinderkrankenhaus entgegen. Man teilte mir mit, daß Peter vor zehn Minuten gestorben sei.

Während all der Jahre, in denen wir solche Fälle zusammentrugen, haben wir es bei keinem Kind erlebt, daß es in seinen Sterbeminuten ein Familienmitglied erwähnt hätte, das nicht schon gestorben war, und wäre es nur vor wenigen Minuten gewesen. Ich kann mir diese Tatsache nicht anders erklären, als daß ich mich der Behauptung anschließe, daß diese Sterbenden sich schon der Gegenwart ihrer verstorbenen Familienmitglieder bewußt sind. Jene haben auf die Hinübergehenden gewartet, um sich in einer unterschiedlichen Daseinsform mit ihnen wieder vereinigen zu können. Aber daß es sich so verhalten soll, können sich gewiß viele Menschen noch nicht vorstellen.

Ein anderes Erlebnis bewegte mich sogar noch mehr als jene, die ich bei Kindern hatte. Es handelt sich um einen Fall einer amerikanischen Indianerin. Über die amerikanischen Indianer liegen in unseren Unterlagen nur wenige Fakten vor, da sie sich nur selten zu dem Thema Sterben und Tod äußern. Diese junge Indianerin wurde von einem Fahrerflüchtigen auf einer Fernstraße angefahren. Ein fremder Mann hielt seinen Wagen an, um ihr zu helfen. Sie sagte ihm in aller Ruhe, daß es für sie nichts mehr zu tun gebe, außer vielleicht der Erfüllung eines Gefallens nachzukommen, daß jener Fremde, sollte er sich einmal zufällig in der Nähe des Indianerreservats aufhalten, ihre Mutter aufsuchen möge, die über tausend Kilometer von der Unfallstätte weit entfernt wohne. Sie habe eine Botschaft für sie, die er ihr vielleicht einmal überbringen könne. Diese Botschaft beinhaltete, daß es ihr gut ginge und sie sich glücklich fühle, da ihr Vater bereits bei ihr wäre. Daraufhin verstarb sie in den Armen des Fremden, der jedoch von diesem Ereignis so berührt war, daß er sich sofort aufmachte, um jene weite Strecke, die keinesfalls seiner Reiseroute entsprach, zurückzulegen. In dem bezeichneten Indianerreservat angekommen, erfuhr er von jener Mutter, daß ihr Mann, der Vater der Verstorbenen also, nur eine Stunde vor jenem über tausend Kilometer stattgefunden habenden Unglück an Herzversagen verstorben sei.

Uns liegen viele Fälle wie dieser vor, bei denen die Sterbenden von dem Absterben eines Familienmitgliedes in Unkenntnis belassen wurden und dennoch, wie sie aussagten, von jenen empfangen worden sind. Wir wurden uns klar, daß diese Patienten nicht beabsichtigten, uns davon zu überzeugen, daß es keinen Tod gibt, sondern daß sie nur ihr als eine Tatsächlichkeit erkanntes Erlebnis mit uns teilen wollten. Wenn Sie selbst erst einmal dazu bereit sind, sich solchen Dingen gegenüber unvoreingenommen öffnen zu können, dann werden auch Sie ihre eigenen diesbezüglichen Erfahrungen haben können. Man erhält sie sehr leicht, wenn man darum bittet."

Wenn man die Sterbeberichte von Osis, Moody, Kübler-Ross und anderen Autoren insgesamt berurteilt und ihnen einen realen Hintergrund zuspricht, sie also nicht als Wahnvorstellungen ansieht, könnte man zu dem Schluß gelangen, daß der Sterbevorgang für **alle** Menschen nur inneren Frieden, Freude und das Wiedersehen mit vorausgegangenen Verwandten bringt. Das muß aber durchaus nicht so sein. Es gibt auch Fälle, bei denen der Sterbende oder dem Tode nahe Befindliche sehr unangenehme Erlebnisse hat. Man bezeichnet sie manchmal vereinfachend als „Höllenvisionen". Osis hat unter seinen vielen Berichten allerdings nur ein einziges Mal eine derartige Schilderung erhalten. Es handelte sich dabei um eine Italienerin, die bei ihrem „Erlebnis" von schweren Schuldgefühlen geplagt wurde (61, S. 197).

Ein anderer Autor jedoch, der amerikanische Herzchirurg Dr. Maurice Rawlings, berichtet über eine größere Anzahl von unangenehmen Erlebnissen solcher Patienten, die in ihrem irdischen Körper bewußtlos und dem Tode nahe waren. Darunter waren solche, die schwere Unfälle erlitten oder Selbstmorde versucht hatten. Ein von einem Gerüst ins Wasser gestürzter Ingenieur erwähnt z. B. in einem ausführlichen Bericht (72, S. 103), daß er am Rande eines großen Feuermeeres gestanden habe und sagt dann wörtlich: „Ich erinnere jede Einzelheit klarer als jedes andere Ereignis, das in meinem Leben stattgefunden hat. Was sich ereignete während jener Stunde und was ich sah, war, daß ich diese Welt verlassen hatte. Ich stand in einiger Entfernung von dieser brennenden, wirbelnden, kreisenden Masse von blauem Feuer. So weit meine Augen blicken konnten, war überall das gleiche: Ein Meer von Feuer und Schwefel. Es befand sich niemand darin, auch ich nicht." Neben sich sah der Ingenieur dann zwei andere, ihm von früher bekannte und inzwischen verstorbene Personen, die ebenfalls erschrocken in das Feuer sahen. Schließlich tauchte eine Gestalt auf, die er als "Jesus" einstufte. Ihn bat er innerlich um Hilfe, und wenig später erlangte er in seinem irdischen Körper wieder das Bewußtsein.

Abschließend soll aus dem Buch von Dr. Rawlings noch die Schilderung eines Dr. Phillip Swihart wiedergegeben werden, der ein klinischer Psychologe und Direktor des Midwestern Colorado Mental Health Center in Montrose im Staate Colorado war. Er berichtet (72, S. 115):

„Es war in der Nacht an einem Freitag, Anfang Januar 1967, als ich einen schweren Anfall erlitt, der mich an den Rand des Todes brachte. Im Krankenhaus entschied der Arzt, mich für den Rest der Nacht zu beobachten und am nächsten Morgen einen chirurgischen Eingriff im Bauchbereich zur Klärung der Ursache vorzunehmen. Als ich nun im Operationsraum auf den Eingriff wartete, spürte ich die Anwesenheit von einem 'Etwas' oder von einer Macht, und ich dachte: 'Das ist es.' Das nächste, was ich empfand, war Dunkelheit. Die Zeit war nicht mehr wesentlich. Ich hatte keine Ahnung, wie lange ich ohne jede Empfindung in dieser Dunkelheit verharrte. Dann wurde es licht. Ich wachte auf und erkannte, daß alles Wirklichkeit war. Vor meinem inneren Auge lief mein ganzes Leben wie in einem Film ab[20]). Jeder Gedanke, jedes Wort und jede Bewegung, die ich in meinem Leben vollführte, seit ich die Wirklichkeit von Jesus Christus erkannt hatte, kam mir wieder zum Bewußtsein. Ich war noch sehr jung, als ich Christus als meinen Retter annahm. Ich sah jetzt Dinge, die ich längst vergessen hatte, aber wiedererinnerte, als ich sie jetzt an mir vorbeiziehen sah. Diese Erfahrung war für mich einfach unglaublich. Jede Einzelheit kam zum damaligen Zeitpunkt hoch. Alles lief, so schien es mir, im Bruchteil einer Sekunde ab, und doch war es alles sehr lebendig.

In der ganzen Zeit, in der ich mein Leben vorüberlaufen sah, fühlte ich die Anwesenheit einer gewissen Macht. Ich sah aber nichts. Als nächstes wurde ich in völlige Dunkelheit herabgezogen. Schließlich kam ich zum Stillstand. Ich hatte das Gefühl, in einem großen Hohlraum zu sein. Ich empfand ihn als sehr weiträumig, und zudem war er völlig dunkel. Sehen konnte ich nichts, aber ich empfand die Gegenwart dieser Macht.

Ich fragte jene Macht, wer ich und wer er oder es sei. Die Verständigung erfolgte dabei nicht durch Sprechen, sondern durch einen Fluß von Energie. Sie antwortete mir, daß sie der Engel des Todes sei. Ich glaubte ihm das. Der Engel erklärte mir dann, daß mein Leben nicht so verlaufen sei, wie es hätte sein sollen und daß er mich hinübernehmen könne. Aber es werde mir eine zweite Chance gegeben und ich solle nun zurückgehen. Er versprach mir, daß ich 1967 noch nicht sterben werde.

---

[20]) Dieses Ablaufen des „Lebensfilmes" wird von zahlreichen Beinahe-Todeskandidaten berichtet, von Ertrinkenden, von abstürzenden Bergsteigern usw.

Das nächste, was ich erinnere, war, daß ich auf der Wachstation wieder in meinem Körper war. Mein Erlebnis hatte mich so gefangengenommen, daß ich weder gewahr wurde, was für eine Art Körper ich vorher gehabt hatte, noch wieviel Zeit vergangen war. Es erschien mir jedoch alles so wirklich. Ich glaubte es einfach.

Etwas später im Jahre 1967 fuhr mir ein Auto über Nacken und Schultern, und noch etwas später in demselben Jahr befand ich mich in einem verunglückten Wagen, wobei beide beteiligten Fahrzeuge Totalschaden erlitten. Bei beiden Unfällen blieb ich fast völlig unverletzt, und beide Male traf mich keine Schuld."

Ich selbst kann aus einer Reihe von Gesprächen, die ich mit verstorbenen Menschen nach ihrem Tode über Medien geführt habe, berichten, daß manche der Hinübergegangenen ebenfalls angeben, zuerst sehr unerfreuliche Verhältnisse angetroffen zu haben. Sie berichteten von Dunkelheit, Nebel und trostloser Umgebung. Doch darüber soll erst in einem späteren Band eingehender gesprochen werden.

9.
Die sichtbare Erscheinung der Gestalt Verstorbener

Die beim Todesvorgang ausgetretenen Astralkörper verschwinden nicht immer auf Nimmerwiedersehen in einer unbekannten Region. Es gibt zahlreiche Berichte darüber, daß Verstorbene kurz nach ihrem Tode einzelnen Freunden oder Verwandten „sichtbar" erscheinen, um auf ihren Tod aufmerksam zu machen. Besonders in Kriegszeiten wird derartiges beobachtet. Oft treten die Erscheinungen, man nennt sie Phantome,[21]) in ihrer Soldatenuniform auf, in der sie gefallen sind und deuten auf ihre Verwundung. Es bleibt hierbei aber in den meisten Fällen unklar, ob es sich um eine induzierte[22]) Halluzination handelt oder ob eine echte Vision im Sinne einer paranormalen Wahrnehmung vorliegt oder ob der Astralkörper des Verstorbenen sich so verdichtet (man sagt materialisiert) hat, daß er normal sichtbar und damit im Prinzip auch photographierbar wird.

Es gibt aber Fälle, in denen die Gestalt oder das Phantom verstorbener Personen mehrfach einer größeren Zahl von lebenden Menschen sichtbar erscheint, so daß man kaum noch Halluzinationen oder Visionen vermuten kann. Dazu ein Beispiel, das in den Bereich des sog. orts- oder objektgebundenen Spuks fällt.

Bei einem großen Teil der Spukvorgänge treten jenseitige Wesenheiten, verstorbene Menschen, paranormal in Erscheinung. Sie sind durch unglückliche Erinnerungen gebunden und können von sich aus, oft für lange Zeit, nicht die Kraft aufbringen, sich dem Netz der damit verbundenen geistigen Verstrickungen zu entwinden. Sie verbleiben dann in der Erdsphäre und versuchen, sich den hier lebenden Menschen bemerkbar zu machen.

Folgendes hat sich zugetragen (31): Am 29. Dez. 1972 flog die Maschi-

---

[21]) von griech. phantasma = Erscheinung, Gestalt, Gespenst
[22]) induzieren = einführen, erregen, veranlassen

ne 310 der Eastern Airlines von Tampa nach New York und startete am gleichen Tag abends um 21.00 Uhr als Flug 401 vom J.F. Kennedy-Flugplatz in New York nach Miami. Die Maschine war vom Typ Tristar Jet L-1011, mit drei Triebwerken, 12 bis 13 Besatzungsmitgliedern und Platz für 250 bis 360 Reisende. Das Flugzeug war im August 1972 in Dienst gestellt worden und hatte 1000 Flugstunden und 500 Landungen hinter sich. Die Tristar galt bei dem fliegenden Personal als besonders sichere Maschine.

Bei dem fraglichen Flug am Abend des 29. Dez. 1972 bestand die Besatzung aus dem Flugkapitän Bob Loft (Mitte 50), dem Ersten Offizier Albert Stockstill (40) und dem Zweiten Offizier als Flugingenieur Don Repo (Anfang 50). Dazu kamen 10 nichttechnische Besatzungsmitglieder (Stewardessen) und 163 Passagiere. Nach dem Flug von Tampa nach New York, also vor dem Start nach Miami, hatte eine Stewardeß Doris Elliot das Flugzeug 310 verlassen. Diese Stewardeß hatte hin und wieder Vorahnungen von Unglücksfällen, so auch Mitte Dezember 1972. Während ihrer Arbeit auf einem Flug von New York nach Orlando wurde sie von einem schweren, unheimlichen Gefühl überfallen. Vor ihrem inneren Auge „sah" sie deutlich eine TriStar L-1011 im Landeanflug auf Miami über den Everglades, dem Sumpfgebiet um Miami. Sie „sah" die linke Tragfläche zerbrechen und den Rumpf auf dem Boden aufschlagen. Dann „hörte" sie die Schreie der Verletzten. Die Stewardeß mußte ihre Arbeit unterbrechen und sich setzen. Zwei Kolleginnen gab sie auf Befragen an, daß sich das Unglück ihrem Gefühl nach kurz vor Neujahr ereignen werde.

Am 29. Dezember kurz nach 23.30 Uhr leitete Kapitän Loft den Landeanflug der Maschine 310 auf den Flughafen von Miami ein. Es zeigte sich jedoch, daß sich das Bugrad hydraulisch nicht ausfahren ließ, d. h. auf dem Armaturenbrett zeigte eine entsprechende Kontrallampe einen solchen Fehler an. Der Landeanflug wurde daraufhin abgebrochen und das Flugzeug in einen horizontalen Kreisflug über den Everglades (dem Sumpfgebiet) in 2000 Fuß Höhe übergeleitet. Sodann wurde die automatische Steuerung eingeschaltet, und die Mannschaft begann den Fehler zu suchen. Es war nämlich möglich, daß nur die Kontrollampe des Bugrades defekt war. Man konnte also versuchen, sie zu ersetzen. Wenn das nichts half, war es möglich, das Bugrad durch Handbetätigung auszufahren. Bei diesen Bemühungen muß versehentlich die automatische Steuerung vom Horizontalflug auf Sinkflug geschaltet worden sein. Kein Mensch im Flugzeug bemerkte den Fehler und den ständigen Höhenverlust des Flugzeuges, weil unglücklicherweise der Höhenanzeiger weiterhin die eingestellte Höhe von 2000 Fuß anzeigte. Um 23. 42 Uhr erfolgte der Aufschlag der Maschine in dem Sumpfgebiet mit nachfolgender Explosion. Ein Teil der Insassen wurde aus dem geborstenen Rumpf geschleudert. 77 überlebten den Unfall, 99 wurden getötet, darunter auch der Flugkapitän Loft und der Erste Offizier Stockstill. Der Zweite Offizier Repo war schwerverletzt, starb aber 1½ Tage später ebenfalls.

Die Fluggesellschaft ließ das Wrack bergen und später noch gebrauchsfähige Teile, z. B. der Küchenreinrichtung, in Schwestermaschinen, insbesondere der Nr. 318, einbauen.

Bald darauf ereigneten sich in diesen Schwestermaschinen, besonders in Maschine 318, kurz vor oder während des Fluges seltsame Vorfälle. Sie erreichten ihren Höhepunkt im Juni 1973 und endeten im Frühjahr 1974. Die Vorfälle bestanden darin, daß der Flugkapitän Bob Loft oder der Zweite Offizier Don Repo einzelnen Besatzungsmitgliedern oder Fluggästen gut sichtbar und erkennbar, und in manchen Fällen von einem lebenden Menschen nicht unterscheidbar, in Uniform erschienen. Mehrfach geschah das in der Unterflurküche der Maschine 318, die ja bevorzugt mit Geräten aus dem abgestürzten Flugzeug ausgerüstet war.

Dazu einige Beispiele: Die Stewardeß Ginny flog mit der Maschine 318 von New York nach Miami. Sie stand in der hellerleuchteten Unterflurküche am Aufzug und wartete auf sein Kommen. Plötzlich bemerkte sie seitlich in ihrem Gesichtsfeld, gerade vor der Trennwand zu dem Flugzeugteil mit der elektrischen Ausrüstung, ein verschwommenes, wolkiges Gebilde. Es hatte zunächst den Umfang einer Grapefruit, wurde dann aber größer. Das Gebilde war stofflicher und deutlicher als Rauch und pulsierte in seltsamer Weise. Das Gebilde wuchs und nahm eine handfestere Form an. Allmählich bildete sich ein Gesicht, halb geformt, halb verschwommen. Die Stewardeß bemühte sich verzweifelt, ihren Aufzug heranzuholen. Als er schließlich kam und sie wieder auf das Gebilde sah, war es ein vollständiges, klares Gesicht geworden mit dunklen Haaren, seitlich angegraut und mit einer Stahlbrille auf der Nase. Es war ein dreidimensionales Abbild eines Kopfes. Ginny öffnete die Aufzugstür, sprang eiligst in den Aufzug und fuhr nach oben. Sie konnte sich nur langsam beruhigen. Es war schon die zweite Erscheinung dieser Art, die sie wahrgenommen hatte, das erste Mal zusammen mit ihrer Kollegin Denise.

Ein anderes Beispiel: Die Maschine 318 stand vor einem Flug von Newark nach Miami. In der ersten Klasse nahm die Oberstewardeß Sis Patterson[25]) ihre Routinezählung der Fluggäste vor. Sie stellte fest, daß es nach ihrer Liste einer zuviel war. Es dauerte nicht lange, so bemerkte sie, daß der überzählige Fluggast ein Eastern-Flugkapitän in Uniform war, der in einem der Sessel saß. Offensichtlich hatte er eine andere Maschine nach Newark gesteuert und flog nun mit einem Freiflugschein zurück. Das war eine alltägliche Angelegenheit. Meist benutzten diese Angestellten der Fluggesellschaft dazu Klappsitze, wenn die normalen Sitzplätze besetzt waren. Die Oberstewardeß mußte sich dieser Tatsache nur vergewissern. Sie ging daher mit ihrer Liste zu dem Flugkapitän und sprach ihn an: „Entschuldigen Sie, Kapitän, sind Sie Klappsitzbenutzer auf diesem Flug? Ich habe Sie nämlich nicht auf meiner Liste."

Der Kapitän antwortete nicht, sondern starrte geradeaus. Die Oberstewardeß versuchte es nochmals. „Entschuldigen Sie, ich muß prüfen, ob Sie Klappsitzbenutzer sind oder Fluggast der ersten Klasse. Können Sie mir nicht helfen?" Der Kapitän antwortete nicht und blieb unbeweglich sitzen.

Die Flugüberwacherin Diane Boas wurde gerufen. Sie war gleichfalls verwirrt. Der Mann schien in jeder Beziehung normal zu sein, nur machte er den Eindruck, als ob er leicht betäubt sei und gab keine Antwort. Schließlich wurde der Flugkapitän der Maschine 318 geholt. Mit der Oberstewardeß und der Flugüberwacherin neben sich beugte er sich nieder, um den anderen Kapitän anzusprechen. Doch da erstarrte er vor Schreck: „Mein Gott, es ist Bob Loft", sagte er. Dann war absolutes Schweigen in der Kabine. Nun geschah etwas, was keiner in der unmittelbaren Umgebung erklären konnte. Der Kapitän in dem Erster- Klasse-Sessel war von einem Augenblick auf den anderen verschwunden, war einfach nicht mehr da. Es gab eine lange Startverzögerung. Das ganze Flugzeug wurde durchsucht, aber es wurde kein Kapitän gefunden.

In einem ähnlich gelagerten Fall bekam ein weiblicher Fluggast einen hysterischen Anfall, als in einem benachbarten, zunächst leeren Sitz plötzlich eine männliche Gestalt erschien und wenige Augenblicke später wieder verschwand, ohne daß dieser Mann sichtbar zu dem Sitz

---

[25]) Die meisten Familiennamen der Zeugen sind Pseudonyme.

gegangen oder sich in normaler Weise von dort entfernt hätte. Die Frau konnte sich daraufhin nicht wieder beruhigen und mußte von der Polizei in einer Zwangsjacke abgeholt werden.

Ein Vizepräsident der Eastern Airlines hatte ein ähnliches Erlebnis. Vor einem Flug mit einer TriStar L-1011 nach Miami bestieg er vor den übrigen Passagieren das Flugzeug und fand in dem Erster-Klasse-Raum lediglich einen Eastern-Kapitän in Uniform. Der Vizepräsident verharrte, um den Kapitän zu begrüßen. Dabei bemerkte er plötzlich, daß er mit Bob Loft, dem getöteten Flugkapitän sprach. In diesem Augenblick löste sich Loft auf und war nicht mehr zu sehen. Der Vizepräsident eilte sofort zur Flugleitung. Das ganze Flugzeug wurde durchsucht. Es wurde aber kein Kapitän gefunden.

Besonders häufig trat die Erscheinung von Don Repo auf. In Einzelfällen sprach er sogar. Vor einem Flug einer L-1011 kam ein Flugingenieur zur allgemeinen Vorkontrolle in die Maschine. In seinem Sitz sah er einen Mann in der Uniform eines Zweiten Offiziers der Eastern Airlines sitzen. Er erkannte ihn sehr schnell als Don Repo. Dieser sprach den Flugingenieur etwa mit folgenden Worten an: „Sie brauchen sich nicht mehr um die Flugvorkontrolle zu bemühen. Ich habe es bereits gemacht." Unmittelbar darauf löste sich die dreidimensionale Erscheinung von Repo auf. Sie verschwand.

Bei den Erscheinungen von Repo, insgesamt über 24, hatte man vielfach den Eindruck, daß er hilfreich sein wollte oder vor Schaden warnen wollte. Im Februar 1974 erschien er auf dem Flug nach Mexico City in der Küche der Maschine 318 zwei Stewardessen. Diese holten den Flugingenieur. Er erkannte in dem deutlich geformten Gesicht (der vollständige Körper war also nicht ausgebildet) Don Repo. Letzterer sprach dann hörbar die Worte: „Achten sie auf Feuer in diesem Flugzeug". Danach verschwand die Erscheinung vollständig.

Der Flug nach Mexico City verlief ohne Zwischenfall. Doch als die Triebwerke für den Weiterflug nach Acapulco angelassen wurden, wollte das Steuerbordtriebwerk nicht starten. Es zeigte sich, daß das Triebwerk ausgewechselt werden mußte, was aber nur in Miami geschehen konnte. Daher wurde eine Überführungsmannschaft nach Mexico City beordert, die die Maschine 318 nur mit zwei der normalerweise drei Triebwerke nach Miami fliegen sollte. Nach dem Abflug von Mexiko City setzte ein weiteres Triebwerk aus und hatte mehrere Fehlzündungen. Um in diesem Triebwerk einen Brand zu verhindern, betätigte der Kapitän schleunigst die Feuerlöschanlage. Es gelang ihm, mit nur einem Triebwerk noch so viel an Höhe zu gewinnen, daß er im Bogen zum Flughafen zurückfliegen und landen konnte. Eine spätere vollständige Zerlegung dieses Triebwerkes ergab keinen erkennbaren Grund für die Fehlzündungen und den Ausfall.

Bei einem weiteren Flug der Maschine 318, wieder mit der Flugnummer 401, nach Miami, konnten eine Stewardeß, ein Fluggast und der herbeigeholte Bordingenieur für mehrere Minuten beobachten, wie einige Fuß über dem rechten Tragflügelende eine leuchtende, verschwommene, trübe Masse schwebte, von der Größe eines großen Gepäckstückes. Von Zeit zu Zeit senkte sich diese Masse auf den Tragflügel und drückte ihn dabei herab. Dadurch begann das Flugzeug zu rollen. Eine halbe Stunde später begann das Rollen nach links. Ein weiterer Passagier, der über der linken Tragfläche saß, bemerkte jetzt über dem linken Tragflügelende diese leuchtende Masse, die sich periodisch auf den Tragflügel senkte. Er rief die Stewardeß, die auch jetzt wieder die gleiche Beobachtung machen konnte wie zuvor. Der Flug verlief jedoch sonst ohne weiteren Zwischenfall.

Die ganzen Berichte wurden von einem amerikanischen Autor John G. Fuller gesammelt und 1976 (31) veröffentlicht. Er hatte bereits vorher Bücher über parapsychologische Themen geschrieben.

Fuller erfuhr von diesen Begebenheiten zuerst durch Erzählungen vom Flugpersonal anderer Fluglinien. Dann befragte er systematisch Angehörige der Eastern Airlines, die ihm teils eigene Erlebnisse berichteten, teils Erlebnisse ihrer Kollegen, die für Fuller selbst nicht erreichbar waren. Fuller versuchte natürlich, auch Erkundigungen bei der Firmenleitung der Eastern Airlines einzuziehen.

Diese stritt aber alles ab. Das seien alles nur Gerüchte, vergleichbar etwa den Erzählungen über den Fliegenden Holländer in der Seeschiffahrt. Fuller konnte aber feststellen, daß nach jedem ihm bekanntgewordenen Vorfall das Logbuch der entsprechenden Maschine entweder vollständig ausgewechselt wurde oder aber die entsprechende Seite entfernt worden war. Normalerweise werden solche Logbücher, in die sämtliche besonderen Vorkommnisse eingetragen werden müssen, monatelang benutzt, bis sie voll sind. Ein stichhaltiger Grund für diese sonderbare Handhabung konnte Fuller nicht gesagt werden. Die Firmenleitung versuchte also, die für sie unbequemen Vorgänge zu verschleiern. Sie hatte auch Grund dazu. Die Erscheinungen verursachten doch erhebliche Beunruhigung unter den Besatzungen. Einige Mitglieder sträubten sich dagegen, allein in der Unterflurküche Dienst zu tun. Andere wiederum drängten sich danach, um endlich auch einmal das Gespenst zu Gesicht zu bekommen. Sie sahen es dann schließlich doch nicht, denn allmählich wurden die Erscheinungen seltener und hörten im Frühjahr 1974 ganz auf.

Abschließend läßt sich zu diesem Fall folgendes sagen: Bei den beiden „spukenden"[26]) Besatzungsmitgliedern war der kennzeichnende Beweggrund für ihre empfindungshafte Verstrickung und ihre Bindung an die Flugzeuge ihrer Luftfahrtgesellschaft vorhanden: Sie fühlten sich an dem Unglück schuldig oder doch stark mitschuldig. Nicht nur ihr eigener plötzlicher Tod, sondern auch die Verantwortung belastete sie. Daher ist es verständlich, daß der Flugingenieur Don Repo versuchte, so gut er es in seiner Lage konnte, andere Maschinen vor einem ähnlichen Unfall zu bewahren. Mit dem Abklingen seiner gefühlsmäßigen Bindung an das schreckliche Unglück verlor er dann den Beweggrund und die Fähigkeit, sich auf dieser Erde kundzutun. Wodurch jedoch physikalisch gesehen einzelne Wesen nach ihrem Tode zeitweise imstande sind, sich lebenden Menschen bemerkbar zu machen, ist unbekannt.

Die Ereignisse wurden übrigens auch verfilmt, wobei die Handlung etwas vereinfacht und die Personennamen geändert wurden. Unter dem Titel „Der Geist von Flug 401" wurde der Film am 15.11.1980 im Nachtprogramm des ZDF ausgestrahlt. Der Filminhalt war sachlich, aber die Ansager taten sich mit dem Thema etwas schwer. In der Nachmittagsansage sprach man von einem Kriminalfilm, und abends erklärte man das Ganze zur Legende, die sich gebildet habe. Kein Wort davon, daß der Film wirkliche Geschehnisse zum Hintergrund hatte.

Die folgende Begebenheit wird von Dr. Wolfgang Eisenbeiß aus St. Gallen berichtet. In diesem Fall erscheint das Phantom eines Verstorbenen zwar nur einer einzigen Person, vollbringt dafür aber materielle Handlungen als sichtbaren Beweis seiner vorübergehenden Anwesenheit. Dieser Bericht innerhalb einer längeren Abhandlung über das „Leben nach dem Tode" (24, S. 31) lautet:

„Im Sinne einer Bestätigung des bisher Gesagten begeben wir uns zur

---

[26]) D. h. sie machten sich lebenden Menschen bemerkbar

nächsten Etappe von Erfahrungsbeispielen. Wir lassen dabei die Schwelle des irdischen Todes endgültig hinter uns zurück und betrachten Fälle, die auf einem Hereinwirken der Jenseitswelt in unsere materielle Welt basieren. Was liegt uns näher, als ein 'eigenes' Beispiel anzuführen: die Schilderung einer mir persönlich bestens bekannten Frau aus dem Kanton Zürich. Sie kam zu mir, bat nach dem Vorgefallenen um Erläuterungen und Hilfe in ihrer Angelegenheit. Der ganze Lebensweg dieser Frau ist begleitet von außersinnlichen Wahrnehmungen und Erlebnissen, zurück bis in die früheste Jugend, so daß die folgende Schilderung keineswegs isoliert dasteht. Vielleicht ist es gut beizufügen, daß es sich um eine in jeder Beziehung geistig gesunde Person handelt, die ihre Erlebnisse in keiner Weise nach außen trägt und von deren Medialität die Umwelt so gut wie nichts weiß. Hier ihr Protokoll:

'Im August 1976 verstarb mein lieber Mann. Er hatte während Jahren unser bäuerliches Heimwesen bearbeitet. Wir haben zwei Töchter, die beide verheiratet sind – die eine im Ausland, die andere ist nun mit ihrem Mann ins elterliche Haus gezogen. Zwei Wochen nach dem Tode meines Mannes werde ich in ungewohnter Weise schon vor drei Uhr morgens hellwach, ich gehe in die Küche, nehme ein Getränk zu mir, kehre ins Schlafzimmer zurück – doch an eine Rückkehr des Schlafes ist nicht zu denken. Kurz vor 5 Uhr beginnt mein ganzer Körper zu vibrieren. Ich sitze im Bett auf und sehe, wie nach etwa 5 bis 10 Minuten dieses andauernd vibrierenden Zustandes eine eigenartige Helligkeit sich verbreitet. Ich sehe, wie aus einer Art Nebel sich mein verstorbener Mann herausbildet. Teilweise sind seine Umrisse unscharf, er kommt zu mir, beugt sich über mich und spricht mit trauriger Stimme nur 'o Mueti'. Ich versuche, nach seiner deutlich sichtbaren Hand zu greifen, doch dann ist er verschwunden. Ich bin sehr erregt durch dieses Geschehen und kann mir seine Niedergeschlagenheit nicht erklären. Nun wiederholt sich der in höchstem Maße merkwürdige Vorfall in den nächsten Monaten noch gegen zehnmal, stets werde ich zur gleichen Zeit wieder hellwach, und wieder stellt sich nach etwa 2 Stunden dieses gut 5 Minuten dauernde vibrierende Gefühl an meinem Körper ein, ehe seine Gestalt für mich sichtbar wird.

Beim zweiten Mal schon sind seine Konturen so scharf, daß ich glaube, er sei gar nicht gestorben. Er ist in ein schlichtes, weißes Gewand gekleidet. Er setzt sich zu mir aufs Bett und schildert mir resigniert die großen Schwierigkeiten, die auf mich zukommen würden. Schwierigkeiten würden sich wegen der Erbschaft ergeben, unsere im Ausland lebende Tochter würde der Grund eines lange andauernden Streites sein. Bei einem dritten nächtlichen Besuch fordere ich ihn auf, doch ins Wohnzimmer zu kommen, wo wir uns dann etwa 5 Minuten unterhalten können, immer über das gleiche bedrückende Thema, von dem sich doch in Wirklichkeit noch gar nichts gezeigt hatte. Bei diesem Gespräch trage ich ihm noch eine Bitte vor: 'Kannst du mir helfen, deinen Schlüsselbund zu suchen?' Ich muß beifügen, daß mein Mann in der Gemeinde verschiedene Ämter versah und deshalb u. a. auch einen Tresorschlüssel stets bei sich trug, dessen Verlust auch für die Leute der Gemeindeverwaltung unangenehm war. 'Mach dir deswegen keine Sorgen', sind seine letzten Worte, ehe er sich wie in Luft aufzulösen scheint.

Einige Tage später, wiederum nach dem mir schon vertraut gewordenen nächtlichen Vibrieren, höre ich, wie jemand die Wohnungstüre aufschließt, in den Gang tritt, meine Schlafzimmertüre öffnet – und es ist mein Mann, der ins Zimmer kommt. Er geht zu jener Schublade, in welcher er gewöhnlich den Schlüsselbund versorgt hatte, öffnet die Schublade und legt für mich in normal hörbarer Weise den vermißten Schlüsselbund hinein. Ich stehe von meinem Bett auf, gehe auf ihn zu, danke ihm und schließe ihn in meine Arme – doch nur für kurze Zeit, denn nach wenigen Sekunden stehe ich allein da in der normalen Dunkelheit jener frühmorgendlichen Stunde. Er hat sich in meinen Armen aufgelöst und die vorübergehende Helligkeit mit sich genommen.

Ein nächstes Mal sehe ich, wie er zur gewohnten Zeit direkt aus der Wand ins Zimmer tritt, zunächst in zarten Umrissen, doch sich rasch derart verdichtend, daß ich glaube, einen normal lebenden Menschen vor mir zu haben. Ich kann ihn anfassen, doch unser jeweils nur kurzes Gespräch dreht sich stets um das gleiche unerfreuliche Thema, das mir ja noch bevorstehen sollte. Tatsächlich beginnen drei Monate nach meines Mannes Tode die Erb-Auseinandersetzungen; ich glaubte, meine Töchter nicht mehr zu kennen.

Noch einmal, im Februar 1977, also ein halbes Jahr nach seinem Tode, erscheint mein Mann ein vorläufig letztes Mal. Er trägt eine Schäferkleidung mit großem Hut, um seinen Hals eine lange Schärpe geschlungen, die er nun auszieht und auf den Tisch legt. In der Hand hält er einen großen Wanderstab. Ich nehme die Schärpe in die Hand, rieche an ihr einen Duft, als entstamme sie einer feuchten, modernden

Höhle. Ich habe das Gefühl, als würde mein lieber Mann eine lange Wanderschaft antreten, schon seiner äußeren Aufmachung wegen, und so bin ich nicht überrascht, als er sagt: 'Du mußt jetzt selber fertig werden mit deinen Schwierigkeiten... Ich werde kaum mehr zu dir kommen können.' Und in den nächsten Sekunden ist er wie aufgelöst, samt der Schärpe, die er wieder an sich genommen hat.

Das ganze Jahr war denn auch von der Erbschaftsangelegenheit überschattet, mein Mann kam nicht mehr... bis zum Jahresbeginn von 1978, als er noch ein weiteres und letztes Mal erschien. Dabei brachte er gleich noch seinen 1969 verstorbenen Bruder sowie einen dritten, mir unbekannten Mann mit. Während dieser Unbekannte fast durchsichtig schien und teilnahmslos auf dem Bette saß, ging mein voll sichtbarer Mann vehement aufs Fenster zu, öffnete es, blickte gebannt auf das vor ihm liegende Gut und rief erregt: 'Das ist das Land meiner Familie!' (Es würde zu weit führen, hier die entstandenen familiären Differenzen aufzuzeigen, die diesen Ausruf verständlich erscheinen lassen.) Der ebenfalls in normaler menschlicher Gestalt erschienene Schwager setzte sich auf den Stuhl. Da ich in letzter Zeit verschiedene Erlebnisberichte von Verstorbenen gelesen hatte, die auf mediale Weise in der Geistigen Loge Zürich übermittelt worden sind, stellte ich ihm die Frage, ob er die Richtigkeit dieser Berichte bestätigen könne. Mein Schwager zögerte nicht mit seiner bestimmten Antwort: 'Ja, so ist es, es ist richtig, was du gelesen hast.' Und schon waren alle drei verschwunden, ich machte Licht, ging zum Fenster, um es wieder zu schließen, denn mein Mann hatte es offen gelassen."

Auch in diesem Fall fällt die starke gefühlsmäßige Bindung, seine große Sorge auf, die den Verstorbenen veranlaßt, sich gegenüber seiner Ehefrau kundzutun.

Man kann derartige Berichte zwar mit einer Handbewegung als „anekdotisch" abtun und darauf hinweisen, daß ja keinerlei Zeugen zugegen waren und es sich auch sehr gut um reine Einbildung gehandelt haben könnte. Gegen Einbildung spricht aber das Wiederbringen des Schlüsselbundes. Das Fehlen von Zeugen müssen wir aber auch bei vielen Berichten aus dem Bereich der Psychologie, Medizin, Geschichtswissenschaften usw. beklagen. Trotzdem wird ihnen aber auch dort wissenschaftliches Gewicht beigemessen, wenn sie sich sinnvoll in das ganze Gebiet einordnen lassen und ihnen nicht absolute Unglaubwürdigkeit anhaftet. In gleicher Weise muß man auch mit entsprechenden Berichten aus dem Gebiet der Parapsychologie verfahren. Sie sind als kleine Steinchen in ein großes Mosaikbild einzufügen, und es ist zu prüfen, ob sie dieses Bild vervollständigen.

Der folgende Bericht stammt aus der Mitte des 18-ten Jahrhunderts. Bei der damaligen Begebenheit wurde das Phantom, die Gestalt eines Verstorbenen, von mehreren Personen wahrgenommen. Sie reagierten auf die Erscheinung aber wesentlich ängstlicher und unbedachter, als die Schweizerin in dem vorherigen Beispiel, beobachteten aber trotzdem die Gestalt recht genau und waren schließlich auch bereit, ihren Wunsch zu erfüllen. Wiederum führte nämlich eine starke gefühlsmäßige Bindung des Verstorbenen an sein früheres Erdenleben, eine geringfügige Schuld, ihn dazu, sich nochmals auf Erden sichtbar und bemerkbar zu machen. Allerdings war er nicht imstande zu sprechen und konnte daher sein Anliegen nur durch Gesten kundtun.

Diese Begebenheit hat zu damaliger Zeit ungeheures Aufsehen erregt, zumal ein Naturwissenschaftler, ein Prof. der Physik, die Vorgänge genau beobachtet und beschrieben hatte. Jedoch man lebte 1746 bereits in der Zeit der „Aufklärung". Ihr führender Philosoph war Prof. Christian Wolff,[27]) der die philosophischen Richtungen des Rationalismus[28]) und des Materialismus vertrat. Nach seiner Auffassung waren Materialisten Philosophen, die nur die Existenz von materiellen Dingen zugaben. Wolffs philosophische Lehrmeinungen wurden um 1750 an fast allen Lehrstühlen Deutschlands vertreten. In diese Entwicklung „aufgeklärter" Geisteshaltung platzte nun ein Bericht hinein, der allen endlich überwunden geglaubten Gespenstergeschichten wieder Auftrieb geben mußte. Daher unternahmen die Behörden und der zuständige Landesherr, Herzog Karl I.[29]) von Braunschweig, alles, um den Bericht zu vertuschen, zu unterdrücken und als völlig unglaubwürdig hinzustellen. Schließlich stand der gute Ruf einer neu gegründeten akademischen Einrichtung auf dem Spiel.

Es handelte sich um das 1745 in der Stadt Braunschweig von Herzog Karl gegründete Collegium Carolinum, eine akademische Lehranstalt, die zwischen Gymnasium und Universität stand. An ihr wurden damals (25, S. 17) Theologie, Philosophie, Geschichte, Literatur-

---

[27]) Christian Freiherr v. Wolff, 1679-1754, Prof. für Philosophie in Halle und Marburg
[28]) Rationalismus = philosophische Denkrichtung, die sagt, daß Erkenntnis auf folgerichtigem Denken, Verstand und Vernunft beruht
[29]) Regierungszeit von 1735-1780

geschichte, Mathematik, Physik, Dicht- und Redekunst, alte und neue Sprachen, bürgerliches Recht, Zeichnen, Malerei, Musik, Fechten, Reiten, Drechseln und Glasschleifen gelehrt. Aus dem Collegium Carolinum ist über verschiedene Zwischenstufen die heutige Technische Universität Carolo-Wilhelmina in Braunschweig hervorgegangen. Die überwiegende Zahl der Studenten war zu damaliger Zeit internatsmäßig in einem Collegiengebäude untergebracht. Ihre Unterrichtung und Beaufsichtigung erfolgte durch Professoren und sogenannte Hofmeister. Letztere waren akademisch ausgebildete Lehrpersonen, meist Juristen oder Theologen, von denen verlangt wurde, daß sie auch in der großen Welt kein Neuling und wenigstens der französischen, wenn möglich auch der englischen Sprache, vollkommen mächtig sein sollten.

Einer der Hofmeister war Melchior Dörrien[30]). Er starb schon nach elfmonatiger Dienstzeit am 8. Juli 1746 am Brustfieber (heutige Krankheitsbezeichnung vermutlich Lungenentzündung). Als er nachts dem Tode nahe war, ließ er seinen Freund, den Hofmeister Höfer[31]), der bereits im Bett lag, zu sich rufen, um mit ihm noch etwas Dringendes zu besprechen. Doch als Höfer an das Sterbebett kam, lag Dörrien bereits im Todeskampf und war nicht mehr ansprechbar. Die folgenden Begebenheiten werden weitgehend übereinstimmend in den Werken (1; 3; 96) geschildert und beruhen auf den Aussagen und Vernehmungsprotokollen der Augenzeugen. Der Bericht in dem Werk (1), dessen Titelblatt in Bild 4 wiedergegeben wird, bedient sich noch einer sehr altertümlichen Ausdrucksweise.

Es folgt daher der Bericht von Heinrich Zehfuß, der 1825 bereits eine etwas neuzeitlichere Sprache verwendet. Er schreibt (96, S. 91):

„Nach einiger Zeit verbreitete sich das Gerücht, daß bald dieser, bald jener den Verstorbenen im Carolino gesehen hätte. Da aber die Nachrichten nur von jungen Leuten herrührten, so fanden sie wenig Glauben, vielmehr wurde alles für ein Resultat der durch die Furcht aufgeregten Einbildungskraft ausgegeben. Endlich ereignete sich im Monat Oktober 1746 ein Vorfall, der viele bewog, der Erscheinung einen ausgezeichneteren Wert beizulegen, anstatt daß man sie vorher als ganz

---

[30]) Melchior Carl Dörrien oder Dörrian, geb. 2.5.1721, gest. 8.7. 1746; Studium der Rechte in Göttingen, danach Sachwalter in Hildesheim, ab August 1745 Hofmeister in Braunschweig

[31]) Johann Gottfried Höfer, 1719-1796, Studium der Theologie, 1746 Hofmeister am Carolinum, später Oberaufseher der herzoglichen Museen und zuletzt Kanonikus und Dechant des Cyriakstiftes

Sammlung

einiger

Nachrichten

von dem

gegen das Ende des 1746 Jahres

auf

dem Braunschweigischen Carolino

vielmals

erschienenen Gespenste

eines

daselbst verstorbenen Hofmeisters.

Nebst

einigen Anmerkungen.

Leipzig,

gedruckt und zu bekommen in der Bauchischen Buchdruckerey,

im großen Fürsten=Collegio.

Bild 4 Titelblatt eines Spukberichtes

unwahr verworfen hatte. Es erschien namlich der verstorbene Dörrien
dem M. Höfer[32]) zu der Zeit, als er seiner Gewohnheit nach, nachts
zwischen 11 und 12 Uhr, im Collegio herumging, um zu sehen, ob seine Untergebenen zu Bette und alles in gehöriger Ordnung sei. Als er

---

[32]) Das M. vor Höfer ist nicht der Anfangsbuchstabe seines Vornamens (der nach amtlichen Angaben (25) Johann Gottfried lautete), sondern die Abkürzung für Monsieur = Herr

an des M. Lampadius Stube kam, sah er den Verstorbenen gleich daneben sitzen, in seinem gewöhnlichen Schlafrocke, einer weißen Nachtmütze, welche er unten mit der rechten Hand hielt, so daß man nur die Hälfte seines Gesichtes, nämlich den unteren Teil vom Kinn bis zu den Augen, doch mit größter Deutlichkeit, sehen konnte. Dieser unerwartete Anblick versetzte zwar den M. Höfer in einigen Schrecken, allein überzeugt, daß er seinem Beruf nachgehe, faßte er sich bald wieder und ging in die Stube. Nachdem er alles in Richtigkeit gefunden hatte, schloß er die Stube hinter sich zu und bemerkte den vorhergesehenen Schatten noch unbeweglich in seiner vorigen Stellung. Er faßte den Mut, daß er auf ihn losging und ihm gerade ins Gesicht leuchtete. Jetzt überfiel ihn ein solches Entsetzen, daß er kaum die Hand wieder an sich zurückziehen konnte, welche ihm von Stund an so geschwollen war, daß er etliche Monate damit zubrachte.

Den folgenden Tag erzählte er diese sonderbare Begebenheit Herrn Oeder, Professor der Mathematik[33]), der aber diese Geschichte als ein Philosoph nicht glauben wollte, sondern sie für einen Betrug oder eine Täuschung der Einbildungskraft erklärte. Um aber genauer hinter die Sache zu kommen, erbot er sich, in der bevorstehenden Nacht selbst mitzugehen, weil er hoffte, den M. Höfer zu überzeugen, daß er entweder nichts gesehen oder sich von einem Gespenste mit Fleisch und Bein habe hintergehen lassen. Beide gingen daher zwischen 11 und 12 Uhr an den gedachten Ort. Sobald sie an die Stube kamen, ruft der Professor Oeder mit einer großen Beteurung: 'Da ist Dörrien leibhaftig!' Der M. Höfer ging stillschweigend in die Stube, und bei seiner Zurückkunft saß der Schatten noch immer in seiner gewöhnlichen Stellung wie des Tags vorher. Sie sahen ihn geraume Zeit genau an. Alles an ihm war deutlich, sogar konnten sie den schwarzen Bart genau unterscheiden. Allein es hatte keiner das Herz, ihn anzureden oder anzurühren, vielmehr gingen beide überzeugungsvoll weg, daß sie den vor einiger Zeit verstorbenen Hofmeister Dörrien gesehen hätten.

Die Nachricht von dieser Begebenheit breitete sich immer mehr und mehr aus, und es begaben sich viele Personen an den bestimmten Ort, um sich von der Wahrheit der Sache durch eigene Erfahrung zu überzeugen. Allein ihre Mühe war fruchtlos.

---

[33]) Johann Ludewig Oeder, 1722-1776, Studium der Philosophie, Mathematik und Physik in Göttingen, 1745-1765 ordentl. Prof. für Mathematik und Physik am Collegium Carolinum, ab 1765 herzoglicher Kammerrath

Der Professor Oeder wünschte selbst dieses Schattenbild noch einmal zu sehen, ging mehrmals allein hin, suchte es in allen Winkeln, mit dem festen Entschluß, dasselbe anzureden. Allein auch seine Bemühung wurde durch keinen seinen Wünschen entsprechenden Ausgang belohnt. Daher er auch seine Gedanken durch die Worte ausdrückte: Ich bin dem Geiste lang genug zu Gefallen gegangen; wenn er nun noch etwas haben will, so mag er zu mir kommen. Allein was geschah? Ungefähr nach 14 Tagen, da er an nichts weniger als ein Gespenst dachte, wurde er früh zwischen drei und vier Uhr plötzlich durch eine äußere Bewegung mit Gewalt aufgeweckt. Sobald er die Augen auftat, sah er, daß dem Bette gegenüber am Schranke, der nur zwei Schritte von ihm entfernt war, ein Schattenbild befindlich war, das sich in der Kleidung des Gespenstes darstellte. Er richtete sich auf und konnte nunmehr das ganze Gesicht deutlich sehen. Starr heftete er seine Augen nach diesem Bilde, bis es nach einiger Zeit von acht Minuten unsichtbar wurde.

Den folgenden Morgen, um die gleiche Zeit, wurde er wiederum geweckt und sah die nämliche Erscheinung, nur mit dem Unterschied, daß die Türe am Schrank einiges Geräusch machte, nicht anders, als wenn sich jemand daran lehnte. Diesmal blieb auch der Geist länger stehen, so, daß ihn der Professor Oeder mit den Worten anredete: 'Gehe fort böser Geist, was hast du hier zu schaffen?' Auf diese Worte erfolgten von dem Schattenbilde allerhand fürchterliche Bewegungen. Es bewegte Kopf, Hände und Füße so, daß auch der Professor Oeder angstvoll betete: Wer Gott vertraut usw. und Gott der Vater wohn' uns bei usw. ... Hierauf verschwand der Geist. Acht Tage lang genoß der bisher vom Geist Beunruhigte nunmehr Frieden und Ruhe. Allein nach Verlauf dieser Zeit ließ sich abermals früh um drei Uhr die Erscheinung sehen, nur mit dem Unterschied, daß sie vom Schrank her gerade auf ihn loskam und den Kopf über ihn herbeugte, so daß er außer Fassung im Bette aufsprang und mit Heftigkeit auf das Gespenst losschlug. Es wich auch wirklich zurück an den Schrank. Kaum aber hatte er sich niedergesetzt, so schien der Geist noch einen Angriff wagen zu wollen, weil er sich dem Professor Oeder wiederum näherte. Hier bemerkte der letztere, daß das Gespenst eine kurze Tabakpfeife im Munde hatte, die er vorher, vielleicht aus Schrecken, nicht wahrgenommen hatte. Dieses Betragen des Geistes und die überaus gelassene Miene, die mehr freundlich als mürrisch zu sein schien, verminderte seine Furcht und gab ihm den Mut, daß er den Geist folgendermaßen anredete: 'Haben Sie noch Schulden?' Er wußte schon im voraus, daß der Verstorbene einige Taler Schulden hinterlassen hatte, daher kam die Veranlassung dieser Frage. Bei dieser Frage wich das Gespenst einige Schritte zurück, richtete sich gerade in die Höhe, nicht anders als ob jemand etwas mit Aufmerksamkeit anhören wolle. Oeder wiederholte die Frage noch einmal, worauf der Geist mit der rechten Hand über den Mund hinundherfuhr. Der schwarze Bart, den der Professor Oeder deutlich sehen konnte, veranlaßte ihn, die Frage zu tun: 'Haben sie vielleicht noch den Barbier zu bezahlen?'; worauf das Gespenst den Kopf verschiedenemal langsam schüttelte. Die weiße Tabakspfeife war der Veranlassungsgrund zu folgender neuen Frage: 'Sind sie etwa noch Tabak schuldig?' Hier wich es zurück und verschwand auf einmal.

Den Tag darauf berichtete der Professor Oeder diesen neuen Vorfall dem Hofrat Erath[34]), der einer von den vier Kuratoren am Collegio Carolino war und die Schwester des Verstorbenen bei sich im Hause hatte. Dieser machte sogleich Anstalt, daß die Schuld bezahlt wurde. Diese so glücklich abgelaufene Unterredung mit dem Geist bewog den Herrn Professor Seidler[35]) die nächstfolgende Nacht bei Oeder zu bleiben, weil man vermutete, der Geist würde wieder erscheinen, welches auch geschah. Früh nach fünf wachte Oeder plötzlich auf und fand seinen ungebetenen Gast, nicht wie gewöhnlich an dem Schranke, sondern neben demselben an der weißen Wand. Er blieb in dieser Stellung jedoch nicht lange, sondern ging in der Kammer auf und ab, als wenn er begierig wäre zu wissen, wer außerdem noch im Bett läge. Endlich näherte er sich dem Bette, worauf der Professor seinen Freund Seidler stieß und zu ihm sagte: 'Sehen sie!' Dieser ermunterte sich sogleich, sah aber weiter nichts als etwas Weißes, und den Augenblick darauf sagte Oeder: 'Jetzt verschwindet er.' Sie sprachen eine geraume Zeit von dieser Begebenheit, und Oeder war unwillig, daß der Geist sich nicht länger aufgehalten hatte. Er fragte Seidler, ob er ihn nicht zitieren solle? Doch hierin wollte letzterer nicht einwilligen, und da der Professor Oeder weiter nichts sprach, glaubte Seidler, er wolle wieder einschlafen. Dies war er daher auch zu tun willens; allein

---

[34]) Anton Ulrich v. Erath, 1709-1773, fürstlich Quedlinburgischer Hofrat, einer der ersten Kuratoren des Collegium Carolino, später Nassauischer Justiz- und Regierungsrat
[35]) Johann Wilhelm Seidler, 1747 a. o. Prof. und ab 1749 ordentlicher Professor für Philosophie und lateinische Schriftsteller am Carolinum, nach 1760 Oberkonsistorialrat in Weimar, geb. 1718, gest. 1777

jetzt fuhr Oeder auf einmal im Bette auf, schlug um und neben sich und rief mit einer fürchterlichen Stimme aus: ‚Du mußt hier weg, du hast mich lange genug beunruhigt. Willst du noch etwas von mir haben, so sage es kurz oder gib es mir durch ein deutliches Zeichen zu verstehen, und komm nochmals wieder an diesen Ort.'

Seidler hörte dies alles mit an, allein er konnte nichts sehen. Als nun Oeder sich einigermaßen beruhigt hatte, fragte Seidler nach der Ursache seines Auffahrens, wo er dann zur Antwort erhielt, daß der Geist zum zweiten Mal gekommen sei, als sie miteinander gesprochen hatten, sich erst vor das Bett gestellt, hernach sich demselben genähert und mit dem ganzen Leib darüber gelegt hätte. Von dieser Nacht an behielt der Professor Oeder alle Nächte jemanden bei sich und brannte auch ein Nachtlicht, welches er vormals nie getan hatte. Dieses fruchtete nun so viel, daß er zwar nichts sah, aber doch fast alle Zeit, entweder nach drei oder nach fünf Uhr, mit einer ungewöhnlichen Empfindung oder vielmehr mit einem Kitzeln aufgeweckt wurde, welche Empfindung er vormals nie gehabt zu haben versicherte. Er beschrieb diese Empfindung als eine solche, die man zu haben pflegt, wenn man mit einem feinen Flederwisch vom Kopf bis auf die Füße gestrichen wird. Manchmal hörte er auch am Schrank einiges Geräusch oder ein Pochen an der Stubentür. Nach und nach unterblieb beides, so daß er glaubte, für die Zukunft seines Gastes entledigt zu sein. Daher schlief er auch wieder allein und ließ kein Licht mehr brennen.

Zwei Nächte gingen auf solche Art ruhig vorüber, allein die dritte Nacht war das Gespenst um die gewöhnliche Zeit wieder da, obschon in einem merklichen Grad dunkler. Es hatte in der Hand ein neues Zeichen, mit dem es ungewöhnliche Bewegungen machte. Solches war einem Bilde ähnlich und hatte in der Mitte ein Loch, in welches der Geist zum öfteren die Hand steckte. Oeder war so beherzt, daß er sagte, er müsse sich deutlicher erklären, sonst könne er nicht erraten, was er haben wolle. Wenn ihm dies aber unmöglich sei, so möge er nähertreten. Auf beide Aufforderungen schüttelte das Gespenst den Kopf und verschwand.

Die gleichen Erscheinungen geschahen noch einige Male, sogar im Beisein eines anderen Hofmeisters am Carolino. Nach langem Nachsinnen und Forschen, was der Verstorbene wohl mit diesem Zeichen haben wolle, brachte man so viel heraus, daß er kurz vor seiner Krank-

heit etliche Bilder für eine magische Laterne[36]) von einem Bilderhänd-
ler auf Probe genommen hatte, die aber noch nicht zurückgegeben
worden waren. Man gab daher dem Eigentümer die Bilder zurück,
und von der Zeit an blieb der Professor Oeder in Ruhe."

Diese Ereignisse bildeten damals das Tagesgespräch am Collegium
Carolinum und in Braunschweig, zumal Oeder auch den herzoglichen
Hof, den evangelischen Probst und Professoren in Göttingen darüber
unterrichtete. Die Studenten fürchteten sich tagsüber und des nachts
und wollten nicht mehr alleine im Bett schlafen. Das hatte Verneh-
mungen des Professors Oeder und des Hofmeisters Höfer durch den
Kammerregistrator Andreä und den Hof- und Kammerrat Zinke zur
Folge. Letzterer bedrängte Oeder, die Angelegenheit möglichst ge-
heimzuhalten und seinen Hörern in der Vorlesung alle Gespenster-
furcht (25, S. 139) zu nehmen. Sämtliche Hofmeister wurden angewiesen, den Studenten die ganze Angelegenheit als leere Einbildung oder
Betrug vorzustellen und sie am Beisammensein und Zusammenschla-
fen zu hindern. Ein Student, der für seine nächtlichen Streiche bekannt war, wurde besonders überwacht, und dem Studenten, der die
erste Meldung über das Erscheinen des verstorbenen Hofmeisters
gemacht hatte, versuchte man das Ganze als Einbildung einzureden.

Am 9. Januar 1747 erstatteten drei Kuratoren des Carolinum dem Herzog Karl mit einem Memorial Bericht über die bisherigen Untersuchungen. Dieser fügte dem Schriftstück bei Rücksendung eigenhändig
den Auftrag bei: „Es sei ferner möglichst dahin zu sehen, daß den Leuten die falsche Einbildung benommen und der Betrug, welcher ohne
Zweifel dahinterstecke, entdeckt werde." Die darauf einsetzenden
Verhöre und Einschüchterungsversuche wurden in den Akten festgehalten und in der „Geschichte des Collegii Carolini" 1812 auszugswei-
se wiedergegeben (25). Prof. Oeder und die anderen Augenzeugen
blieben jedoch bei ihren Aussagen, und ein studentischer Schaber-
nack konnte nicht nachgewiesen werden. Amtlicherseits blieb man
aber dabei, daß Betrug im Spiel gewesen sei (25, S. 144).

Eine andere Lesart brachte der Theologe Prof. Harenberg[37]) in Um-
lauf. Da er vermutlich Scheu davor hatte, gegen einen Hochschul-

---

[36]) Gemeint ist eine sogenannte „Laterna Magika", ein einfaches optisches Bildwerfergerät, ein
Vorläufer der heutigen Dia-Projektoren:
[37]) Johann Christoph Harenberg, 1696-1774, Studium der Theologie, ab 1720 Pfarrer im Herzog-
tum Braunschweig, 1735-1756 Generalschulinspektor im Fürstentum Wolfenbüttel, 1745 Probst
des Klosters St. Lorenz bei Schöningen und zugleich ordentl. Professor am Collegium Carolinum

kollegen offen Stellung zu beziehen, veröffentlichte er seine Schrift (3) 1748 unter dem Pseudonym „Adeisidaimone". In ihr berichtet er zunächst neutral die Geschehnisse, fast wortgleich mit dem hier wiedergegebenen Bericht. In einem nachfolgenden Abschnitt mit dem Titel „Einige Erinnerungen und Bedenklichkeiten über die wahrhafte Geschichte von Erscheinung eines Verstorbenen in Braunschweig" bringt er dann seine eigene Beurteilung und Verurteilung. Er zweifelt ganz einfach die Zeugen Höfer, Oeder und Seidler an und unterstellt ihnen Leichtgläubigkeit und Einbildung. Er macht sich über die anfängliche Furcht von Prof. Oeder und dem Hofmeister Höfer lustig und schreibt dazu (3, S. 22): „Hier treffen wir also zween Philosphen an, die da gestehen, daß sie kein Herz gehabt, oder, daß sie im Affect der Furcht und des Schreckens gestanden, folglich, daß ihr Gemüth in einem solchen Zustande gewesen, da man nicht vermögend ist, das Wahre von dem Falschen oder den Schein und Betrug von dem Wesen der Sachen recht zu unterscheiden. Und dennoch wollen sie mit völliger Gewißheit, den Verstorbenen sogar mit seinem schwarzen Barte gesehen zu haben, hinweggegangen seyn.

Wer einmal erschrocken und in solche Furcht gesetzet ist, lässet es bey **einer** Erscheinung nicht bewenden. Seine Imagination wird alsdenn von Tage zu Tage immer fruchtbarer. So ist es Herrn Prof. Oedern ergangen, denn er fängt hierauf an, Privaterscheinungen in seiner Schlafkammer zu haben, und zwar allezeit frühe zwischen 3 und 6 Uhren."

Harenberg beanstandet weiter, daß bei dem einen nächtlichen Ereignis mit Prof. Seidler zusammen nur Oeder das Gespenst gesehen haben will, nicht aber Seidler. Er schließt daraus, daß Oeder krank gewesen sei und schreibt (3, S. 33): „Weis man nicht, daß in Fiebern auch bey offenen Augen den Kranken allerley Gestalten recht sichtbar zu seyn scheinen? Allein es heisst ferner, Herr Prof. Oeder sey nicht krank, sondern gesund gewesen. Kann nicht bisweilen ein Vorbothe einer Krankheit schon im Blute stecken, ehe sie noch völlig ausbricht? Kann nicht auch Schrecken, Furcht und eine starke Phantasie eine Art von Krankheit im Gemüthe wirken?"

So einfach ist also die Erklärung. Harenberg, der offensichtlich schon stark von der Aufklärung ergriffen ist, sorgt sich weiterhin sehr um den Ruf des neuen Collegiums, wie es auch der Herzog und die Hochschulleitung taten und schreibt: „Es wäre Schade, wenn eine so schöne

Stiftung durch solche herumschleichenden Gespensterhistorien, die sich auch ohne den Druck sattsam ausbreiten, in übeln Ruf kommen sollte. Von alten Klöstern, die voll finstrer Winkel sind und ehemals zu vielen Werken der Finsternis gedienet haben, ist man solche Erzählungen wohl gewohnt: aber von einem neuen Gebäude solche Geschichte in die Welt zu bringen, das ist für alle Urheber solcher Nachrichten unverantwortlich. Die öffentliche Bekanntmachung aber, einzig und allein, kann eine genaue obrigkeitliche Untersuchung veranlassen und dem vortrefflichen Carolino seine gekränkte Ehre wider herstellen. Denn sobald der Betrug ans Licht kömmt, und wo möglich, bestraft wird, so ist die Sache gehoben. Die Gespenster werden sodann dieser löblichen Anstalt nichts mehr schaden; und selbst dem Muthwillen wird auf eine gute Weile die Lust vergehen, solchen Possen ferner zu spielen."

Die obrigkeitliche Untersuchung erfolgte zwar, jedoch wurden keine Schuldigen gefunden und konnten daher auch nicht bestraft werden. Aber wie durfte man hoffen, Schuldige zu finden, wenn es sich doch nur um Fieber- und Schreckphantasien von Prof. Oeder handelte?

Die ganze Angelegenheit schlief schließlich dadurch ein, daß der Verstorbene Hofmeister Dörrien nach Erfüllung seiner Wünsche nicht mehr erschien. Es wuchs also Gras über die Geschichte. Doch lassen die damaligen Berichte erkennen, wie hilflos man dem Geschehen gegenüberstand. Das betrifft sowohl die Zeugen, die mit ihren Sinnen etwas Seltsames wahrnahmen und darauf furchtsam reagierten, weil es für sie völlig ungewöhnlich war. Es betrifft aber auch die Behörde, die unter dem Zwang stand, etwas wegerklären zu müssen, was auf keinen Fall wahr sein durfte. Parapsychologische Vorkenntnisse hatte ja niemand. So konnte auch keiner wissen, daß bei nachlassender Erscheinungsfähigkeit des Verstorbenen es keineswegs unglaubwürdig oder außergewöhnlich ist, wenn nur Prof. Oeder die Gestalt „sieht", nicht aber sein neben ihm liegender Freund Seidler. Oeder hat sie nur noch „hellsichtig" oder paranormal wahrgenommen, Seidler aber nicht, weil bei ihm diese Fähigkeit nicht genügend angelegt war.

Nach den vorliegenden ausführlichen Berichten ist es völlig ausgeschlossen, daß alles nur auf vorsätzlicher Täuschung von Spaßvögeln beruht haben könnte. Durch alle Zeiten hindurch haben sich ähnliche Vorgänge in Schlössern, Klöstern, Internaten, Kasernen und Krankenhäusern in vergleichbarer Weise ereignet. Sie sind Indizien dafür, daß es sich um wirkliche Naturvorgänge mit einer jenseitigen Ursache handelte.

Der nächste Bericht stammt von einem Gutsbesitzer und Oberamtmann Dignowity aus dem Kreis Sagan in Schlesien. Ein gerade Verstorbener zeigte sich ihm nachts, um von seinem Tode Kenntnis zu geben und sich zugleich über den seiner Meinung nach zu frühen Beerdigungstermin zu beklagen. Auch in dieser Mitteilung fällt auf, daß der Lebende Angst hat, sich von dem Phantom des Verstorbenen berühren zu lassen. Es erscheint aber nur einmal.

Der Bericht wurde für Prof. F. W. H. Myers[38]), Mitglied der britischen S.P.R., angefertigt und ihm zugeleitet (94):

„Mitgeteilt von Fräulein Schneller, Schwägerin des Empfängers und Mr. F. W. H. Myers persönlich bekannt, im Januar 1890.

Vor ungefähr einem Jahr starb in einem Nachbardorfe ein Brauer namens Wünscher, mit dem ich in freundlichen Beziehungen stand. Sein Tod erfolgte nach einer kurzen Krankheit, und da ich selten eine Gelegenheit hatte, ihn zu besuchen, so wußte ich weder etwas von seiner Krankheit noch von seinem Tode. An seinem Todestage ging ich um 9 Uhr abends zu Bett, von den Arbeiten ermüdet, welche mein Beruf als Landmann von mir fordert. Hier muß ich bemerken, daß meine Diät frugal ist; Bier und Wein sind seltene Dinge in meinem Hause, und an jenem Abend ist wie gewöhnlich nur Wasser mein Getränk gewesen. Da ich von einer ganz gesunden Konstitution bin, schlief ich sofort ein, wie ich mich niederlegte. In meinem Traume hörte ich den Verstorbenen mit lauter Stimme rufen: −, Junge, mach schnell und gieb mir meine Stiefel!' − Dies weckte mich auf, und ich bemerkte, daß meine Frau um unseres Kindes willen das Licht hatte brennen lassen. Ich sann mit Vergnügen über meinen Traum nach und dachte so bei mir, wie Wünscher, der ein gutmütiger, humorvoller Mann war, lachen würde, wenn ich ihm diesen Traum erzählte. Während ich noch darüber nachsinne, höre ich Wünschers Stimme draußen gerade unter meinem Fenster schelten. Ich setze mich in meinem Bette sofort auf und lausche, aber ich kann seine Worte nicht verstehen. Was kann der Brauer wollen? Ich dachte, und ich weiß für gewiß, daß ich sehr ärgerlich über ihn war, er wolle nur eine nächtliche Ruhestörung machen,

---

[38]) Prof. Frederic William Henry Myers, 1843-1901, Philosoph und Altphilologe, Gründungsmitglied und 1900 Präsident der britischen Society for Psychical Reserarch, Verfasser des zweibändigen Werkes: „Human Personality and its Survival of Bodily Death"

da ich überzeugt war, daß seine Angelegenheiten sicher bis zum Morgen gewartet haben würden. Plötzlich kommt er in das Zimmer von hinter dem Leinenschrank herein und schreitet mit langen Schritten am Bette meiner Frau und dem des Kindes vorüber; die ganze Zeit über mit seinen Armen wild gestikulierend, wie es seine Gewohnheit war, rief er aus: − 'Was sagen Sie dazu, Herr Oberamtmann? Diesen Nachmittag um fünf Uhr bin ich gestorben.' − Erstaunt über diese Mitteilung, rufe ich aus: − 'Oh, das ist nicht wahr!' − Er versetzte: − 'So wahr, wie ich es Ihnen erzähle; und was denken Sie davon? Sie wollen mich bereits Dienstag nachmittag um zwei Uhr begraben,' − wobei er seine Behauptungen die ganze Zeit über mit seinen Gestikulationen bekräftigte. Während dieser langen Rede meines Besuchers prüfte ich mich selbst, ob ich auch wirklich wach wäre und nicht träumte.

Ich fragte mich: Ist dies eine Halluzination? Ist mein Geist im vollen Besitze seiner Fähigkeiten? Ja, dort ist das Licht, da der Krug, dies ist der Spiegel, und dieser ist der Brauer; − und ich kam zu dem Schlusse: Ich bin wach. Dann fiel mir der Gedanke ein: Was wird meine Frau denken, wenn sie erwacht und den Brauer in ihrem Schlafzimmer sieht?

In dieser Befürchtung, daß sie aufwachen könnte, wende ich mich zu meiner Frau um und sehe zu meiner großen Erleichterung an ihrem Gesichte, welches mir zugewendet ist, daß sie noch schlummert; aber sie sieht sehr blaß aus. Ich sage zu dem Brauer: − 'Herr Wünscher, wir wollen leise sprechen, damit meine Frau nicht aufwachen möge, es würde ihr sehr unangenehm sein, Sie hier zu finden.' − Hierauf antwortete Wünscher in einem leiseren und ruhigeren Tone: − 'Erschrekken Sie nur nicht, ich will Ihrer Frau nichts zuleide tun.' − 'Dinge ereignen sich in der Tat, für die wir keine Erklärung finden,' − dachte ich bei mir und sagte zu Wünscher: − 'Wenn das wahr ist, daß Sie gestorben sind, so bin ich aufrichtig betrübt darüber; ich will nach Ihren Kindern sehen.' − Wünscher schritt auf mich zu, streckte seine Arme aus und bewegte seine Lippen, als ob er mich umarmen (und küssen) wollte; deshalb sagte ich in einem drohenden Tone und mit gerunzelter Stirne ihn fest anblickend: − 'Kommen Sie nicht so nahe, es ist mir unangenehm', und erhob meinen rechten Arm, um ihn abzuwehren; aber bevor mein Arm ihn erreichte, war die Erscheinung verschwunden. Mein erster Blick richtete sich auf meine Frau, um zu sehen, ob sie noch immer schliefe. Sie schlief. Ich stand auf und blickte auf meine Uhr, es war sieben Minuten über zwölf. Meine Frau erwachte und fragte mich: – 'Zu wem sprachst du denn eben jetzt so laut?' – 'Hast du etwas davon verstanden?' – fragte ich sie zurück. 'Nein', lautete ihre Antwort, und sie begann wieder einzuschlummern.

Ich teile dieses Erlebnis der 'Society for Psychical Research' in dem Glauben mit, daß es ihr als ein neuer Beweis für die wirkliche Existenz der Telepathie dienen möge. Ich muß des weiteren bemerken, daß der Brauer an diesem Nachmittag um fünf Uhr wirklich gestorben war und am darauf folgenden Dienstag um zwei Uhr beerdigt wurde. – Mit hoher Achtung

Dober und Pause, Schlesien,
den 12. Dezember 1889.   Karl Dignowity, Landbesitzer.

Die gewöhnliche Zeit für ein Begräbnis in Deutschland, fügt Fräulein Schneller hinzu, ist drei Tage nach dem Tode. Diese Zeit kann jedoch auf Ansuchen hinausgezögert werden. Bestimmte Stunden sind nicht festgesetzt.

In der Unterhaltung beschrieb Fräulein Schneller ihren Schwager als einen Mann von streng praktischem Sinne und von überaus tätigen Gewohnheiten.

Wir haben die 'Sterbeurkunde' vom 'Standesbeamten' Siegismund, Kreis Sagan, erhalten, welche bestätigt, daß Karl Wünscher am Samstag, dem 15. September 1888, um 4. Uhr 30 Minuten nachmittags starb und am Dienstag, dem 18. September 1888, um 2 Uhr nachmittags begraben wurde.

Herr Dignowity schreibt ferner unter dem 18. Januar 1890: –

'Frau Wünscher erzählte mir, daß die Zeit des Begräbnisses im Totenzimmer unmittelbar nach Wünschers Tode festgestellt wurde, weil entfernte Verwandte durch Telegramm einzuladen waren. Wünscher hatte an Lungenentzündung gelitten, welche in Herzkrampf endete.'"

Die folgenden Begebenheiten berichtet ein ehemaliger ukrainischer Kosakenoffizier namens I. Poltawetz von Ostranitza, geb. 8.10.1892 in Subotow in der Ukraine, gest. 17.1.1957. Er entstammt einer angesehenen altadeligen Kosakenfamilie und war 1917 Rittmeister in kaiserlich russischen Diensten. Nach der Revolution wechselte er zu den Truppen des damals freien ukrainischen Staates und wurde während der kurzen Zeit seiner Selbständigkeit 1918 zum Großsiegelbewahrer gewählt und zum Oberst befördert. Nach 1919 lebte er als Emigrant in München. Der Offizier berichtet (69, S. 6):

„Durch ihre besondere geographische Lage in Verbindung mit ihrer alten geistigen Überlieferung war es der Urkraine möglich, die Zivilisation des Westens anzunehmen, ohne die Kultur des Ostens preiszugeben, die beide in ihr zusammentrafen. So hat die Bevölkerung der Ukraine trotz der Aneignung mancher Güter der materiellen Zivilisation des Westens ihre Verbindung mit dem Göttlichen und den geheimnisvoll webenden Kräften der Natur nicht verloren.

Dies war der Zustand der Ukraine, als sie von dem letzten Krieg und der Revolution in Rußland überrascht wurde. Das über sie hereinbrechende kommunistisch-materialistische Denken hat sie aber nur äußerlich berührt, und aufgrund meiner Kenntnis ihres Wesens glaube ich auch nicht, daß es ihm je gelingen wird, ihre seelisch-geistige Grundhaltung wesentlich zu verändern. Der an die materialistische Denkweise gewöhnte Durchschnittsmensch wird wahrscheinlich glauben, daß Kriege und Revolutionen die Folge einer Häufung unzulänglicher äußerer Lebensumstände, also Menschenwerk seien und ihnen deshalb kein tieferer, geistiger Sinn innewohnen könne. Es wird ihm nicht der Gedanke kommen, daß Kriege und Revolutionen auf einen Befehl aus den göttlich-geistigen Sphären hin durch kosmisch-geistige Umgruppierungen entstehen und deshalb nur einen Umwandlungs- und Läuterungsprozeß darstellen, in dem der geistige Kern eines Volkes zwar verwandelt, aber nicht in sein Gegenteil verkehrt oder vernichtet werden kann. Eine Bestätigung dieser Ansicht findet sich nicht nur im Alten und im Neuen Testament, sondern auch in anderen Religionslehren wie im Buddhismus, Mohammedanismus usw. Wer es sich zutraut, heute Größeres zu schaffen als Christus und Buddha und die Propheten, der möge eine andere Ansicht vertreten – ich halte mich dazu nicht für berufen.

Als Sohn der Ukraine, als Kosak, wird es mir vielleicht möglich sein, durch diese Darstellung meiner eigenen übersinnlichen Erlebnisse, Verständnis für die geistige Wesensart meiner Heimat zu erwecken und zu ihrer Mittlerrolle als Bindeglied zwischen dem Osten und dem Westen etwas beizutragen. Diese meine Erlebnisse sind nicht der Ausfluß teilweise herabgedämpfter oder gar krankhafter Bewußtseinszustände. Sie traten vielmehr inmitten des sachlich-nüchternen Alltagslebens völlig plötzlich und unerwartet auf. Als Kind wurde ich nach den streng realistischen und spartanischen Regeln des Kosakentums erzogen. Für phantastische Träumereien war da wenig Platz. Denn schon als Kind mußte ich nach militärischen Gesetzen leben, wobei man sich bekanntlich mehr auf die eigene Geistesgegenwart und die Kraft des Säbels zu verlassen pflegt als auf irgendwelche phantastischen Einbildungen. Und wenn auch bei mir, ebenso wie bei anderen Menschen, die Grundlage zu einer religiösen Erziehung gelegt wurde, so geschah dies doch nur insoweit, als es der Überlieferung des Soldatentums entsprach. Hierzu kommt noch, daß ich von meiner Kindheit an gesundheitlich stets völlig auf der Höhe war und von durchaus gesunden Eltern stamme. Ich kann auch auf eine lange Reihe kerngesunder Vorfahren zurückblicken, die selten unter 80-85 Jahren starben, mein Großvater erreichte sogar das Alter von 102 Jahren. Man kann also nicht behaupten, daß diese Erlebnisse der Ausfluß einer schwächlichen oder gar krankhaften Konstitution seien.

Diese völlig unerwartet und spontan auftretenden übersinnlichen Erlebnisse überzeugten mich von dem Vorhandensein eines weiteren, für gewöhnlich unsichtbaren Lebens neben dem der irdisch-materiellen fünf Sinne, das vielleicht viel harmonischer und planmäßiger verläuft als dieses. Es gibt heutzutage wohl kaum einen Menschen, welcher nicht auf irgendeine Weise in Berührung mit dem Jenseits gekommen wäre. Aber nur wenige haben hieraus bestimmte Folgerungen gezogen, die meisten sind daran vorübergegangen. Diejenigen aber, welche 'Ohren haben, zu hören, und Augen haben, zu sehen', werden es bestätigen können, daß jenseits der Schwelle unseres Lebens sich eine andere Welt befindet, in der es kein Heute und Morgen, keine Gegenwart und keine Zukunft, nichts Unbekanntes und Unerreichbares mehr gibt. In den höchsten Höhen dieser Welt gibt es vielmehr nur noch den Willen des Allmächtigen, der sich nie irren kann – und der in gewissen schicksalshaften Augenblicken sich uns auch kundgibt und uns die Wege weist, die wir gehen sollen. –

Hiermit will ich diese Einleitung schließen und nun zu der Schilderung einer Auswahl der wichtigsten meiner Erlebnisse übergehen – möge sie dazu beitragen, den Suchenden neue Zuversicht und neue Ausblicke zu eröffnen!

Am Anfang meiner Erinnerungen steht ein trauriger Tag aus meiner frühesten Kindheit. Das Einfahrtstor unseres Gutshofes öffnete sich, eine Anzahl Kosaken ritt herein, und zwischen den Pferden baumelte etwas Schwarzes. Sie machten vor dem Balkon unseres Hauses halt, stiegen ab und sagten, bei der Frage des herbeigeeilten Dieners die Mützen abnehmend, betrübt: 'Geh und rufe die Herrin, wir haben einen Gast gebracht.' An alle diese Einzelheiten kann ich mich freilich nicht mehr selbst erinnern, denn ich war damals noch sehr klein, erst etwa 2 Jahre alt, aber es wurde mir später von meiner Mutter erzählt. Als dann meine Mutter auf den Balkon herauskam, legten die Kosaken den schwarzen Sack auf den Boden, und darin lag mein Vater, der in einem Gefecht bei der Verfolgung von Gebirgsräubern gefallen war.

Später, als ich bereits vier Jahre alt war, spielte ich einmal wie gewöhnlich in unserem Park. Es war an einem Nachmittag, ich weiß nicht mehr, wie es geschah, aber meine Kinderfrau war nicht wie sonst anwesend. Da sah ich plötzlich auf einer nahen Bank einen Mann in Kosakentracht sitzen. Ich erschrak und konnte mir nicht erklären, woher er auf einmal gekommen war. Drum lief ich schnell ins Haus zu der Mutter ins Zimmer und rief: 'Dort draußen im Garten sitzt ein Mann, den ich nicht kenne.' Meine Mutter ging mit mir in den Garten an den Platz, an dem ich gespielt hatte, und ich zeigte ihr die Bank, auf welcher der Mann gesessen hatte. Aber es war niemand mehr dort. Nun glaubte die Mutter, es handle sich um ein Phantasiegebilde und ich hätte ihr nur etwas erzählt, und sie sagte zu mir: 'Es ist niemand da; es kann auch niemand da sein, denn es ist alles abgesperrt.' Trotzdem blieb ich dabei, daß der Mann dagewesen sei und so und so ausgesehen hätte. Ich hatte kaum ausgesprochen, als meine Mutter plötzlich in Ohnmacht fiel, und zu meiner großen Verwunderung sah ich nun denselben Mann etwas weiter von der Bank entfernt neben einem Baum stehen. Trotzdem er mich freundlich anlächelte, schlug ich kolossalen Lärm, so daß ein Teil der Dienerschaft herbeilief, darunter auch meine Kinderfrau. Meine Mutter wurde ins Haus getragen, und ich erzählte meiner Kinderfrau alles, was sich zugetragen hatte. Wir waren in einem Nebenzimmer, und noch ehe meine Mutter wieder zu sich gekommen war, fiel mein Blick merkwürdigerweise auf die Photografie eines Mannes an der Wand, es war derselbe Mann, den ich eben gesehen hatte, und ich sagte zur Kinderfrau: 'Das ist er, dort hängt er im Bild, das ist derselbe Mann, der im Garten war!' Die Kinderfrau fing an zu weinen und sagte mir, das sei doch mein Vater. Da sagte ich erfreut: 'Dann brauche ich mich doch nicht zu fürchten vor ihm!' Dann stieg ich auf einen Stuhl unter die Photografie und betrachtete sie zum ersten Mal in meinem Leben ganz genau. Je länger ich das Bild betrachtete, desto mehr überzeugte ich mich von der Ähnlichkeit der Erscheinung im Garten mit meinem Vater.

Da wurde ich in meiner Betrachtung unterbrochen und zu meiner Mutter hineingerufen, der ich auch voller Freude mitteilte, daß der Mann, der im Garten saß, doch Papa gewesen sei und ich ihn also nicht zu fürchten brauchte. Die Mutter nahm sich zusammen und sprach ruhig mit mir, sie bestätigte, daß es tatsächlich der Vater gewesen sei, sie hätte ihn auch gesehen.

Danach vergingen einige Tage. Ich spielte wieder einmal im Park, und nunmehr zu meiner großen Freude sah ich abermals meinen Vater auf der Bank sitzen. Ich sprang zu ihm, setzte mich auf die Bank und begann eine Unterhaltung mit ihm. Er bat mich, der Mama zu sagen, daß sie dieses Jahr nicht in den Kaukasus fahren solle, weil dort eine gefährliche Krankheit ausbrechen würde, mit der ich angesteckt werden könnte, das aber würde nicht ohne Gefahr sein.

Nachdem er mir dies gesagt hatte, war er plötzlich wieder verschwunden. Ich ging zur Mutter und teilte ihr mit, was mir der Vater aufgetragen hatte. Dieser zweite Besuch meines Vaters regte die Mutter wieder sehr auf, aber als er mir dann öfters erschien, gewöhnte sie sich daran und war sogar froh, wenn ich ihr wieder eine Mitteilung von ihm brachte. Diese Erscheinungen meines Vaters hielten ununterbrochen bis zu meinem 12. Lebensjahr an. Er begleitete mich fast überall hin und ist mir auch ein paarmal in Gefahren beigestanden.

Ich kann mich erinnern, daß, als ich etwa 6-7 Jahre alt war, in unserem Gutshof die Stallungen umgebaut wurden. Eines Tages ging ich in den Hof, und es war gerade niemand da, weil Mittagspause war. Da sah ich eine Leiter, die auf das Dach der neugebauten Stallung führte. Das Dach war noch nicht gedeckt, es waren erst die Sparren vorhanden, es zog mich sehr dort hinauf. Ich krabbelte rasch auf die Leiter und merkte gleich, daß mein Vater neben mir war, mich am Arm hielt und mit hinaufstieg. So kletterte ich mit ihm bis hinauf. Dort oben hatte ich eine schöne Aussicht, der Vater zeigte mir alles und sagte: 'Schau, dort sieht man unseren alten Dnjepr!' Ich blickte nach der betreffenden Seite und sah tatsächlich, wie die Steppe rauchte und der Dnjepr in der Ferne wie eine Damaszenerklinge glitzerte. Ich war so vertieft in dieses schöne Bild, daß ich gar nicht merkte, daß ich über einem tiefen Abgrund auf einem Dachbalken saß. Da hörte ich plötzlich von unten Rufe und sah meine Mutter und meine Kinderfrau voller Angst dort stehen. Sie hatten eine Tüte Bonbons bei sich und baten mich sehr leise und in der höflichsten Weise herunterzukommen, aber mit größter Vorsicht, sie würden mich auch nicht bestrafen, sondern mir die Bonbons geben. Ich lehnte das aber energisch ab und erklärte, ich hätte hier oben eine wundervolle Aussicht und der Papa säße auch bei mir. Und tatsächlich erzählte mir meine Mutter später, sie und ihre Kinderfrau hätten beide meinen Vater bei mir sitzen sehen. Da erklärte mein Vater, wir müssen hinuntergehen und brachte mich sorgfältig nach unten. Ehe er verschwand, trug er mir auf, der Mutter zu sagen, sie möge das Windspiel in unserem Haus entfernen, weil es am nächsten Tage von der Tollwut ergriffen werden würde.

Nicht uninteressant ist auch ein zweiter Fall, in dem ich von meinem Vater gerettet wurde. Es war Herbstzeit, in der man in der Ukraine die verschiedenen Herbstfrüchte für den Winter im Keller einzulegen pflegt. Es ist eine interessante und lustige Zeit, die für Kinder viel Spaß mit sich bringt. Die Dorfmädchen werden dabei meist mit beschäftigt, sie tragen die Früchte in den Keller und singen dabei viele schöne Lieder. Es war mir natürlich auch nicht verboten, mich dabei zu beteiligen. Ich packte einen Sack mit Gurken, um ihn auch hinunter in den Keller zu tragen. Als ich an die Kelleröffnung kam und meinen Sack hinunterreichen wollte, bekam ich plötzlich Übergewicht und fiel mit dem Kopf nach unten in eine gut 4½ m tiefe Grube, wobei ich geradewegs auf einen großen Stein zu flog. Aber im Fallen bekam ich einen Stoß und flog auf die Seite, so daß ich ganz glücklich auf einem großen Haufen Gurken landete. An der Stelle, wo sich der Stein befand, sah ich wieder meinen Vater stehen.

So sah ich, wie schon gesagt, meinen Vater bis zu meinem 12. Lebensjahre öfters. Jede dieser Erscheinungen glich der ersten. Er trug immer eine weiße Pelzmütze, eine weiße Tscherkesska, aber merkwürdigerweise waren auch seine Stiefel und ebenso sein Gesicht weiß. Er erschien immer ganz plötzlich und war hell und durchsichtig wie ein heller, durchscheinender Stoff, durch den das Licht scheint. Das Gesicht war immer gleich deutlich, dagegen hob sich die Gestalt von einem dunklen Hintergrund besser ab als von einem hellen. Er sprach mit leiser, gedämpfter Stimme. Wenn er mich mit der Hand streichelte, empfand ich eine gewisse Kühle. Seine Anwesenheit war bei mir überhaupt immer mit einem gewissen Kältegefühl verbunden, auch an heißen Tagen. Wenn er mich aber bei der Hand nahm, hatte ich nicht das

Gefühl des Druckes einer menschlichen Hand, sondern es war eher ähnlich, als lege sich Watte um meine Hand, zugleich aber entstand in meinem ganzen Körper eine solche Spannung, daß ich genau fühlte, wie ich gehalten wurde, was ich ja auch zugleich immer sah. Er schien wie ein richtiger Mensch zu gehen, nicht zu schweben.

Es mag, wenn ich mich recht erinnere, im Jahre 1907 gewesen sein. Jedenfalls aber war ich damals etwa 15 Jahre alt. Wir, meine Familie und ich, waren zu Besuch bei meiner Tante, der Fürstin Daschkow, und seit unserer Ankunft waren bereits einige Tage vergangen. Eines Nachmittags, als die älteren Leute nach dem Essen schliefen, begab ich mich in die Bibliothek, nahm ein Buch und ging von dort in einen Pavillon im Park, wo ich mich hinsetzte und zu lesen begann. So verging etwa eine Stunde. Da sah ich auf einmal auf dem Parkweg eine junge Dame auf mich zukommen, die ich zuvor nicht bemerkt hatte und die mir auch sonst unbekannt war. Da aber die Familie sehr groß war, dachte ich, es seien vielleicht neue Gäste angekommen und irgend jemand von ihnen gehe nun auch im Park spazieren. Ich stand auf, ging der Dame entgegen und begrüßte sie, wobei ich ihr die Hand gab. Sie erwiderte meinen Gruß sehr freundlich und sagte: 'Ich wäre Ihnen sehr dankbar, wenn Sie mit mir in die Bibliothek gehen wollten.' Und obwohl ich sonst nicht gerade schüchtern bin, hatte ich ein Gefühl, als hätte ich diesem Wunsche unbedingt Folge zu leisten.

Wir begaben uns also ins Haus, in das Bibliothekszimmer, und ich bemerkte, daß die Dame sich dort offenbar recht gut auskannte, weil sie schnell und sicher durch die verschiedenen Räume lief, geradewegs auf die Türe der Bibliothek zu. In derselben begab sie sich sofort an einen Schrank in der Mitte und öffnete ihn. Die Bücher standen dort in drei Reihen hintereinander, sie griff in die hinterste Reihe, zog ein Buch heraus, reichte es mir und sprach: 'Ich bitte Sie, dieses Buch meiner Mutter zu geben.' Sie hatte kaum das letzte Wort gesprochen, als sie auch schon urplötzlich verschwunden war. Ich stand wie gebannt, denn ich war nicht im geringsten hierauf vorbereitet gewesen. So blieb ich eine ganze Weile stehen, denn auch nach Verlauf einiger Minuten erschien mir das Ganze nicht weniger merkwürdig. Dann begann ich das mir gegebene Buch, das ich noch immer in der Hand hielt, näher zu betrachten. Auf dem Vorderblatt stand 'M. Daschkow. Tagebuch'. Ich blätterte es schnell durch und sah, daß die Eigentümerin am Ende auseinandersetzte, warum sie Selbstmord begehen wolle.

Als die Nachmittagsstunde vorüber war und wir uns alle zum Kaffee versammelten, ging ich zu der alten Fürstin und gab ihr das Buch, wobei ich ihr erzählte, wie ich es erhalten hatte. Meine Tante war äußerst erschüttert über dieses Ereignis und teilte mir mit, daß sie schon seit Jahren nach dem Tagebuch ihrer Tochter gesucht, es aber bis jetzt nicht gefunden hätte. Sie fügte hinzu, daß sie nach dem Tode ihrer Tochter sehr oft in einen merkwürdigen Zustand geraten sei, sooft sie sich in deren Zimmer begab, in dem sie Stöhnen und Weinen und andere seltsame Geräusche zu hören vermeint habe.

Erst durch die Erzählung meiner Tante erfuhr ich etwas von der Existenz meiner verstorbenen Kusine, an die ich mich persönlich nicht erinnern konnte, weil ich erst 5-6 Jahre alt war, als sie sich das Leben nahm.

Dieser Fall ist deshalb besonders merkwürdig, weil ich die Gestalt meiner Kusine nicht wie bei meinem Vater als eine durchsichtige Erscheinung sah, sondern vollständig wie ein natürliches Lebewesen. Ich könnte nicht behaupten, daß ich bei ihrem plötzlichen Erscheinen irgend etwas an ihr bemerkt hätte, das darauf hinwies, daß es sich nicht um einen lebenden Menschen, sondern um einen Geist handelte. Erst im letzten Augenblick, bei ihrem plötzlichen Zergehen, das übrigens sehr schnell vor sich ging, wurde ich mir dessen bewußt, daß es sich nicht um einen gewöhnlichen Menschen handelte, dem sie sonst in jeder Hinsicht glich, sowohl in ihrem Aussehen als auch im Sprechen.

An der Kleidung meiner Kusine fiel ebenfalls nichts Besonderes auf. Dabei ist allerdings zu beachten, daß die Mode bei den russischen Landadligen nicht so häufig wechselte wie in westeuropäischen Städten. Sie blieb sich vom Ende des 19. Jahrhunderts bis etwa kurz vor dem Krieg ziemlich gleich.

Da es im Sommer war, war es ein ziemlich heller Nachmittag, von irgendeiner Dämmerung oder dergl., die mich die Gestalt nur undeutlich hätte erkennen lassen, konnte also nicht die Rede sein. Das betreffende Schloß der Fürstin Daschkow lag in der nächsten Nähe des Dörfchens Balteyschow bei Tscherkasse.

Das Ereignis wurde natürlich allenthalben viel besprochen, und so hörte ich auch von einem alten Diener, daß in der Bibliothek öfters spukartige Geräusche gehört worden waren. Diese hörten angeblich vollständig auf, nachdem das Tagebuch in die Hände der Fürstin gelangt war, vielleicht war ihr Zweck gewesen, die Aufmerksamkeit auf sein Versteck zu lenken. Wie alt meine Kusine war, als sie starb, und in welchem Jahr sie sich das Leben nahm, weiß ich nicht mehr genau."

Bei diesen Berichten fällt ebenfalls auf, daß die Phantome der Verstorbenen noch gefühlsmäßig an ihre irdische Umgebung gebunden sind. Der verstorbene Vater will seinen kleinen Sohn vor Unglück bewahren, und die Kusine, die sich das Leben nahm, will die Gründe für ihren Selbstmord offenlegen. Solange diese Vorhaben nicht erledigt sind, fühlen sie sich an ihre frühere irdische Umgebung gebunden. Bemerkenswert ist bei diesen Begebenheiten die starke Medialität des jungen Offiziers, die es ermöglichte, daß sich sein Vater ihm jahrelang mitteilen konnte und die verstorbene Kusine imstande war, in voll „materialisierter" Gestalt sogar ein Buch aus dem Regal zu nehmen. Der Offizier berichtet noch eine Reihe weiterer, ähnlicher Erlebnisse, die er in seinem Leben hatte. Eines davon will ich hier abschließend anführen. Es betrifft ein Kriegserlebnis, bei dem ein gefallener Soldat erscheint und eine Warnung gibt. Bei dieser Gelegenheit ist die Gestalt jedoch nur nebelhaft wahrnehmbar, und ihre Stimme wird nicht „normal" gehört, sondern nur paranormal innerlich wahrgenommen. Der Bericht lautet (69, H. 9, S. 7):

„Im Sommer 1915 war einer meiner Unteroffiziere in einem der Gefechte zur Deckung der zurückziehenden Truppen durch einen Bauchschuß schwer verwundet worden. Als er auf dem Sanitätsplatz verbunden wurde, hatte er offenbar selbst das Gefühl, daß er nicht durchkommen werde; denn er bat mich, falls er sterben sollte, alle seine Sachen zusammen mit seiner Leiche in die Heimat bringen zu lassen, er würde mir dafür sehr dankbar sein und auch seinerseits einmal einen Dienst leisten. Ich versprach ihm, seinen Wunsch zu erfüllen und glaubte, er rede im Fieber, als er von dem Dienst sprach, den er mir erweisen wollte, da er nur noch ein paar Stunden zu leben hatte. Als er verschieden war, erfüllte ich seinen Wunsch.

Es war ¾ Jahre später, etwa im Mai 1916, wir befanden uns in Ruhestellung schon seit gut 14-16 Tagen und hatten uns recht häuslich eingerichtet. Ich bewohnte ein kleines Bauernhaus in Wollhynien, das gerade am Ufer eines Teiches stand. Um die Zeit zu verkürzen ergab ich mich meiner Liebhaberei, dem Angelsport. Als ich eines Morgens um 9 Uhr mich zu diesem Zweck wieder an das Ufer des Teiches begab, sah ich plötzlich in einer Entfernung von ungefähr 5-6 Schritt in der Luft schwebend, etwa wie ein durchsichtiger farbloser Nebel, meinen gefallenen Unteroffizier daherkommen. Er erhob die Hand, als wolle er mir eine Warnung zukommen lassen. Dann vernahm ich innerlich die Mitteilung, daß ich am nächsten Tag nicht hinaus in Stellung gehen sollte, obwohl ich keinerlei Anhaltspunkte dafür hatte, daß wir aus der Ruhestellung herausgezogen werden würden. Die Erscheinung dauerte nur ganz kurze Zeit und verschwand ebenso plötzlich, wie sie gekommen war. Ich war sehr ergriffen von dem Ereignis und begab mich ins Haus zurück. Von dort ging ich zum Regimentsstab, wo ich den Regimentsadjutanten bei seiner täglichen Kanzleiarbeit antraf. Ich fragte ihn, ob irgendeine Möglichkeit bestünde, daß wir am nächsten Tag aus unserer Ruhestellung herausgezogen werden würden. Er sah mich erstaunt an und fragte, wie ich nur auf diesen Gedanken käme? Wir würden noch mindestens zwei Wochen hier bleiben. Ich unterhielt mich noch ein wenig mit ihm und begab mich dann auf den Heimweg, war aber kaum zu Hause angelangt, als ich einen Reiter hinter mir hörte, der sich mir rasch näherte. Als er mich eingeholt hatte, hielt er an und übergab mir eine Meldung, dann ritt er rasch weiter. Als ich den Meldezettel aufmachte, enthielt er den Befehl, daß wir am nächsten Morgen früh um 5 Uhr abmarschbereit zu sein hätten. Mein gefallener Unteroffizier hatte also tatsächlich besser Bescheid gewußt als wir selbst, und erst jetzt erinnerte ich mich, daß er mir noch im Sterben versprochen hatte, er wolle mir einen Dienst erweisen. Eingedenk seiner Warnung, meldete ich mich deshalb krank und blieb am nächsten Morgen im Regimentslazarett. Am selben Abend schon lief die Meldung ein, daß unser Regiment schwere Verluste erlitten hatte und mein Schwadron fast vollständig aufgerieben worden war – von 650 Reitern entkamen nur etwa 30. Ohne die Warnung meines gefallenen Unteroffiziers hätte ich also dort sicher den Tod gefunden."

Die Schilderungen des ukrainischen Offiziers sind deshalb so wesentlich, weil er genaue Angaben über die Beschaffenheit der Phantome macht, wie er sie jeweils empfunden hat. Bei vielen Erlebnissen anderer Beobachter wird das nicht so genau berichtet. Das ist auch bei den folgenden Begebenheiten so, bei denen eine verstorbene Ehefrau ihren zurückgelassenen Gatten viele Jahre lang (insgesamt neun Jahre) auf seinem irdischen Lebensweg begleitet, ihm immer wieder durch ihre normale Gestalt sichtbar und spürbar wird und in Visionen und Träumen erscheint. Sie gibt ihm dabei Trost und erteilt ihm Ratschläge und Vorhersagen. Es handelt sich um den evangelischen Pfarrer

Johann Friedrich Oberlin und seine Ehefrau (38; 75; 87). Ersterer wurde am 31. Aug. 1740 in Straßburg geboren[39]). Er studierte Theologie und wurde im April 1767 Pfarrer in Waldbach (oder Waldersbach) im Steintal in den Vogesen.

Es war ein hochgelegenes Tal am Ostabhang des Gebirges, karg und unwirtlich mit sehr armer Bevölkerung. Durch den 30-jährigen Krieg und die Kriege Ludwigs XIV. wurde die Gegend stark verwüstet und entvölkert. Äußerst tatkräftig förderte daher Pfarrer Oberlin die Besserung der Lebensverhältnisse für die Menschen im Steintal. Er führte den Anbau von Gemüse, Getreide, Steinobst- und Nußbäumen ein, ließ Straßen bauen und gestaltete das Schulwesen neu. Er errichtete Kleinkinderschulen, die nach seinem Vorbild auch Verbreitung im übrigen Frankreich und in England fanden und kümmerte sich um die Erwachsenenbildung, damit die Menschen lernten, Briefe zu schreiben oder Quittungen auszustellen.

Nicht zuletzt bereicherte Oberlin das kirchliche Leben in den Dörfern seiner Gemeinde. Wegen seiner Werke der Fürsorge und Nächstenliebe wurde Oberlin der Vater des Steintales genannt und erhielt gegen Ende seines Lebens vom französischen Staat den Orden der Ehrenlegion.

Am 6. Juli 1768 heiratete Oberlin seine Kusine Salome Witter, die ihm in den folgenden Jahren eine treue Helferin war und ihm neun Kinder gebar, das letzte zehn Wochen vor ihrem unerwarteten Tod am 18. Januar 1784. Ihr Mann war über ihr Hinscheiden völlig verzweifelt. Aber schon in der folgenden Nacht erschien sie ihm im Traum, und acht Tage später zeigte sie sich ihm in der Nacht erstmals leibhaftig, wobei sie sich neben ihn legte (75, S. 137). Zuerst erkannte Oberlin die Gestalt nicht, doch er berichtet: „Aber ihre Umarmungen, ihre Küsse, ihre Tränen auf meinen Wangen ließen mich bald fühlen, wer sie war und ließen einen kostbaren Balsam in meine Seele fließen." Seine Frau sagte ihm vor ihrem Verschwinden: „Ich werde erstaunend viel um dich sein." Das tat sie dann auch neun Jahre lang. Sie erschien Oberlin in deutlichen und gut erinnerbaren Träumen, in Visionen (also bei paranormaler Wahrnehmung) und auch leibhaftig. Dabei unterhielt sie sich mit ihm und gab ihm ihre Tröstungen und Ratschläge. Der Zeitpunkt war meist kurz vor oder nach Sonnenaufgang. Aber

---

[39]) Er starb am 1.6.1826 in Waldbach

nicht nur ihrem Mann erschien Frau Oberlin, sondern auch einigen anderen Steintalern.

Pfarrer Oberlin führte über diese Erlebnisse Tagebuch und legte sie in mehreren Heften nieder mit den Titeln wie „Neuigkeiten von einigen Verstorbenen" oder „Mémoire der Erscheinungen, die zu unserer Kenntnis gekommen sind und die sich in unserer Pfarrei ereignet haben, entweder als Erscheinungen am hellen Tag, durch Visionen oder in Träumen während der Nacht vom Jahre 1770 bis zum Jahre 1811 durch Personen beider Geschlechter in allen Dörfern der Pfarrei" oder „Gesichte meiner lieben Frau im Traum". In diesen Heften schildert er nicht nur seinen eigenen „Fall", sondern auch Erlebnisse ähnlicher Art von anderen, soweit er sie in Erfahrung bringen konnte. Davon soll zusammenfassend an dieser Stelle nur berichtet werden, was Oberlin seinem Amtsbruder, dem Pfarrer Dr. C. G. Barth aus Möttlingen (bei Calw im Schwarzwald), anläßlich eines Besuches im Steintal erzählt hat. Barth schildert (87, S. 90):

„Ich berichte mit Oberlins eigenen Worten, was er mir darüber mitteilte und überlasse die Erklärung den christlichen Psychologen. Gleich am ersten Abend meines Besuches erzählte Oberlin mir unaufgefordert, wie er zum Glauben an eine Verbindung mit der Geisterwelt gekommen sei, der ihm vorher ganz fremd gewesen. 'Ich hatte', sagte er, 'bis auf den heutigen Tag in meiner Gemeinde mehrere Familien, welche das Vermögen, Geister zu sehen und mit ihnen im Umgang zu stehen, gleichsam erblich besitzen. Als ich hierherkam, wurde mir eine Nachricht um die andere von Erscheinungen und dergleichen hinterbracht. Ich ärgerte mich darüber, weil ich nicht daran glaubte, und predigte dagegen. Allein die Leute lachten mich aus. Wir müssen doch besser wissen, was wir gesehen und gehört haben! war ihr Urteil. Darauf wurde ich nachdenklich und konnte endlich nicht umhin, die Berichte redlicher und bewährter Leute zu glauben. Was geschah? Meine Frau hatte, wie ich später von ihr in der unsichtbaren Welt erfuhr, eine Erscheinung von ihrer verstorbenen Schwester, der Gattin meines Bruders, des Professors Oberlin in Straßburg. Diese sagte ihr, daß sie bald sterben werde und welche Vorbereitungen sie treffen solle. Meine Frau glaubte und folgte. Sie machte ihren Kindern doppelte Kleider, richtete die Speisen für die Leichenmahlzeit zu, nahm abends, ohne von ihrer Erwartung etwas zu entdecken, gerührt Abschied von mir und meinen Kindern und starb am anderen Morgen. Gleich in der folgenden Nacht erschien sie mir im Traum und sagte:

'Ich werde staunend viel um dich sein!' Von da an sah ich sie neun Jahre lang fast alle Tage, träumend und wachend, teils hier bei mir, teils drüben in ihrem jenseitigen Aufenthaltsort, wo ich merkwürdige Dinge, auch politische Veränderungen, lang ehe sie sich ereigneten, von ihr erfuhr. Sie erschien aber nicht nur mir, sondern auch meinen Hausgenossen und vielen Personen im Steintal, warnte sie oft vor Unglück, sagte voraus, was kommen werde, und gab Aufschluß über die Dinge jenseits des Grabes. Nach neun Jahren (1792) geschah es, daß ein Bauer von meinem Filialort Belmont, ein Mann, der samt seiner ganzen Familie oft Erscheinungen hatte, in der unsichtbaren Welt war. Dem erklärte mein verstorbener Sohn, seine Mutter sei jetzt in eine höhere Wohnung der Seligen emporgestiegen und könne fortan nicht mehr auf der Erde erscheinen. Von da an sah ich meine Frau nicht mehr.' "

Die Fürsorge um ihren Mann, ihre zurückgelassenen Kinder und andere Gemeindemitglieder im Steintal veranlaßte Frau Oberlin, sich so viele Jahre nach ihrem Tode noch sichtbar zu machen und in das irdische Geschehen einzugreifen. In anderen Fällen dagegen ist es ein grausiges Geschehen, ein Verbrechen z. B., das einen Verstorbenen noch an die Erde bindet und ihm den Antrieb und die Kraft zur persönlichen Erscheinung gibt. Bei der nachfolgenden Begebenheit, die sich auf einen Mord bezieht, ist zwar nicht ersichtlich, ob der Verstorbene nun im Traum, visionär oder leibhaftig einem lebenden Menschen erschien. Auf jeden Fall machte er sich durch einen „visuellen Eindruck" bemerkbar, und er zeigte sich für die Erfüllung seines Wunsches später sogar dankbar. Der Bericht lautet (64, S. 70):

„Louis Philippe de Ségur erzählt in seiner Galerie morale et politique folgende gegen Ende des 17. Jahrhunderts vorgekommene Geschichte. Ein Parlamentspräsident von Toulouse, von Paris heimkehrend, war durch einen Zufall gezwungen, in einer Dorfschänke zu übernachten. Nachts erschien ihm das blasse und blutende Phantom eines Geistes und sprach: 'Ich bin der Vater des jetzigen Eigentümers dieses Hauses; mein Sohn hat mich ermordet, meinen Leib zerstückt und im Garten verscharrt. Entdecke dieses Verbrechen, bezeichne den Schuldigen und räche mich!' – Am Morgen begann der Präsident ganz unverfänglich mit dem jungen Wirt über dessen Vater zu sprechen und fragte, an welcher Krankheit derselbe gestorben sei und bemerkte die große Unruhe desselben. Er verbarg aber seine Wahrnehmung, entfernte sich aus dem Hause und nahm die Ortsbehörde zu Hilfe. Man fand im Garten den Leichnam, und der gestehende Mörder verlor sein Leben auf dem Blutgerüst. Einige Zeit hierauf sah der Präsident nachts wieder jene Greisengestalt, die ihn fragte, wie sie ihm danken könne? 'Laß mich die Stunde meines Todes wissen, damit ich mich würdig vorbereiten kann', erwiderte der Präsident. 'Ich will sie dir acht Tage vorher mitteilen', war die Antwort des Phantoms.

Nach einigen Jahren ward in Toulouse nachts heftig an die Haustüre des Präsidenten geklopft; der Portier öffnet, sieht aber niemanden; ebensowenig ein Diener, nachdem das Klopfen aufs neue begonnen. Beim dritten Klopfen eilen die erschrockenen Diener zum Herrn, der herabsteigt, die Tür öffnet und jene Geistergestalt vor sich sieht, die ihm sagt: 'Ich erfülle mein Versprechen; deine Stunde ist da, du wirst in 8 Tagen sterben'. Die Freunde, denen er die Wahrnehmung erzählt, suchen ihm vergeblich die chimärischen Visionen, wie sie sie nennen, auszureden, aber als der 8. Tag da ist und er sich ganz wohl befindet, zweifelt er doch selbst daran. Abends, mit seiner Familie beim fröhlichen Mahle sitzend, will er in seine Bibliothek hinaufgehen, um ein Buch zu holen, von dem man gesprochen, da fällt auf dem Corridor ein Schuß, und als man hinauseilt, findet man den Präsidenten in seinem Blute schwimmend auf dem Boden liegen; der Mörder war entflohen, ließ aber einen Mantel und eine Pistole zurück, die, weil sie als Eigentum eines Parlamentsrates erkannt wurden, zu einer diesen höchst gefährdenden Untersuchung führten. Der Mörder wurde indes in der Person des Friseurs jenes Parlamentsrates entdeckt, der, sterblich verliebt in ein Kammermädchen im Hause des Präsidenten und diese für untreu haltend, in Abwesenheit des Parlamentsrates dessen Mantel und Pistolen zur Ausführung seiner Rache genommen hatte. Im Corridor verborgen und die Schritte eines Mannes hörend, den er für seinen Nebenbuhler hielt, erschoß er den Präsidenten und büßte auf dem Schafott."

Nicht nur Verstorbene können sich lebenden Menschen auf dieser Erde gelegentlich sichtbar zeigen, sondern auch Sterbende vermögen manchmal kurz vor ihrem Tod einzelne Verwandte auf ihren bedrängten Zustand aufmerksam zu machen. Aus den zahlreichen in der parapsychologischen Literatur berichteten Fällen dieser Art soll ein besonders eindrucksvoller hier wiedergegeben werden. Der Sterbende, ein russischer Arzt, hatte sich einige Monate zuvor mit seiner Schwägerin, der er kurz vor seinem Tode erschien, gestritten. Es hat den Anschein, daß er sich mit ihr auf eine etwas seltsame und durch seinen

Charakter bedingte Weise vor seinem Abscheiden noch aussöhnen wollte. Die Schwägerin, eine Frau Sophie Aksákow, Gattin des russischen Staatsrates Alexander Aksákow[40]), berichtet den Vorgang folgendermaßen (65):

„Zur Zeit des Erlebnisses 1856 war ich 19 Jahre alt, ohne einen Begriff von Spiritualismus, dessen Name selbst ich nie gehört. Streng erzogen in der orthodoxen griechisch-katholischen Religion, blieb ich jedem Aberglauben fern, war nie zum Mystizismus oder zur Schwärmerei geneigt und immer frohen und heitern Mutes. Wir lebten im Mai 1855 in der Kreisstadt Romanoff- Borissogliebsk, Gouvernement Jaroslaw. Meine Schwägerin, damals Frau des Arztes Herrn A. F. Sengireéf, gegenwärtig Witwe nach zweiter Ehe mit dem Oberst Tichonof, wohnhaft in Moskau, befand sich damals in der Kreisstadt Rannenburg, Gouvernement Rjäsan, wo ihr Mann in Diensten der Krone stand; es trennte uns also eine Entfernung von etwa hundert Meilen. Infolge des Austretens der Flüsse im Frühling war jede Korrespondenz sehr erschwert, und wir bekamen deshalb lange Zeit keine Nachrichten von meiner Schwägerin, was uns keineswegs beunruhigte, da wir es der erwähnten Ursache zuschrieben.

Abends am 12. Mai sagte ich wie gewöhnlich mein Gebet, verabschiedete mich von meinem damals sechs Monate alten Töchterchen, dessen Wiege in meinem Zimmer etwa fünf Ellen entfernt von mir stand, so daß ich, in meinem Bette liegend, sie gut sehen konnte, legte mich nieder und begann in einem Buche zu lesen. Als ich während des Lesens die große Wanduhr im Saale Zwölf schlagen hörte, legte ich mein Buch auf den nebenstehenden Nachttisch und erhob mich etwas, auf den linken Ellenbogen gestützt, um das Licht zu löschen. In diesem Moment hörte ich deutlich die Vorzimmertüre nach dem Saale aufgehen und jemand mit männlichen Schritten in diesen hereintreten und bedauerte nur, das Licht eben ausgelöscht zu haben, da nach meiner Überzeugung der Hereintretende niemand anders sein konnte, als meines Mannes Kammerdiener Nicolas, der wahrscheinlich kam, um zu melden, daß von einem Patienten nach meinem Manne, damals Kreisarzt, geschickt worden sei, wie sehr oft geschah. Mich wunderte nur das eine, daß der Kammerdiener und nicht mein Kammermädchen kam, dem in solchen Fällen die Anmeldung aufgetragen war.

[40]) Alexander Aksákow (1832-1903) war von Beruf Arzt und Verfasser zahlreicher parapsychologischer Bücher und Aufsätze

Mich auf den linken Arm stützend, horchte ich der Annäherung der Schritte, und als sie bereits im Gastzimmer hörbar wurden, welches dicht an mein Zimmer stieß und dessen Türen nachts stets offen standen, rief ich: 'Nicolas, was wollen Sie?' Es erfolgte keine Antwort; die Schritte näherten sich immer mehr und kamen endlich in meine unmittelbare Nähe, dicht hinter den an meinem Bette stehenden Schirm; dann erst, in einer unerklärlichen Konfusion, warf ich mich auf mein Kissen zurück. −

Vor meinen Augen, in der Vorderecke des Zimmers, stand ein Heiligenschrein, vor welchem stets eine Nachtlampe brannte, deren Licht der Amme beim Stillen und Wickeln meines Kindes ganz genügte; die Amme schlief nämlich auch in meinem Zimmer hinter dem Schirm, gegen welchen ich mit dem Kopfe lag. Bei diesem Lampenlicht konnte ich nun deutlich erkennen, daß der Hereingetretene, der sich zu meiner Linken an mein Bett gestellt hatte, mein Schwager Sengireéf war, nur in einem mir ganz unbekannten Anzuge, in langem, schwarzem, mönchsartigem Gewande und mit langen, schwarzen, bis zu den Schultern herabhängenden Haaren, mit einem großen runden Barte, wie er ihn nie getragen, seit ich ihn kannte. Ich wollte schnell die Augen schließen, konnte dies aber nicht mehr und fühlte meinen Körper völlig erstarren und nicht mehr der geringsten Bewegung fähig, sogar die Stimme fehlte, um nach Hilfe zu rufen; nur Gehör, Gesicht und die Fähigkeit, alles um mich Geschehende zu verstehen, blieben so vollkommen in meiner Macht, daß ich am folgenden Tage ganz pünktlich angeben konnte, zu welchen Stunden die Amme aufstand, um das Kind zu stillen, zu welchen sie es dabei auch wickelte, etc.

Dieser mein Zustand dauerte nun von 12 bis 3 Uhr morgens des 13. Mai, und in dieser Zeit geschah folgendes: Der Hereingekommene trat dicht an mein Bett, stellte sich zu meiner Linken und, mir sein Gesicht zuwendend, legte er seine linke, ganz todkalte Hand auf meinen Mund und sagte laut: 'Küsse meine Hand!' Physisch außerstande, mich durch eine Bewegung zu befreien, widerstand ich in Gedanken mit ganzer Willenskraft dem gegebenen Befehl. Wie meine Absicht erratend, drückte er seine Hand stärker auf die Lippen und wiederholte lauter und gebieterischer: 'Küsse diese Hand!' Ich aber widerstand in Gedanken mit noch größerer Energie seinem Befehl. Dann wiederholte er zum drittenmal mit noch größerem Nachdruck die gleiche Bewegung und die gleichen Worte, und ich glaubte ersticken zu müssen unter der Schwere und Kälte der sich auf meinen Mund pressenden Hand, nachgeben aber konnte und wollte ich dennoch nicht. –

In diesem Augenblick stand die Amme zum erstenmal auf, und ich hoffte, sie würde sich mir aus irgendeinem Grunde nähern und das, was mit mir vorging, sehen; – meine Erwartung erfüllte sich jedoch nicht; sie schaukelte nur langsam die Kleine, ohne sie aus dem Bettchen zu nehmen, kehrte dann gleich auf ihren Platz zurück und schlief sofort wieder ein. Für mich daher keine Hilfe sehend und fest glaubend, ohne zu wissen warum, daß ich sterbe und daß, was mit mir geschehe, nichts anderes als der unverzügliche Tod sei, faßte ich den Gedanken, ein Vaterunser zu beten. Kaum hatte dieser Gedanke sich meiner bemächtigt, als der neben mir Stehende plötzlich seine Hand von meinen Lippen nahm und ganz laut sagte: 'Also willst du nicht meine Hand küssen? Nun denn, hier ist, was dir bevorsteht!' Diese Worte sprechend, legte er mit seiner Rechten auf meinen Nachttisch ganz dicht neben mich eine Pergamentrolle von der Länge eines gewöhnlichen Bogens Schreibpapier, und als er die Hand von ihr wegzog, vernahm ich ganz deutlich das Rauschen eines sich entrollenden dicken Pergamentblattes und sah sogar zur Seite mit dem linken Auge einen Teil der Rolle, welche in diesem halbaufgewickelten Zustande auch liegenblieb. Dann drehte sich der neben mir Stehende weg, machte einige Schritte vorwärts, stellte sich vor den Heiligenschrein, wobei er mit seiner Figur das Lampenlicht vor demselben für mich verdeckte und fing an, laut und deutlich die Worte des von mir beabsichtigten Gebetes vom Anfang bis zum Ende herzusagen, von Zeit zu Zeit eine langsame Verbeugung machend; bei jeder dieser Verbeugungen wurde mir das Licht sichtbar und wieder verdeckt, wenn er sich aufrichtete.

Nachdem er das erwähnte Gebet mit einer Verbeugung beendigt und sich wieder aufgerichtet hatte, stand er regungslos, wie auf etwas wartend; mein Zustand aber hatte sich in nichts verändert, und als ich zum zweitenmal in Gedanken wünschte, das Gebet zu der heiligen Mutter Gottes zu sprechen, da fing er wieder an, ebenso laut und deutlich auch dieses zu sagen, und so auch noch ein drittes, von mir in Gedanken gewünschtes Gebet. Zwischen den beiden letzten Gebeten gab es eine Pause, wo das Hersagen aufhörte und die so lange währte, als die wieder aufgestandene Amme das Kind stillte, wickelte und wieder einschläferte. Während des Hersagens hörte ich deutlich jeden Schlag der Uhr, was jenes nicht störte und – wie schon bemerkt –, jede

Bewegung der Amme und des Kindes, das ich leidenschaftlich in meine Nähe wünschte, um von ihm Abschied zu nehmen und es zu segnen vor dem von mir erwarteten Tode. Es kam kein anderer Wunsch in meinen Sinn. Doch auch dieser sollte nicht erfüllt werden.

Die Uhr schlug Drei. Da erinnerte ich mich plötzlich, daß noch keine sechs Wochen seit dem heil. Osterfeste verflossen seien und daß noch in allen Kirchen nach unserem Ritus der Ostervers 'Christ ist erstanden' gesungen wird und fühlte auch ein heißes Verlangen, diesen zu hören! Wie als Antwort darauf ertönten auf einmal aus weiter Ferne die göttlichen Klänge des heil. Liedes, ausgeführt von einem zahlreichen Chor in unermeßlicher Höhe. Die Laute kamen immer näher und näher, wurden immer voller und heller, und ich vernahm eine nie gehörte überirdische Harmonie, so daß mir der Atem vor Entzücken stockte, die Furcht vor dem Tode wich und ich glücklich wurde in der Hoffnung, daß diese Laute mich ganz in sich schlingen und in den unendlichen Raum fortführen würden. Im Chorgesang hörte und unterschied ich deutlich die Worte des heil. Liedes, die auch von dem vor mir Stehenden nachgesprochen wurden.

– Plötzlich wurde das ganze Zimmer von einem mir bis dahin ganz unbekannten strahlenden Lichte übergossen, welches so stark war, daß ich geblendet nichts mehr unterscheiden konnte, weder die Flamme der Nachtlampe noch die Zimmerwände, selbst nicht die Erscheinung. Dieses Licht brannte einige Sekunden, und während dieser erreichten die Laute die höchste, betäubendste, unbegreiflichste Kraft! Hierauf wurde die Helle weniger blendend, und ich vermochte wieder die vor mir stehende Figur zu unterscheiden, aber nicht mehr nach ihrer ganzen Ausdehnung, sondern nur vom Kopfe bis zum Gürtel, – und noch wunderbarer war, daß die Umrisse der vor mir stehenden Gestalt immer weniger deutlich wurden, sie sich gleichsam im Lichte auflöste, nach dem Maße, wie dieses selbst nach und nach dunkler wurde und zuletzt ganz verlosch; die neben mir liegende Pergamentrolle verschwand in gleicher Weise wie die Gestalt. Mit der Verminderung des Lichtes entfernten sich auch die Töne, ebenso langsam und allmählich, wie sie sich genähert hatten. Ich fühlte, daß mein Bewußtsein schwand und ich einer Ohnmacht nahe war, welche auch kurz darauf eintrat und von den stärksten Krämpfen und Konvulsionen des ganzen Körpers begleitet war. Dieser Anfall erweckte alle in der Wohnung Anwesenden und dauerte ungeachtet aller Hilfe und gebrauchten Mittel bis neun Uhr morgens, wo es endlich gelungen war, die

Krämpfe zu beheben und mich zur Besinnung zu bringen. Die drei folgenden Tage lag ich regungslos vor Schwäche und Erschöpfung infolge eines sehr starken Blutspeiens während des Anfalls.

Den Tag nach dieser schrecklichen Begebenheit bekamen wir Nachricht von der Erkrankung meines Schwagers Sengireéf und etwa zwei Wochen später von seinem Tode, welcher in jener Nacht vom 12.-13. Mai um 5 Uhr morgens eingetreten war. Es ist noch folgendes zu bemerken. Als meine Schwägerin, wenige Wochen nach dem Todes ihres Mannes, zu uns nach Romanoff-Borissogliebsk mit ihrer ganzen Familie übersiedelte, erwähnte sie einmal in meiner Gegenwart im Gespräch mit einer fremden Dame ganz zufällig, daß ihr verstorbener Mann mit langem, bis zu den Schultern herabhängendem Haare und mit einem großen, merkwürdigerweise während seiner Krankheit gewachsenen Barte beerdigt worden sei. Dann sprach sie weiter von einem sonderbaren Einfalle der mit der Beerdigung (für welche der schwergeprüften Frau die Kräfte fehlten) beschäftigten Personen, dem Verstorbenen zur Einkleidung für das Grab einen langen, aus schwarzem Tuche eigens hierfür verfertigten Talar zu geben, da sie nichts Passenderes finden konnten!"

M. Perty,[41]) der den vorstehenden Bericht veröffentlicht hat, fügt noch folgende ihm von Frau Aksákow berichtete Einzelheiten hinzu (65, S. 127)

„Der Charakter des seligen Sengireéf war ein höchst seltsamer; sehr in sich verschlossen, wenig und ungern mitteilend, gewöhnlich melancholisch und verdrießlich, zeitweise, aber nur selten, ausgelassen, lustig und froh. Er konnte in seinem melancholischen Zustande 2, 3 ja selbst 8 und 10 Stunden auf einer Stelle sitzen, ohne sich zu bewegen oder auch nur ein einziges Wort zu sprechen, sagte dann die gewöhnlichen Mahlzeiten ab und nahm nichts zu sich, bis endlich ein solcher Zustand durch ein zufälliges Ereignis oder von selbst endigte. Die Anschauung seines nicht besonders aufgeweckten Geistes war rein materialistisch, wohl infolge seiner Profession als Arzt, sein Leben hingegen sehr geregelt. Er glaubte durchaus nicht an Übersinnliches, auch nicht an Geister, Gespenster und dergleichen. Das Verhältnis von Madame A. zu ihm war aus dem Grunde ein ziemlich gespanntes, weil sie beständig die Partie eines seiner Kinder nahm, welches er von

---

[41]) Prof. Dr. Maximilian Perty, 1804-1884, Zoologe und Anatom in Bern, Verfasser zahlreicher parapsychologischer Bücher

Geburt an, ohne irgendeinen trifftigen Grund, stets den übrigen sehr nachsetzte. Da Madame A. das arme kleine Wesen liebgewonnen hatte und es bei jeder Gelegenheit verteidigte, so ärgerte ihn dieses gewaltig, und er zürnte ihr dafür. Als er, etwa ein halbes Jahr vor seinem Tode, zum letztenmal mit seiner Familie die Frau A. in Romanoff besuchte, gerieten Madame und er über das erwähnte Verhältnis tüchtig zusammen, und sie schieden bei seiner Abreise mit bedeutender Kälte voneinander. Ich glaube, daß die hier angeführten Umstände zum Verständnis des ganzen Falles von wesentlichem Belang sind."

Über die Einzelheiten des Erlebnisses, seine Deutung und das Motiv des Sterbenden gibt Staatsrat Aksákow folgende Erklärungen (65, S. 170)

Als ich jüngst gelegentlich den Artikel des Herrn Prof. Perty mit meiner Frau wieder durchlas und wir uns von neuem bei den Schwierigkeiten der Pergamentserklärung aufhielten, kam mir plötzlich die einfache und vernünftige Lösung dieses Details in den Sinn. Eine Sache ist unbestreitbar, daß Sengireéf sich in **dem** Gewande darstellte, welches man ihm angetan hatte, als er in den Sarg gelegt wurde; nun ist es Gebrauch bei uns (in Rußland), daß man vor dem Zunageln des Sargdeckels in die rechte Hand des Verstorbenen eine Sündenvergebungskarte, das heißt, einen zusammengerollten bedruckten Papierbogen legt. Es wird jetzt klar sein, daß das so geheimnissvoll scheinende Pergament nichts anderes ist, als die zusammengerollte Sündenvergebungskarte, welche in die rechte Hand Sengireéfs gelegt wurde, als unentbehrliche Ergänzung seiner Leichenausstattung. Meine Frau war über die Einfachheit dieser Auflösung ganz erstaunt. Dieselbe war ihr niemals in den Sinn gekommen.

Die Erscheinung des Sengireéf im Momente seines Todes erklärt sich durch das Verlangen nach einer Aussöhnung – ein schon viele Male für diese Art Erscheinungen und andere Kundgebungen von jenseits des Grabes konstatiertes Motiv. Aber sein hartnäckiger Charakter und seine Eigenliebe gestatten ihm nicht, in einer weniger hochmütigen Weise zu handeln, als seine eigene Hand zum Kusse dazubieten – als den Friedenskuß zu fordern, den er selbst zu erbitten hatte. Als er sah, daß dieses ihm nicht gelang, verriet er seinen Ärger dadurch, daß er die Rolle auf den Tisch warf und als Drohung die Worte hinzufügte: 'Nun denn, hier ist, was dir bevorsteht!' Womit er einfach sagen wollte: 'Hier ist, was dich erwartet – dieselbe Rolle – der Tod!' Eine ganz menschliche Handlungsweise und wohl verträglich mit dem Charakter des Subjekts. Als er darauf sah, daß er, anstatt eine Wiederversöhnung mit der betreffenden Person zu erzielen, dieselbe nur in Schreck versetzte, und daß sie in ihrer Angst ein Gebet sprach, so ist es sehr natürlich, daß er ihrem geistigen Einfluß allmählich nachgab (vergessen wir nicht, daß das ganze Ereignis drei Stunden lang dauerte) und durch eine sehr begreifliche psychologische Reaktion zum Bewußtsein der Unrichtigkeit seiner Handlungsweise gelangte. Um dann zu beweisen, daß seine Absichten wirklich gut waren, wandte er sich zu den Heiligenbildern und begann die Gebete mitzusprechen, welche meine Frau in Gedanken hatte und vorgesprochen zu hören wünschte."

Abschließend ist zu dem Bericht der Frau Aksákow zu bemerken, daß neben möglicherweise normaler Sinneswahrnehmung durch Auge und Ohr wahrscheinlich auch paranormale Sinneswahrnehmung hinzugekommen ist. In dieser Weise ist jedenfalls das „Hören" des Chores und das „Sehen" des strahlenden Lichtes zu deuten.

Es war schon mehrfach von sog. „hellsichtigen" Personen die Rede, die unter gewissen Umständen verstorbene Menschen „sehen" und auch „verstehen" können, obwohl sie normalen Menschen nicht wahrnehmbar sind. Die Krankenschwester Joé Snell besaß diese paranormale Wahrnehmungsgabe, und ebenso besitzt sie die später ausführlich besprochene Mrs. Rosemary Brown. In gleicher Weise hatte sie ein Engländer namens Richard Boursnell (1832-1909). Dieser Mann war zugleich ein sog. Photomedium. Er konnte nämlich die „Gestalten", die er „sah" und die oftmals in Begleitung von seinen Klienten zu ihm gekommen waren, mit einer normalen Photokamera auf der eingelegten Photoplatte „ablichten". Man nennt die so entstehenden Bilder „Extras", weil auf ihnen Wesenheiten abgebildet sind, die für das normale Auge nicht sichtbar waren. Diese Bilder sind häufig vollkommen klar und deutlich, so daß die abgebildeten Gestalten gut erkannt werden können, zumeist als verstorbene Menschen. In einem späteren Band soll dieses Gebiet eingehender behandelt werden.

Den oben erwähnten Richard Boursnell suchte 1902 der britische Journalist William T. Stead (1849-1912) auf. Er beschäftigte sich seit geraumer Zeit mit parapsychologischen Problemen und hatte mehrere Bücher darüber geschrieben. Daher interessierte er sich auch für die Arbeitsweise von Mr. Boursnell. Als er ihm seinen Besuch machte

(60, S. 78; 63, S. 16), sah letzterer einen alten Buren im Gefolge von Mr. Stead. Nach dessen Aufforderung nahm der Photograph seinen Apparat hervor, aber zugleich bat Mr. Stead das hellhörende Medium zu versuchen, den alten Buren nach seinem Namen zu fragen. Dies glückte, und Mr. Boursnell sagte, der Geist gebe den Namen Piet Botha an. Mr. Stead wußte, daß es einen Philipp, einen Louis[42]) und einen Christ Botha gab, aber von einem Piet Botha hatte er nie reden gehört. Doch der Photograph wiederholte: „Er behauptet, daß es sein Name ist." Als die Platte entwickelt wurde, sah man hinter Mr. Stead eine hohe, kräftig gebaute Gestalt, die wie ein Bur oder ein russischer Bauer aussah (Bild 5). Als General Botha nach Kriegsschluß nach London kam, sandte Mr. Stead ihm die Photographie durch einen Mr. Fischer, der Premierminister im Oranjefreistaat gewesen war.

Am nächsten Tag kam ein anderer der Delegierten aus Südafrika ins Kontor von Mr. Stead, ein Mr. Wessels, und fragte, woher er das Bild hätte, das er Fischer gegeben hatte. Zugleich erklärte er, daß dieser Mann niemals in England gewesen sei − „und dieser Mann kannte Sie nicht, Mr. Stead." − Mr. Stead erzählte nun Mr. Wessels, wie er zu der Photographie gekommen wäre. Aber dieser wollte natürlich nicht an ein Wunder glauben. Mr. Stead fragte ihn dann, warum er sich für die Photographie interessiere. „Weil dieser Mann ein naher Verwandter von mir war. Ich habe sein Bild zu Hause an meiner Wand hängen", antwortete Mr. Wessels. „Wirklich? Ist er gestorben?" fragte Mr. Stead. „Er war der erste Burenoffizier, der bei der Belagerung von Kimberley[43]) fiel" „Wie hieß er?" − „Petrus Johannes Botha", antwortete Mr. Wessels, „ aber wir nannten ihn immer der Kürze wegen „Piet Botha".

Was läßt sich zu diesem Bericht sagen? Telepathie, d. h. unbewußte Gedankenübertragung von Mr. Stead auf Mr. Boursnell, scheidet aus. Weder sie beide noch sonst irgend jemand in England wußten zu jener Zeit von der Existenz eines „Piet" Botha. Der ganze Ablauf des Geschehens deutet aber darauf hin, daß ein verstorbener Mensch, der auch mit seinem jenseitigen Leib noch eine große Ähnlichkeit mit seinem irdischen Leib hatte, sich bemerkbar machen wollte. Aus welchem Grund er das tat, bleibt unbekannt. Man kann nur feststellen,

---

[42]) Louis und Christiaan Botha, zwei Brüder, beide Generäle der Buren im Burenkrieg 1899-1902
[43]) Kimberley, damals Zentrum der Diamantenindustrie, von den Buren erfolglos belagert vom 14. Okt. 1899 - 15. Febr. 1900

daß bei solchen Photomedien oder Psychischen Photographen ständig eine Vielzahl von unbekannten Wesenheiten versucht, sich abbilden zu lassen. In manchen Fällen können sie identifiziert werden, z. B. von anwesenden Verwandten. In anderen Fällen bleiben sie aber unbekannt. Solche Photomedien, wie auch alle übrigen Medien, sind für Jenseitige so etwas wie Anlaufstellen für eine kurzzeitige Verbindung mit der Erde. Von ihr vermögen sich viele Verstorbene für kürzere oder längere Zeit noch nicht zu lösen.

Für jedermann sichtbare Erscheinungen von den „Körpern" verstorbener Menschen können in gewisser Weise auch absichtlich hervorgerufen werden.

Es wird dazu allerdings eine entsprechend veranlagte Versuchsperson, ein sog. Materialisationsmedium, benötigt. Berichte über Versuche dieser Art liegen in großer Anzahl vor, z. B. in dem Buch (5) von Aksákow in dem Kapitel „Die Identität der Persönlichkeit eines Verstorbenen, bestätigt durch die Erscheinung der irdischen Gestalt" und in Bd. II des Werkes (54) von Mattiesen in den Kapiteln über „Vollphantome der Experimentalsitzung".

Die beiden bedeutendsten bekannt gewordenen Materialisationsmedien waren Carlos Mirabelli (1889-1951) in Brasilien und Einer Nielsen (1894-1965) in Kopenhagen. Beide wurden (wie auch viele andere Medien dieser Art) wegen ihrer staunenswerten Eigenschaften während ihres Lebens erheblich angefeindet und der Täuschung verdächtigt. Dr. Gerloff hat in drei Büchern (34, 35, 36) eine Rechtfertigung dieser Medien vorgenommen und ihre Phänomene eingehend geschildert. Dabei hat er Einer Nielsen über einen längeren Zeitraum selbst eingehend beobachtet und untersucht.

Nielsen hat seine Tätigkeit als Trance-Medium[44]) mit 17 Jahren begonnen und genau 50 Jahre lang ausgeübt. Gesundheitsgründe veranlaßten ihn dann, diese Tätigkeit einzustellen. Am 1.9.1914 erfolgte bei ihm die erste Bildung oder (wie man immer sagt) Materialisation eines voll ausgebildeten „menschlichen" Körpers, eines sog. Vollphantoms. Nach Schätzungen (34, S. 109) sind bei Anwesenheit Nielsens in der Zeit von 1914 bis 1961 in etwa 1700 Materialisationssitzungen etwa 17 000 vollmaterialisierte (d. h. vollkommen ausgebildet im Sinne der

---

[44]) Trance, von lateinisch transire = hinübergehen, ein besonderer Zustand, in dem die Herrschaft des eigenen Willens über den Körper aufgehoben und oft auch das Bewußtsein ausgeschaltet sind. Man spricht im letzteren Fall von Voll-Trance

irdischen Materie) Gestalten erschienen, d. h. pro Sitzung im Durchschnitt 10 Phantome, mal mehr, mal weniger. Manche Gestalten kamen Hunderte von Malen, doch auch stets neue, je nach den anwesenden zuschauenden Teilnehmern dieser Erde. Die wechselnden Phantome, die auftraten, gaben sich ja meist als verstorbene Verwandte oder Freunde der anwesenden Personen aus und wurden von diesen als solche auch erkannt und anerkannt.

Die Phantome bauen sich aus organischer irdischer Materie auf, die teils sichtbar als sog. Teleplasma oder Ektoplasma dem Medium entströmt (Bild 6), teils aber auch unsichtbar dem Medium, das sich in Trance befindet und teilweise auch den anwesenden Zuschauern entnommen wird. Die organische Natur des Ektoplasmas ergibt sich aus Laboruntersuchungen, die in bezug auf ein polnisches Materialisationsmedium der Münchener Nervenarzt Dr. v. Schrenck- Notzing (80, S. 528) veröffentlicht hat.

Das Ektoplasma ist manchmal imstande, sich vom Medium zu lösen, selbständige Bewegungen auszuführen und zu einer Vorform eines Phantoms aufzubauen (Bild 7). Schließlich kann daraus eine vollständige, menschenähnliche Gestalt entstehen. Ihr Herzschlag (35, S. 65), Pulsschlag und Atmung (35, S. 82) sind schon geprüft worden. Es sind also Wesen mit einem Körper auf Zeit, etwa für die Dauer von einigen Minuten bis maximal etwa einer Stunde. Die vollkommene Ausbildung eines Phantomgesichtes zeigt Bild 8.

Zum Verständnis für den Ablauf einer Materialisationssitzung folge der Bericht des Physikers Dr. Erich Petersen aus Flensburg. Er hat zusammen mit Dr. Gerloff Einer Nielsen über einen Zeitraum von vielen Jahren beobachtet und untersucht. Beide waren mir als ernsthafte Untersucher persönlich bekannt.

Petersen schreibt (67, S. 264):

„Ich möchte hier zunächst von der ersten Sitzung in Apenrade berichten. Der Sitzungsraum in einem Privathaus war etwa 4 x 4 m. Eine Ecke wurde kurz vor der Sitzung durch einen dünnen schwarzen Vorhang als 'Kabinett'[45]) abgetrennt. Darin stand nur ein bequemer Stuhl für das Medium. Die etwa 20 Teilnehmer saßen in 3 halbkreisförmigen

---

[45]) Kabinett = durch einen Vorhang abgetrennte Ecke des Zimmers, in der häufig der Stuhl des Mediums stand. Diese Maßnahme einer anfänglichen gewissen Abtrennung des Mediums von den Zuschauern erleichterte den Eintritt des Trance-Zustandes. Äußere und innere (geistige) Unruhe aller Anwesenden hemmen die paranormalen Vorgänge

Reihen vor dem Vorhang, die erste Reihe 1 bis 1½ m vom Vorhang entfernt. Alle Teilnehmer bildeten „Kette". Zu Beginn sprach das Medium, vor dem Kabinett stehend, ein Gebet und setzte sich dann auf den Stuhl im Kabinett, wo es bald in Trance verfiel. Die Phänomene stellten sich nicht sofort ein, sondern erst nach etwa 10 bis 15 Minuten. Währenddessen wurden mit gedämpfter Stimme passende Strophen von bekannten Kirchenliedern gesungen. Es ist ja bekannt, daß eine erwartungsfrohe, feierliche Atmosphäre, eine gewisse Andachtsstimmung meist Voraussetzung ist für das Zustandekommen von Phänomenen, wie wir sie hier erwarteten. Das ist gefühlsmäßig verständlich und wissenschaftlich interessant und lehrreich.

Ich saß in der ersten Reihe, etwas seitlich, und habe sehr scharf alles beobachten können. − Plötzlich sah ich, in der Luft schwebend, vor dem Vorhang, ein nebelartiges Gebilde mit unscharfer Begrenzung, weißlich, etwa 1 m hoch und ¾ m breit. Aber in Sekundenschnelle wurde daraus eine menschliche Gestalt in voller Größe, gehüllt in ein weites weißes Gewand griechischer Art, mit weiten Ärmeln. Auch der Kopf war bedeckt. Nur Gesicht und Hände waren frei. Diese Art der Bekleidung von materialisierten Gestalten ist ja allgemein, wenn auch durchaus Ausnahmen vorkommen. Auffallend ist die schneeweiße Farbe bei der schwachen Rot-Beleuchtung. Es ist durchaus so, als ob die Gewänder irgendwie selbstleuchtend wären.

Mit kurzen Unterbrechungen erschienen 15 - 16 Gestalten dieser Art, alle in derselben Weise bekleidet. Jede blieb etwa 2 - 4 Minuten, um dann wieder zu verschwinden. Entweder verschwammen ihre Konturen vor unseren Augen, bis die entstandene 'Masse' immer weniger sichtbar wurde und schließlich verschwand, oder die Gestalt sank in sich zusammen, um schnell als nebelartige Masse unter dem Vorhang ins Kabinett zu 'fließen'. Die Gestalten gingen fast alle einige Schritte hin und her, nannten ihren Namen und sprachen mit uns (dänisch) artikuliert und deutlich. Ihre Begrüßung war meist: 'Guds Fred' (Gottes Friede).

Nun einige Einzelheiten: Eine männliche Gestalt legte mir die Hand auf den Kopf, die sich genauso materiell anfühlte wie jede normale menschliche Hand; der Arm bewegte sich vor meinem Gesicht, und ich fühlte völlig deutlich die dadurch erzeugte Luftbewegung. Ich sah dann, in meiner unmittelbaren Nähe, den besonders schön geformten Arm durch den weiten dünnen Ärmel hindurchschimmern. − Eine große männliche Gestalt behauptete, in ihrem Erdenleben Peter Christensen geheißen zu haben und bei der Heilsarmee tätig gewesen zu sein. Einmal erschienen zwei Gestalten zu gleicher Zeit! Eine weibliche Gestalt machte uns darauf aufmerksam, daß sie vor ihrem völligen Verschwinden erst den unteren Teil ihres Körpers entmaterialisieren werde. Sie machte dann mit den Händen nach unten abstoßende Bewegungen, und wir sahen dann nur den Oberkörper frei in der Luft schweben, der darauf auch bald verschwand. Eine junge weibliche Gestalt erschien, wurde von den Angehörigen erkannt und sprach mit ihnen. Ganz besonders eindrucksvoll war das Erscheinen einer großen männlichen Gestalt, die mit tiefer, wohlklingender Stimme behauptete, der bekannte Propst M.L. zu sein. Er habe, sagte er, während seines Erdenlebens gegen den Spiritismus gearbeitet, jetzt käme er, um für ihn zu zeugen durch sein eigenes Erscheinen. – Eine männliche Gestalt kam ganz nahe an die in der ersten Reihe sitzende Frau C. heran und bat sie aufzustehen und mitzukommen. Darauf ging die Gestalt rückwärts, den Vorhang wegschiebend, ins Kabinett, die Dame unmittelbar hinterher. Beim schlafenden Medium angekommen, sagte die Gestalt: 'Berühre unser Werkzeug (Medium)!' Die Dame stellte nun fest, daß an ihrer einen Seite das Medium schlafend in seinem Stuhle saß, während die Gestalt sich an ihrer anderen Seite befand. Dann gingen beide zurück, und Frau C. bedankte sich. Da sagte die Gestalt: 'Du solltest das erleben, damit du den Menschen erzählen kannst, daß es wahr ist, daß wir uns zeigen können.' Ich habe unmittelbar nach der Sitzung Frau C. ausgefragt; sie erzählte mir noch, daß sie das 'sonnengebräunte' Gesicht der Gestalt, ja sogar die Augen und die Pupillen in den Augen deutlich habe sehen können."

Soweit der Bericht von Dr. Petersen über Einer Nielsen.

Die Phantome müssen nicht immer, wie schon der vorhergehende Bericht zeigte, vollständig ausgebildet sein. Es können z. B. ständig oder zeitweise die Füße oder der ganze Unterkörper fehlen. Die Phantome schweben dann. Im Stadium der Bildung oder der Wiederauflösung können sie auch noch nicht „vollmaterialisiert" sein. Die äußere Form ist dann schon vorhanden, aber sie ist noch durchsichtig. Die Photoaufnahme eines solchen Zustandes ist in Bild 9 wiedergegeben. Es handelt sich um eine kräftige männliche Gestalt, die sich 1950 bei Einer Nielsen materialisierte (35, S. 69). Dieses Phantom schwebt zwischen der ersten und zweiten Sitzreihe der Zuschauer, die dem Photographen den Rücken zukehren. Rechts und links vom Phantom sieht man die weißen Kragen von Zuschauerinnen der ersten Sitzreihe. Das

Medium Einer Nielsen ist in Trance (daher mit geschlossenen Augen und ohne Bewußtsein) von seinem Stuhl aufgestanden und befindet sich vor dem Vorhang des Kabinetts und hinter dem Phantom. Bei diesem Bild ist zweierlei wichtig:

1. Phantom und Medium sind gleichzeitig auf derselben Photoaufnahme sichtbar. Das Phantom ist also nicht etwa das verkleidete Medium.

2. Das Phantom ist in seiner linken Körperhälfte noch durchsichtig. Das hinter ihm stehende Medium scheint nämlich mit seinem weißen Hemdärmel durch das Phantom hindurch.

Besondere Aufmerksamkeit widerfuhr bei Einer Nielsen einem Phantom, das behauptete, die am 29.8.1935 bei einem Autounfall ums Leben gekommene Königin Astrid von Belgien zu sein (34, S. 103). Sie war eine Prinzessin aus dem schwedischen Königshaus und Frau König Leopolds von Belgien. Erstmals materialisierte sie sich in Kopenhagen am 31.5.1938. Danach erschien sie wiederholt zu lebhafter Unterhaltung mit den ihr bekannten Teilnehmern, dabei in gewisser Sorge für ihre lebenden Angehörigen. Sie übte sich zum Aushalten für eine photographische Blitzlichtaufnahme. Der starke Lichteinfall einer solchen Aufnahme bringt die Phantome in kürzester Zeit zur Auflösung und belastet dadurch Phantom und Medium. Eine Blitzlichtaufnahme fand daher immer am Ende einer Sitzung statt. Am 9. Juni 1939 machte der schwedische Geistliche Martin Liljeblad eine photographische Aufnahme des Phantoms der Königin Astrid (35, S. 67). Bild 10 zeigt diese Aufnahme und Bild 11 eine Vergrößerung des Kopfes neben Bildern aus Lebzeiten. Astrid erschien in Kopenhagen letztmals am 11.6.1939. Man hat aus verständlichen Gründen nicht versucht, König Leopold zu veranlassen, seine Frau in Kopenhagen zu identifizieren. Doch hat Pastor Liljeblad ihm davon in Brüssel erzählt, und Leopold hat nicht ablehnend reagiert.

Die Frage, die sich hier stellt, ist die: Sind die bei Materialisationssitzungen gebildeten Gestalten Geister aus einem Jenseits, also etwa die Astralleiber von Verstorbenen, die als Form wieder mit irdischer Materie aufgefüllt werden? Oder sind sie nur lebendig gewordene Träume des Mediums oder der Teilnehmer, die sie in wachem Zustand erleben? Die Phantome sprechen und handeln jedoch wie zu Lebzeiten und werden von ihren irdischen Bekannten vollständig erkannt.

Kritiker und Skeptiker haben derartige Berichte nie überzeugt, über-

zeugt in dem Sinne, daß hier etwa ein Beweis für die persönliche Fortexistenz nach dem irdischen Tode vorläge. Sie haben stets behauptet,
wenn sie diese Berichte überhaupt als wahr und nicht als erfunden an-
sahen, daß alles nur Schöpfungen des Mediums und der anwesenden
Teilnehmer oder anderer noch lebender Menschen gewesen wären,
daß insbesondere die zutage tretenden Informationen einfach dem
Unterbewußtsein der lebenden Menschen abgezapft seien und keineswegs etwas mit einem Fortleben nach dem Tode und einer jenseitigen
Welt zu tun hätten. Nun treten aber bei solchen Materialisationssitzungen, wie auch bei anderen medialen Kundgaben, oft Informationen zutage, die keiner der anwesenden Teilnehmer, noch das Medium
wußten. Gelegentlich sind es auch Dinge, die Anwesenden unangenehm sind. Einer Nielsen berichtet selbst solch ein Beispiel (34,
S. 149):

„Ich traf Herrn A. zum ersten Male auf einer Sitzung bei Herrn Bon-
ne. Er interessierte sich sehr für die Frage, ob es ein Leben nach dem
Tode gebe. Er war nie zuvor bei einer Sitzung gewesen und kannte den
Spiritismus nur durch Bücher. Bei der ersten Sitzung war er nun sehr
begeistert, und ein Teilnehmer sagte, die Freunde von drüben hätten
alles getan, damit er eine Überzeugung bekäme. Als wir eines Abends
von einer Sitzung heimfuhren, sagte er: 'Es gibt Dinge, über die wir
keinen Bescheid bekommen und über die auch die Geister keine Mitteilung geben können!' Auf meine Frage, was das sei, antwortete er:
'Ja, das ist mein Geheimnis!'

Ein halbes Jahr später kam auf einer Sitzung eine weibliche Gestalt
aus dem Kabinett, ging auf ihn zu und sagte: 'Ich bin deine erste Frau,
die du verlassen hast! Du ließest mich allein mit unserem Kind sitzen,
und nach langer Krankheit mußte ich sterben. Jetzt liegt mein Leib auf
dem Kirchhof in H. begraben, und unsere Tochter lebt in Not in der
Stadt. Such sie auf und hilf ihr! So kannst du deine Handlungsweise
mir gegenüber wieder gutmachen!' Dann verschwand sie, indem sie
sich draußen auf dem Boden vor uns auflöste. Sie war eine der letzten
Gestalten, die sich an diesem Abend zeigten, und kurz danach wurde
die Sitzung geschlossen.

Nach der Sitzung konnte ich nur schwer wieder zum Bewußtsein kommen, und als es endlich geschah, taumelte ich auf einen Diwan, um
mich auszuruhen. Inzwischen versuchte Herr A. den Teilnehmern
sein Eheerlebnis auf etwas verschönerte Weise zu erklären; seine erste
Frau sei geistesverwirrt gewesen, als sie starb, und deswegen habe sie

wohl so gesprochen. Er habe gehört, wie man sterbe, so wache man wieder auf usw. Während er dies erzählte, fühlte ich, daß jemand an meiner Seite stand, und hellsichtig erblickte ich eine junge Frau. Im selben Augenblick ging ich in Trance, und die junge Frau sagte nun durch mich: 'Es ist nicht wahr, was er sagt, er verließ mich!' War Herr A. bei der ersten Mitteilung erregt gewesen, so wurde er es bei diesem Protest noch mehr; statt weitere Aufklärung zu geben, wurde er aber ganz still!

Einige Tage vergingen, ohne daß ich etwas von ihm hörte. Dann aber kam er, um mir die Wahrheit über sein Jugendleben zu erzählen, von dem niemand nach seiner Meinung etwas wissen konnte. Den Gedanken, daß seine erste Frau sich eventuell materialisieren könnte, hatte er nicht gehabt. Nun war es indessen geschehen, und das Phänomen war so überzeugend gewesen, daß er sich vor der Tatsache beugen mußte: 'Das war sie!' Und nun erzählte er mir von seiner Jugend, wie er mit 20 Jahren mit einem guten, hübschen Mädchen gleichen Alters verheiratet worden war, aber kurz danach begonnen hatte, mit seinen Freunden auszuschweifen, zu zechen und besonders viel Geld für seine Damenbekanntschaften verbraucht hatte. Das Geld, das er von seinem Vater kurz vor der Hochzeit bekommen hatte, war verbraucht, und sein Geschäft hatte er unter Aufsicht gestellt. Seine Frau hatte geweint und ihn gebeten, sich zusammenzunehmen, er sollte daran denken, daß in einigen Monaten ihr erstes Kind geboren würde. Aber eines schönen Tages, als er seinen vollständigen Ruin sah, war er davongereist, um nicht mehr heimzukehren. Erst nach Jahren kam er wieder zurück als wohlhabender Mann und erfuhr nun, wie es seiner Frau ergangen war. Sie hatte von der Einrichtung verkauft, solange noch etwas da war, und kurz nach der Geburt ihres Kindes, eines kleinen Mädchens, hatte sie eine Stellung als Wirtschafterin bei einem Witwer in Jütland annehmen müssen. Hier bekam sie Tuberkulose, durfte aber aus Mitleid ihre Stelle behalten, solange sie arbeiten konnte. Zwei Jahre nach der Geburt des Kindes starb sie im Krankenhaus, und niemand folgte ihr zum Grab auf dem kleinen Kirchhof. Das Mädchen wurde bei fremden Menschen aufgezogen und war jetzt nach den Auskünften, die er erhalten hatte, verheiratet und im Ort L. ansässig, mußte aber hart um das Dasein kämpfen. Er hatte sie noch nicht aufgesucht, wollte es aber tun.

Einige Tage später begab sich Herr A. nach dem kleinen Ort, wo seine erste Frau die letzten Jahre gewohnt hatte, setzte eine hübsche

Gedenktafel auf ihr Grab und sandte ein Gebet zu Gott, ihr zu helfen und ihm vergeben zu wollen. Seine nächste Handlung war, die Tochter aufzusuchen, die äußerst erstaunt war, so unerwartet einen wohlhabenden Vater zu sehen. Nach vielen Erklärungen bewog er sie, die Hilfe anzunehmen, die er brachte. Nach allen diesen Erlebnissen kam er wieder zu mir, und wir bekamen noch eine Sitzung, bei der seine Frau wieder erschien! Sie war ihm gefolgt, hatte ihn am Grabe auf dem kleinen Kirchhof gesehen, seine Bitte zu Gott gehört und war zusammen mit ihm bei der Tochter gewesen, wo sie über seine Hilfe froh wurde. Als sie so mit ihm gesprochen hatte, knieten sie nieder, sie, der Geist, und er, der Mensch, auf dem Boden mitten im Sitzungsraum und baten Gott für sie beide. In einem solchen Augenblick ist es, als würde uns Menschen etwas von dem himmlischen Licht zuteil! Ich weiß, daß alle, die an dem Abend zugegen waren, ihn nie vergessen werden. Er wird immer mit leuchtender Schrift im Buch ihrer Erinnerungen stehen!"

Läßt sich dieses alles mit dem Unterbewußtsein und Außersinnlicher Wahrnehmung befriedigend erklären? Wohl kaum.

Als letztes Beispiel für die sichtbare Erscheinung Verstorbener trage ich hier den Bericht einer Engländerin vor, die eine zehn Tage alte Tochter durch den Tod verlor und diese danach über mehrere Jahre hinweg vielmals voll ausgebildet auf dieser Erde wiedersehen konnte. Da hierbei die verschiedenartigsten paranormalen Vorgänge in Erscheinung traten und die Berichterstatterin ihre Erlebnisse eingehend beobachtet und sehr genau aufgezeichnet hat, ist die Schilderung besonders eindrucksvoll und soll hier fast vollständig wiedergegeben werden.

Die Berichterstatterin Florence Marryat[46]) lebte 1860 mit ihrem Mann und Kindern in Indien. Das Ehepaar war mit einem in der britisch- indischen Armee dienenden jungen Offizier John Powles eng befreundet. Unter tragischen Umständen starb dieser am 4. April 1860. Mrs. Marryat sagt dazu (53, S. 64): „Sein Tod und die Art, wie er starb, riefen in mir eine große Erschütterung hervor. Er war mir und meinem Mann über Jahre hinweg ein echter Freund gewesen, so daß wir seinen Tod sehr betrauerten." Weiterer Kummer kam hinzu und beeinträch-

---

[46]) Florence Marryat, 1837-1899, verh. in erster Ehe „Ross-Church", in zweiter Ehe „Lean", englische Verfasserin mehrerer parapsychologischer Bücher. Sie kannte die meisten bedeutenden Medien des ausgehenden 19-ten Jahrhunderts

tigte ihre Gesundheit. Die folgenden Begebenheiten werden nun durchgehend mit Mrs. Marryats Worten (aus dem Englischen ins Deutsche übersetzt) wiedergegeben (53, S. 73):

„In demselben Jahr 1860, in dem John Powles starb, hatte ich den größten Kummer meines Lebens. Es ist für meinen Bericht unwesentlich, worin der Kummer bestand, aber ich litt schrecklich, sowohl geistig als auch körperlich. Hauptsächlich wegen des Rates meiner Ärzte kehrte ich nach England zurück, wo ich am 14. Dezember ankam.

Am 30. Dezember 1860 gebar ich eine Tochter, die ihre Geburt nur zehn Tage überlebte. Das Kind wurde mit einer seltsamen Mißbildung geboren, die sehr wesentlich für das ist, was ich vorhabe zu schildern. Auf der linken Seite der Oberlippe befand sich ein Mal, als ob ein halbkugelförmiges Stück Fleisch mit einer Gewehrkugelgießform herausgeschnitten worden sei. Dadurch wurde ein Teil des Zahnfleisches freigelegt. Auch war der Schlund[47]) im Hals versenkt[48]), so daß das Kind während seines kurzen Lebens künstlich ernährt werden mußte. Der Kiefer seinerseits war so deformiert, daß die Backenzähne nach vorne gestanden hätten, wenn das Kind bis zum Zahnen am Leben geblieben wäre. Die Mißbildung wurde als so bemerkenswert angesehen, daß Dr. Frederick Butler von Winchester, der mich behandelte, mehrere Kollegen aus Southampton und anderen Orten einlud, um zusammen mit ihm das Kind genau zu untersuchen. Sie stimmten alle darin überein, daß sie einen ähnlichen Fall vorher noch nicht gesehen hatten. Das ist ein sehr wichtiger Punkt in meinem folgenden Bericht.

Ich wurde eingehend befragt, ob ich irgendeinen physischen oder seelischen Schock erlitten hätte, der zur Mißbildung meines Kindes geführt haben könnte. Man entschied sich dafür, daß der Kummer, den ich gehabt hatte, ausreichend war, sie hervorzurufen. Der Fall wurde unter Pseudonym als etwas ganz Außerordentliches in der medizinischen Zeitschrift 'Lancet' ausführlich berichtet.

Mein kleines Baby, das auf den Namen 'Florence' getauft wurde, lebte bis zum 10. Januar 1861. Dann verschied es ganz ruhig, und als mein erster ganz natürlicher Kummer vorüber war, dachte ich nur noch an sie als etwas, was gewesen sein könnte, was aber nie wieder sein würde. In diesem Zustand großer Not ist der Verlust des Kindes bald ver-

---

[47]) Schlund = hinter dem weichen Gaumen und dem Gaumensegel liegende Höhle, die als Verbindungsstück zwischen Mundhöhle, Nasenhöhle und Speiseröhre dient
[48]) Also nach unten verschoben

sunken in einer mehr aktiven Unruhe. Trotzdem vergaß ich mein armes Baby niemals völlig, da es zu jener Zeit glücklicherweise das einzige 'tote Lamm' meiner kleinen Kinderschar war.

Bezüglich der Ereignisse meiner ersten Sitzung mit (dem Medium) Mrs. Holmes habe ich erwähnt, wie ein junges Mädchen erschien, das Mund und Kinn verhüllt hatte und zu verstehen gab, daß es für mich käme, obwohl ich es nicht wiedererkennen konnte[49]). Ich war in jener Zeit so unwissend über das Leben jenseits des Grabes, daß es mir überhaupt nicht in den Sinn kam, daß mein Baby, daß mich im Alter von zehn Tagen verließ, seit unserer Trennung herangewachsen war und jetzt ein Alter von zehn Jahren erreicht hatte...[50])

Diese erste Sitzung machte einen solchen Eindruck auf mich, daß ich zwei Abende später wieder in Mrs. Holmes Raum zugegen war (diesmal allein[51]) um einer weiteren Sitzung beizuwohnen. Es waren ungefähr 30 Personen anwesend, die einander alle unbekannt waren. Daher waren die Erscheinungen oder Vorgänge verhältnismäßig einfach. Es war aber noch ein anderes professionelles Medium anwesend, eine Mrs. Davenport, ebenso wie ihr Kontrollgeist, den sie 'Bell' (Glocke) nannte. Dieser hatte ihr versprochen, ihr, wenn möglich, sein Gesicht zu zeigen.

Deshalb rief Mrs. Davenport, sobald das erste Phantomgesicht erschien (es war das desselben kleinen Mädchens, das ich zwei Tage zuvor gesehen hatte): 'Das ist 'Bell''. 'Aber wieso!', sagte ich, 'das ist die kleine Nonne,[52]) die wir am Montag sahen.' 'O nein', beharrte Mrs. Davenport, 'das ist meine Bell.' Aber Mrs. Holmes ergriff meine Partei und war sicher, daß die Wesenheit meinetwegen kam. Mrs. Holmes sagte mir, daß sie versucht habe, mit der Wesenheit seit der vorherigen Sitzung in Verbindung zu kommen. Sie sagte: 'Ich weiß, daß sie sehr eng mit Ihnen verbunden ist. Haben Sie nicht einen Verwandten in diesem Alter verloren?' 'Auf keinen Fall', antwortete ich. Auf diese Äußerung hin verschwand das kleine Geistwesen, traurig wie schon zuvor.

---

[49]) Hier wird Bezug auf die vorangegangene Schilderung (53, S. 21) von Mrs. Marryats Teilnahme an ihrer ersten Materialisationssitzung genommen, bei der die erschienene ‚Florence‘ wegen Nichterkennens zurückgewiesen wurde. Man sagte dieser damals, sie müsse sich geirrt haben, es sei kein Verwandter von ihr anwesend

[50]) Hier ist lediglich ein Gedicht ausgelassen worden

[51]) D.h. ohne Begleitung, im Gegensatz zum vorhergehenden Mal

[52]) Wegen der seltsamen Vermummung nennt sie sie ‚Nonne‘

Einige Wochen später erhielt ich eine Einladung von Mr. Henry Dunphy (der Herr, der mich bei Mrs. Holmes eingeführt hatte), einer Privatsitzung in seinem Hause am Upper Gloucester Place beizuwohnen, die von dem sehr bekannten Medium Florence Cook[53]) gegeben wurde. Die zwei Wohnzimmer waren durch Samtvorhänge getrennt, hinter welchen Miss Cook in einem Lehnstuhl saß. Die Vorhänge waren in halber Höhe zusammengesteckt und ließen eine große Öffnung in V-Form frei. Ich war für Miss Cook völlig fremd. Daher war ich überrascht, die Stimme ihres Kontroll-Geistes zu hören, der anordnete, daß ich nahe den Vorhängen stehen und, während oberhalb die Phantome erschienen, die unteren Teile zusammenhalten sollte für den Fall, daß die Nadeln sich lösten.

Infolge meines Standortes konnte ich jedes Wort verstehen, das zwischen Miss Cook und ihrem Kontrollgeist gewechselt wurde. Das erste Gesicht, das sich zeigte, war das eines mir unbekannten Mannes. Dann folgte eine entsetzte Unterhaltung zwischen dem Medium und seinem Kontroll-Geist. Ich hörte Miss Cook ausrufen: 'Nimm es weg! Geh weg! Ich mag dich nicht. Berühre mich nicht. Du erschreckst mich. Geh weg!' Die Stimme des Kontroll-Geistes entgegnete: 'Sei nicht albern, Florrie[54]), sei nicht herzlos. Sie will dir keinen Schaden zufügen.' Unmittelbar danach sah ich dasselbe kleine Mädchen in der Öffnung der Vorhänge erscheinen, das ich schon bei Mrs. Holmes gesehen hatte, verhüllt wie zuvor, aber mich mit seinen Augen anlächelnd. Ich richtete meine Aufmerksamkeit auf die Verbindung mit ihm und nannte es wieder 'meine kleine Nonne'. Ich war überrascht darüber, wie Miss Cook ihre offensichtliche Abneigung gegenüber dem Geistwesen zu erkennen gab.

Als die Sitzung beendet war und Miss Cook wieder in ihren normalen Zustand gelangt war, fragte ich sie, ob sie die Gesichter, die sie in ihrem Trance- Zustand gesehen habe, in ihr Bewußtsein zurückrufen könne. Sie antwortete, daß das manchmal möglich sei. Ich erzählte ihr nun von der kleinen Nonne und fragte sie, warum sie sich denn vor dieser so fürchte. 'Das kann ich ihnen eigentlich nicht sagen', antwortete Miss Cook, 'ich weiß ja gar nichts von ihr. Sie ist für mich völlig fremd.

---

[53]) Florence Cook, 1856-1904, seit 1874 verh. Corner, bedeutendes englisches Materialisationsmedium, mit dem u. a. der hervorragende britische Chemiker Prof. Sir William Crookes eingehend experimentierte. In einem späteren Band wird darüber ausführlich berichtet werden. Sie war bei den Phänomenen nicht immer bewußtlos
[54]) Das ist die Kurzform von Florence

Aber ihr Gesicht ist nicht voll ausgebildet, glaube ich. Da ist etwas mit ihrem Mund nicht in Ordnung. Sie beängstigt mich.'

Obwohl diese Bemerkung mit größter Gleichgültigkeit gemacht worden war, machte sie mich sehr nachdenklich. Nachdem ich nach Hause zurückgekehrt war, schrieb ich an Miss Cook und bat sie, ihre Kontroll-Geistwesen zu fragen, wer dieses kleine Geistwesen gewesen sei. Sie antwortete folgendermaßen: 'Liebe Mrs. Ross-Church, ich habe 'Katie King'[55]) gefragt, aber sie kann mir nichts Genaueres über das Geistwesen sagen, das neulich abends durch mich erschien, als daß es ein junges Mädchen ist, das mit Ihnen eng verbunden ist.'

Ich war jedoch von der Identität des Geistwesens immer noch nicht überzeugt, obwohl 'John Powles'[56]) mir beständig versicherte, daß es mein Kind sei. Ich versuchte angestrengt, bei mir zu Hause mit ihm in medialen Kontakt zu kommen, aber ohne Erfolg. Ich finde in den Aufzeichnungen dieses Zeitabschnittes mehrere Durchgaben von 'Powles', die sich auf 'Florence' bezogen. In einer sagte er: 'Der Wunsch deines Kindes, mit dir in Verbindung zu treten, rührt nicht daher, daß es zu fehlerfrei ist, sondern daher, daß es zu schwach ist. Es wird aber eines Tages mit dir sprechen. Es ist noch nicht im Himmel.'

Diese letzte Feststellung verwirrte und betrübte mich, da ich so wenig von unserem zukünftigen Zustand wußte. Ich konnte nicht glauben, daß ein unschuldiges Kind sich nicht in einem Zustand der Glückseligkeit befinden könnte. Auch konnte ich nicht verstehen, welchen Beweggrund mein Freund haben könnte, mich in die Irre zu führen. Ich hatte noch zu lernen, daß ein Geistwesen, das erst einmal in den Himmel[57]) aufgestiegen ist, nicht zur Erde zurückkehren kann, und daß jedes Geistwesen sich einer Schulung[58]) unterziehen muß, selbst wenn es niemals eine Todsünde begangen hat.

Ein weiterer Beweis, daß mein totes Kind in Wirklichkeit gar nicht gestorben war, erreichte mich an einem Ort, an dem ich es am wenigsten erwartet hätte. Ich war damals Herausgeberin einer Zeitschrift 'Londoner Gesellschaft' (London Society), und unter meinen Mitarbeitern war ein Dr. Keningale Cook. Er war verheiratet mit Mabel Collins, der bekannten Verfasserin spiritualistischer Romane. Eines Tages

---

[55]) Eines der Kontrollgeistwesen, das von Prof. Crookes mehrfach photographiert wurde
[56]) Der in Indien verstorbene Freund
[57]) Damit sind höhere Entwicklungssphären gemeint
[58]) Im Sinne einer Läuterung oder Aufwärtsentwicklung

Bild 5 Photographische Aufnahme durch das Photomedium Richard Boursnell im Jahre 1902. Links der damals lebende Journalist W. T. Stead und rechts das „Extra" des 2½ Jahre zuvor verstorbenen Piet Botha. Gehört zu S. 116

Bild 6 Einer Nielsen entströmt in Tieftrance Ektoplasma aus Mund und Nase. Schon nach wenigen Sekunden kann sich daraus ein Phantom formen. Aufnahme in Gegenwart von Dr. Hans Gerloff am 17. 1. 1953. Aufnahme entnommen (35, S. 38). Gehört zu S. 118

Bild 7 Das Ektoplasma hat sich vom Medium Einer Nielsen gelöst und sich zur Vorform eines Phantoms aufgetürmt. Aufnahme vom Mai 1942, entnommen (35, S. 45). Gehört zu S. 118

Bild 8 Ausschnittvergrößerung des Gesichtes eines Phantoms, das sich als Araber ausgab und Stephan nannte. Aufnahme von A. Christensen am 13. 5. 1943. Entnommen (35, S. 60). Gehört zu S. 118

Bild 9 Männliches Phantom, teilweise noch durchscheinend, vor dem in Trance befindlichen Medium Einer Nielsen schwebend. Aufnahme 1950 in Kopenhagen. Entnommen (35, S. 69). Gehört zu S. 120

Bild 10 Bildung eines Vollphantoms bei Einer Nielsen, das sich als frühere Königin Astrid von Belgien ausgab. Aufnahme des schwedischen Geistlichen Martin Liljeblad am 9. Juni 1939. Entnommen (35, S. 68). Gehört zu S. 121

Bild 11 Königin Astrid von Belgien 1905–1935. Ausschnittvergrößerung von Bild 10 im Vergleich zu Bildern der Königin Astrid von Belgien zu Lebzeiten. Gehört zu S. 121

Bild 12 Florence Cook, 1856–1904, englisches Materialisationsmedium. Entnommen (55, S. 144, Plate 1). Gehört zu S. 153

Bild 13 Florence Cook in Trance mit einer materialisierten Phantomgestalt hinter sich. Das Phantom ist völlig verhüllt und möglicherweise noch in der Entwicklung begriffen. Das Bild ist 1874 von Prof. William Crookes aufgenommen und stellt eine ähnliche Situation dar, wie sie bei Mrs. Marryat vorlag, nur ist der Kopf des Mediums anstatt auf ein Kissen hier auf einen niedrigen Stuhl gebettet. Entnommen (55, S. 144, Plate 3). Gehört zu S. 154

Cross-Correspondence.	Mrs. Holland.	Mrs. Piper.	Miss Verrall.	Mrs. Verrall.	The Macs.	Mrs. Willett.
(1) Convolvulus and Shell,	Nov. 25, 1908		⌠Oct. 30, 1908 ⌡Nov. 4, „			
(2) Echo and Narcissus, -	Nov. 25, 1908	⌠Mar. 30, 1908 ⟨Mar. 31, „ ⌡Apr. 6, „				Feb. 10, 1910
(3) Nightingale, - -	Nov. 25, 1908 Mar. 24, 1909 Feb. 16, 1910	Dec. 9, 1908				⌠Feb. 10, 1910 ⌡Mar. 7, 1910
(4) Proserpine, - -	Nov. 25, 1908 Mar. 24, 1909 Nov. 10, 1909 Mar. 2, 1910	Mar. 24, 1908	⌠Sept. 10, 1908 ⟨Sept. 19, „ Jan. 26, 1909 Aug. 19, 1909	Aug. 26, 1908	July 26, 1908	Feb. 10, 1910 Mar. 7, 1910
(5) Door—Key, - -	Nov. 25, 1908		⌠Sept. 23, 1908 ⌡Oct. 24, „	Mrs. Forbes. ⌠Dec. 12, 1909 ⌡Feb. 6, 1910	Sept. 12, 1908	⌠Feb. 4, 1910 ⟨Feb. 5, „ ⌡Mar. 7, „
(6) Birds and Turkeys, -	Dec. 9, 1908	⌠Apr. 6, 1908 ⟨Apr. 22, „ ⌡May 4, „				
(7) Sesame and Lilies,[2] -	Dec. 9, 1908 Dec. 23, „ Dec. 30, „		⌠Aug. 12, 1908 ⟨Aug. 16, „ ⌡Aug. 22, „	Aug. 19, 1908	July 19-29, 1908	
(8) Comus, - - -	Dec. 16, 1908	⌠May 4, 1908 ⟨May 8, „ ⟨May 12, „ ⌡Dec. 21, 1908	Nov. 20, 1908			
(9) Time and Eternity; - Prometheus, - -	Dec. 30, 1908 Dec. 30, 1908	Mar. 24-May 13, 1908	Nov. 19, 1908	Sept. 23, 1908		
(10) Confirmation, - -	Dec. 30, 1908	⌠May 12, 1908 ⌡May 13, „		Apr. 30, 1908		
(11) Mercury, - - -	Feb. 10, 1909	Mar. 23, 1908	Apr. 20, 1908			
(12) Exile, - - -	Feb. 10, 1909	Mar. 23, 1908	⌠Apr. 27, 1908 ⟨May 16, „ ⌡Feb. 5, 1910		June 27, 1909 Aug. 24, 1909	Feb. 10, 1910
(13) Shelley's Skylark, -	Feb. 10, 1909	⌠May 4, 1908 ⟨May 8, „ ⌡Dec. 9, 1908				
(14) Charon and Styx, -	Apr. 1, 1909 Apr. 11, 1909	Mar. 16-Apr. 21, 1908	Sept. 5, 1908			
(15) Medusa's Head, -	Apr. 11, 1909 May 19, 1909	Mar. 31-May 13, 1908				
(16) Cyclops and Hercules,	Apr. 14, 1909	Apr. 22-May 12, 1908	Sept. 5, 1908			

[2] See *Proceedings*, Vol. XXIV., pp. 264-326.

Bild 14 Zusammenstellung eines Teils der Kreuzkorrespondenzen. Entnommen (46, S. 222). Gehört zu S. 195

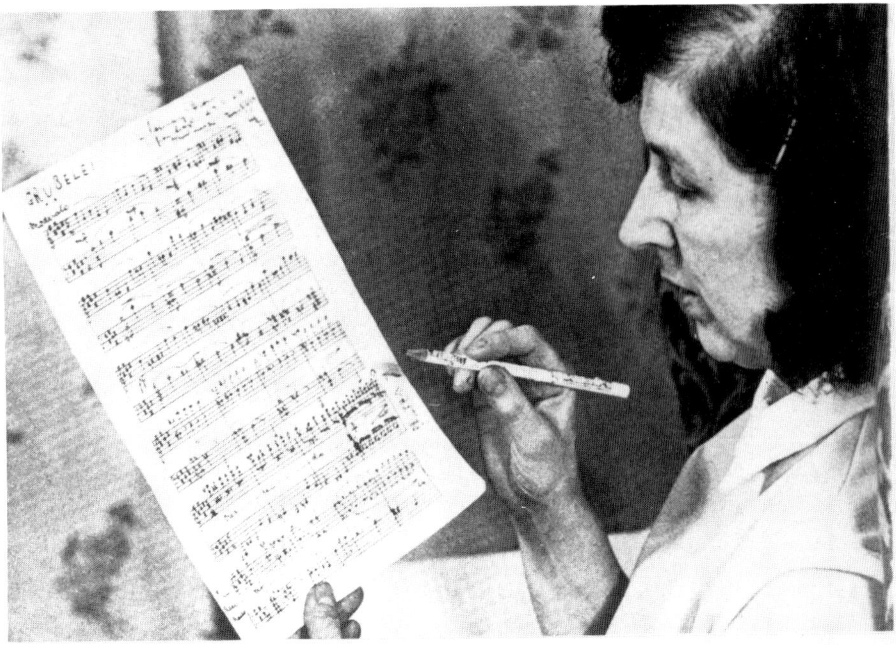

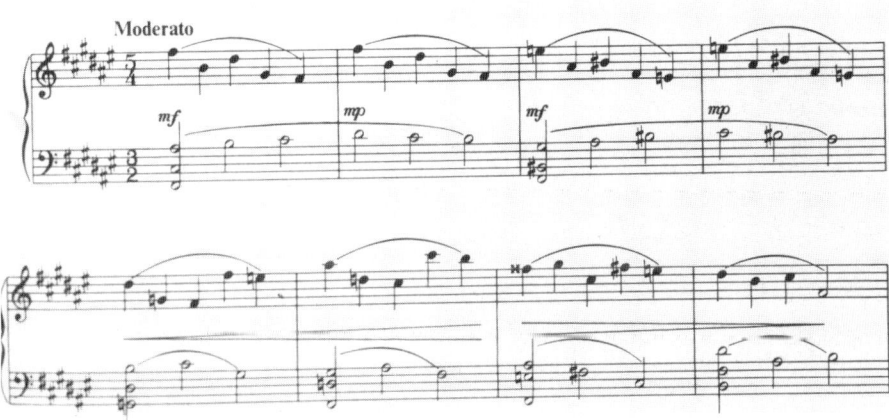

GRÜBELEI
Meditation
inspired by Liszt, 29 May-3 June 1969
Moderato
mf
mp
mf
mp

Bild 15 Rosemary Brown bei der Durchsicht des Notenblattes „Grübelei“. Unten die ersten Takte des von Franz Liszt übermittelten Musikstückes. Entnommen (18, S. 29). Gehört zu S. 206

Bild 16 Pearl Leonore Curran, geb. Pollard, geb. 15. 2. 1883, amerikanisches Medium für die jenseitige Wesenheit „Patience Worth". Entnommen (70). Gehört zu S. 216

Bild 17 Ouija-Brett, oft auch Planchette genannt, ein Gerät zum Nachrichtenaustausch mit jenseitigen Wesenheiten. Von der Form her ist die Anordnung mit den technischen Zeigertelegraphen des vorigen Jahrhunderts verwandt. Gehört zu S. 217

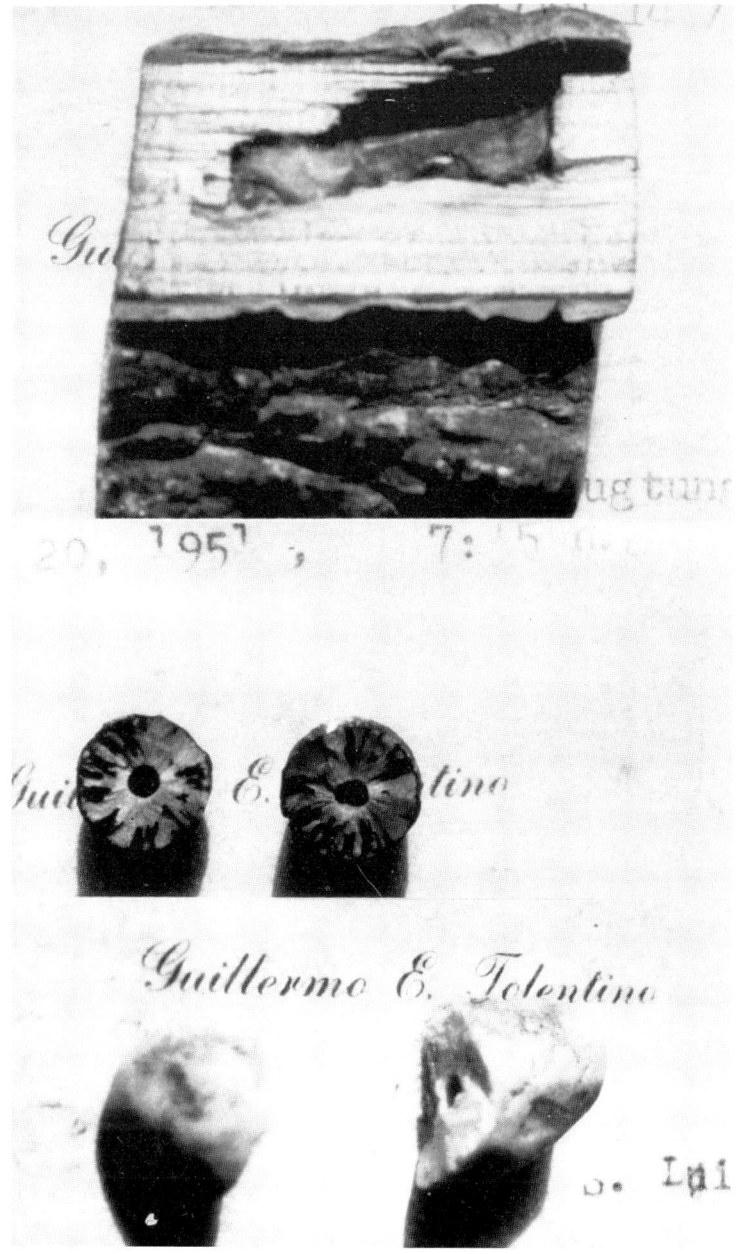

Bild 18 Hohle und später geöffnete Apportgegenstände, erhalten in den Jahren 1951 und 1955, aus der Sammlung von Prof. Tolentino in Manila. Von oben nach unten: Holzstück, Muskatnuß, Stein. Die kleinen Zettel mit den Botschaften sind bereits entnommen. Gehört zu S. 226

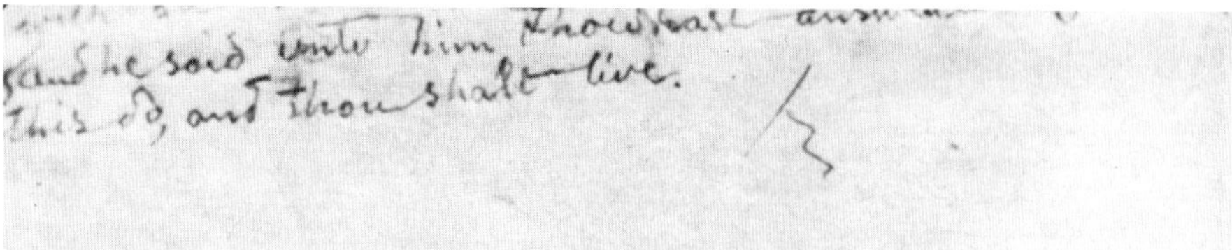
and he said unto him Thou hast answ[illegible]
This do, and thou shalt live.

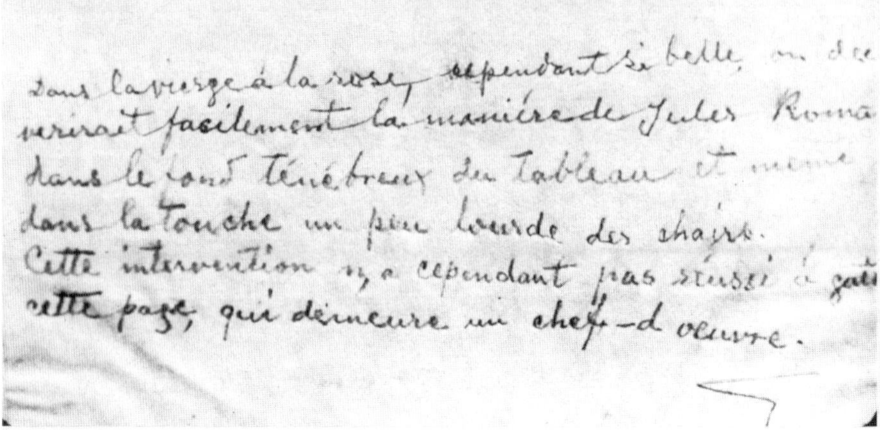
dans la vierge à la rose, cependant si belle, on dé-
couvrirait facilement la manière de Jules Roma[illegible]
dans le fond ténébreux du tableau et même
dans la touche un peu lourde des chairs.
Cette intervention n'a cependant pas réussi à gâter
cette page, qui demeure un chef-d'oeuvre.

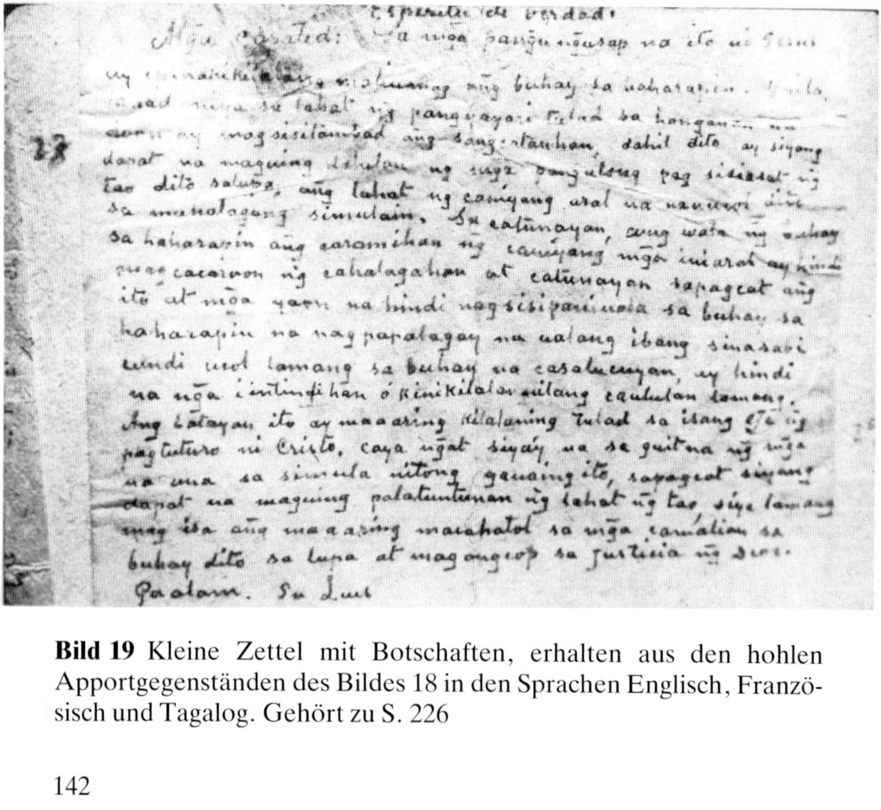
Espíritu de verdad.
Mga [illegible]: [illegible] mga pangungusap na ito ni [illegible]
ng [illegible] ng buhay sa kaharapin. [illegible]
[illegible] sa lahat ng pangyayari tulad sa [illegible]
[illegible] ay nagsisitanwad ang sangkatauhan, dahil dito ay siyang
dapat na maguing [illegible] ng mga pangulong pagsisiasat ng
tao dito sa lupa, ang lahat ng caniyang aral na nauuwi dito
sa mahalagang simulain. Sa catunayan, cung wala ng buhay
sa kaharapin ang caramihan ng caniyang mga iniaral ay hindi
magcacaroon ng cahalagahan at catunayan sapagcat ang
ito at mga yaon na hindi nagsisipaniwala sa buhay sa
kaharapin na nagpapalagay na walang ibang sinasabi
cundi ucol lamang sa buhay na casalucuyan, ay hindi
na mga [illegible] ó kinikilala nilang caululan lamang.
Ang batayan ito ay maaaring kilalaning tulad sa isang [illegible] ng
pagtuturo ni Cristo, caya ngat siyay na sa guitna ng mga
una sa simula nitong [illegible] ito, sapagcat siyang
dapat na maguing palatuntunan ng lahat ng tao, siya lamang
ang isa ang maaaring [illegible] sa mga camalian sa
buhay dito sa lupa at magangcop sa justicia ng Dios.
Paalam. San Luis

Bild 19 Kleine Zettel mit Botschaften, erhalten aus den hohlen Apportgegenständen des Bildes 18 in den Sprachen Englisch, Französisch und Tagalog. Gehört zu S. 226

Bild 20 Einer Nielsen entströmt Ektoplasma und „legt" sich über das Gesicht einer Zuschauerin. Aufnahme 11. 4. 1953. Entnommen (35, S. 39). Gehört zu S. 246

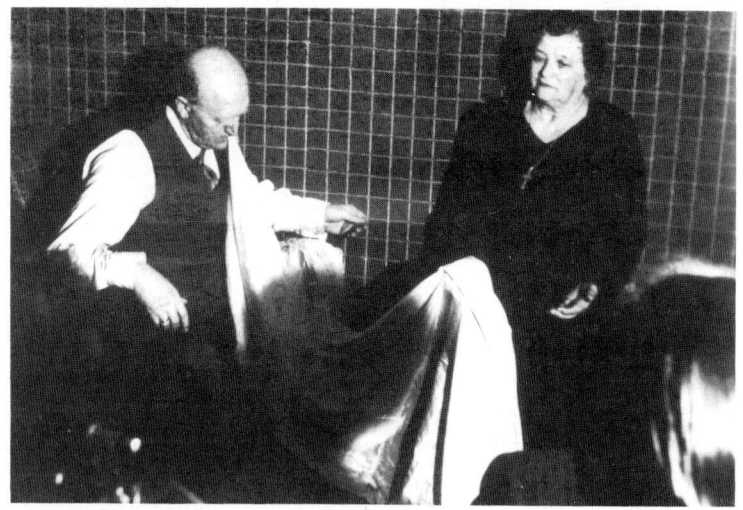

Bild 21 a u. b Einer Nielsen entströmt tuchartiges Ektoplasma. Aufnahme 11. 4. 1953 mit zwei Kameras gleichzeitig, wenige Sekunden nach Aufnahme des Bildes 20. Entnommen (35, S. 41). Gehört zu S. 246

überbrachte mir Dr. Cook eine Einladung seiner Frau (mit der ich vorher noch nie zusammengetroffen war), sie von Sonntag bis Montag in ihrem Wochenendhaus bei Redhill zu besuchen. Ich nahm die Einladung an, wußte aber weder etwas über ihre Neigungen noch sonst etwas von ihnen. Sie wußten ebensowenig von meinen privaten Verhältnissen, wie ich von ihnen. Ich muß bemerken, daß ich zu jener Zeit mein verlorenes Kind niemals zum Thema einer Unterhaltung machte, selbst mit meinen engsten Freunden nicht. Die Erinnerung seines Lebens und Todes und der Kummer, der dadurch verursacht wurde, waren nicht sehr glücklich für mich und gingen niemand etwas an, außer mich selbst. Ebensowenig wurde dieser Punkt in unserer Familie erörtert, bis 'Florence' wieder zum Leben zu erwachen schien. Meinen älteren Kindern war unbekannt, daß ihre Schwester im Unterschied zu ihnen in irgendeiner Weise gezeichnet war. Es kann daher die Wahrscheinlichkeit unterstellt werden, daß völlig Fremde oder die öffentlichen Medien keine Andeutung der Angelegenheit bekommen konnten.

Ich fuhr also nach Redhill und saß nach dem Dinner mit den Cooks zusammen. Dabei kam das Thema des Spiritismus zur Sprache, und ich erfuhr, daß Frau Cook ein leistungsfähiges Trance-Medium war. Das interessierte mich sehr, denn zu damaliger Zeit hatte ich noch keine Erfahrung mit dieser besonderen Art der Mediumschaft. An jenem Abend veranstalteten wir zusammen eine Sitzung, und Mrs. Cook fiel dabei in Trance. Ihr Mann stenographierte das mit, was sie sagte. Mehrere alte Freunde der Familie sprachen durch sie. Ich hörte dem allen völlig uninteressiert zu, wie man die Unterhaltung von Fremden anhört. Meine Aufmerksamkeit wurde aber aufgerüttelt, als das Medium plötzlich von seinem Stuhl aufstand, vor mir auf die Knie fiel und mir meine Hände und mein Gesicht küßte. Dabei schluchzte es eine Weile heftig. Ich harrte erwartungsvoll zu hören, was das alles bedeuten sollte. Doch das Medium hörte plötzlich mit seinem Tun auf und kehrte zu seinem Stuhl zurück. Einer seiner Kontroll-Geister sagte, daß das vorher eingetretene Geistwesen infolge starker Gemütsbewegung nicht in der Lage gewesen sei zu sprechen. Später aber, im Verlaufe des Abends, wolle es das erneut versuchen.

Ich hörte nun den anderen Durchgaben zu und hatte die vorherigen Einzelheiten schon fast vergessen, als ich stutzig wurde, wie ich das Wort 'Mutter' hörte, mehr geseufzt als gesprochen. Ich war daran, eine erregte Antwort zu geben, als das Medium seine Hand erhob und

Schweigen gebot. Die folgende Unterhaltung wurde, sobald das Medium die Worte aussprach, von Mr. Cook niedergeschrieben. Die Sätze in Klammern sind meine Antworten der Wesenheit gegenüber.

'Mutter! Ich bin Florence. Ich muß ganz still sein. Ich möchte so gerne spüren, noch eine Mutter zu haben. Ich bin so einsam. Warum muß ich so sein? Ich kann nicht gut sprechen. Ich wäre so gerne wie einer von euch. Ich würde so gerne spüren, eine Mutter und Schwestern zu haben. Ich bin jetzt so weit weg von euch allen!'

(‚Aber ich denke immer an dich, mein liebes, verstorbenes Baby.')

'Das ist es ja gerade – dein **Baby**. Aber ich bin jetzt kein Baby mehr. Ich soll näherkommen. Sie sagen mir, ich soll. Ich weiß nicht, ob ich kommen kann, wenn du allein bist. Es ist alles so dunkel. Ich weiß, daß du da bist, aber so verschwommen. Ich selbst bin gewachsen. Ich bin nicht wirklich unglücklich, aber ich möchte gerne näher zu dir kommen. Ich weiß, daß du an mich denkst. Aber du denkst an mich als ein Baby. Du weißt nicht, wie ich bin. Du hast mich gesehen, aber in meiner Liebe habe ich mich dir aufgedrängt. Ich bin noch nicht inmitten der Blumen gewesen, aber ich werde es jetzt sehr bald sein. Ich wünschte, ich könnte meine Mutter dorthin mitnehmen. Alles, was möglich war, ist mir gegeben worden, doch ich kann es nicht in Empfang nehmen, außer in so weit...' Hier schien sie nicht fähig zu sein, sich auszudrücken.

(‚Hat der Kummer, den ich vor deiner Geburt hatte, deinen Geist in Mitleidenschaft gezogen, Florence?')
'Nur wie Dinge einander beeinflussen, Mutter, ich war mit dir während der ganzen Zeit des Kummers. Ich wäre gerne näher bei dir als jedes deiner anderen Kinder. Wenn ich doch nur ganz nahe bei dir sein könnte!'

(‚Ich kann es gar nicht ertragen, dich so traurig sprechen zu hören, Liebling. Ich habe immer geglaubt, daß du wenigstens im Himmel glücklich wärst').

'Ich bin nicht im Himmel, aber es wird ein Tag kommen – und wenn ich das sage, kann ich sehr froh sein –, an dem wir zusammen in den Himmel gelangen werden. Dann pflücken wir blaue Blumen – blaue Blumen. Sie [59]) sind hier so gut zu mir, aber wenn dein Auge das

---

[59]) ‚Sie' bezieht sich nicht auf die Blumen, sondern auf andere Geistwesen

Tageslicht nicht ertragen kann, kannst du auch nicht die Butterblumen und die Gänseblümchen sehen.'

Ich lernte erst später, daß in der geistigen Sprache blaue Blumen kennzeichnend für Glück sind. Die nächste Frage, die ich ihr stellte, war, ob sie durch mich schreiben könne, falls sie die Absicht dazu habe.

'Es hat nicht den Anschein, daß ich das kann, aber warum, weiß ich nicht.'

(,Kennst du deine Schwestern Eva und Ethel?')

'Nein, nein', sagte sie mit einer müden Stimme. 'Das Band der Schwesternschaft besteht nur über die Mutter. Diese Art der Schwesternschaft hat keine Dauer, weil es etwas Höheres gibt.'

(,Hast du jemals deinen Vater gesehen?')

'Nein, er ist weit, weit entfernt. Ich ging nur einmal zu ihm, nicht mehr. Mutter, Liebes, er wird mich auch lieben, wenn er hierherkommt. Das haben sie mir hier gesagt, und sie sagen hier immer die Wahrheit! Ich bin nur ein Kind, aber nicht mehr so sehr klein. Ich scheine aus zwei Teilen zusammengesetzt zu sein, aus einem unwissenden Kind und einer erwachsenen Frau. Warum kann ich nicht an anderen Orten sprechen? Ich habe es gewünscht und versucht. Ich bin dir sehr nahegekommen, doch jetzt scheint das Sprechen sehr leicht zu sein. Dieses Medium erscheint mir so ganz anders als die anderen.'

(,Ich wünschte, du könntest zu mir kommen, wenn ich allein bin, Florence.')

'Du wirst mich kennenlernen. Ich werde kommen, liebe Mutter. Es wird mir immer möglich sein, hierherzukommen. Ich komme zu dir, aber nicht in derselben Weise!'

Sie sprach mit solch einer traurigen, melancholischen Stimme, daß Mrs. Cook, die dachte, **sie** stimme ihr Geistwesen traurig, sagte: 'Mache deinen Zustand nicht trauriger, als er wirklich ist.'

Ihre Antwort war sehr bemerkenswert: 'Ich bin, wie ich bin! Freundin, wenn du hierherkommst und wenn du diese Traurigkeit findest, wirst du nicht fähig sein, sie dadurch zu ändern, daß du dich in materielle Vergnügungen stürzt. Unsere Traurigkeit verursacht die Welt, in der wir leben. Es sind nicht die Taten, die uns schuldig machen, es ist der Zustand, in dem wir geboren werden. Mutter, du sagst, ich sei ohne Sünde gestorben! Das bedeutet nichts. Ich wurde in eine bestimmte Lage hineingeboren. Hätte ich weitergelebt, würde ich dir mehr Schmerzen bereitet haben, als du jetzt wissen kannst. Ich bin besser hier aufgehoben. Ich war nicht für den Lebenskampf geschaffen, und deswegen nahmen sie mich von der Erde weg. Mutter, laß dich das nicht traurig machen. Du darfst nicht traurig sein!'

(‚Was kann ich tun, um dich näher zu mir zu bringen?')

'Ich weiß nicht, was mich näher zu dir bringen kann. Aber mir wird schon geholfen, wenn ich jetzt mit dir sprechen kann. Da ist eine Stufenleiter voller Glanz – jede Stufe. Ich glaube, ich habe gerade jetzt eine Stufe erklommen. Oh, die göttlichen Lehren sind so geheimnisvoll! Mutter, scheint es dir nicht seltsam, dein Baby Dinge sagen zu hören, als ob sie es verstünde? Ich muß nun gehen. Lebe wohl!'

Und so ging Florence davon. Die nächste Stimme, die dann sprach, war die von einem Kontroll-Geist des Mediums. Ich bat ihn um eine Personenbeschreibung meiner Tochter, wie sie ihm erschienen sei. Er antwortete: 'Ihre Gesichtszüge sind niedergeschlagen. Wir haben versucht, sie aufzuheitern, aber sie ist sehr traurig. Sie ist in **dem** Zustand, in dem sie geboren wurde. Jede körperliche Mißbildung ist das Zeichen einer entsprechenden Verfassung. Ein schwacher Körper ist nicht notwendigerweise das Zeichen eines schwachen Geistes, aber er ist sein Gefängnis, weil der Geist sonst zu leidenschaftlich sein könnte. Aus der Mißbildung des Körpers kannst du aber nicht auf die Mißbildung des Geistes schließen. Ein Lippengeschwür des Körpers hat nicht ein Lippengeschwür des Geistes zur Folge. Aber ein Geist, der vielleicht zu überschwenglich ist, braucht möglicherweise ein Lippengeschwür, um ihn in Schranken zu halten!'

Ich habe diese Unterhaltung Wort für Wort abgeschrieben von den stenographischen Aufzeichnungen während der Zeit der Aussprache.

Es muß noch einmal in die Erinnerung zurückgerufen werden, daß weder Mrs. Kenningale Cook noch ihr Ehemann wußten, daß ich ein Kind verloren hatte, daß sie niemals in meinem Haus gewesen waren, noch daß sie mit einem meiner Freunde Verkehr hatten. Selbst der größte Skeptiker muß es als ein sehr bemerkenswertes Zusammentreffen anerkennen, daß ich solch eine Mitteilung von den Lippen einer völlig Unbekannten erhielt. Später kam Florence nur noch einmal durch dieselbe Quelle mit mir in Verbindung. Sie fand gleichgute

Medien näher bei meinem Wohnsitz, und natürlich waren sie ihr von Nutzen.

Doch das zweite Ereignis war fast noch überzeugender als das erste. Ich ging eines Nachmittages in festem Vertrauen zu meinem Rechtsanwalt, um ihn zu fragen, was ich unter gewissen sehr unangenehmen Umständen tun sollte. Er gab mir dazu seinen Rat. Als ich am nächsten Morgen beim Frühstück saß, kam Mrs. Cook, die noch in Redhill lebte, in mein Zimmer geeilt und entschuldigte sich für ihre unübliche Besuchszeit wegen der Nachricht, die sie letzte Nacht für mich erhalten hatte. Florence hatte sie gebeten, diese ohne Verzug an mich zu überbringen. Die Nachricht besagte folgendes: 'Sagen Sie meiner Mutter, daß ich gestern nachmittag mit ihr beim Rechtsanwalt war. Sie soll auf keinen Fall seinem Ratschlag folgen, denn es würde ihr schaden, anstatt zu nützen.' Mrs. Cook fügte hinzu: 'Ich weiß nicht, auf was sich Florence bezieht, aber ich dachte, es ist das beste, wenn ich sofort in die Stadt komme und Sie das wissen lasse.'

Die Überzeugungskraft dieses Berichtes liegt nicht in seinem Sinnzusammenhang. Das Geheimnis ist in der Tatsache begründet, daß eine verborgene Besprechung erlauscht und erläutert worden ist. Die Wahrheit ist aber auch, daß ich zu dem Ratschlag meines sichtbaren Ratgebers größeres Vertrauen hatte als zu dem meines unsichtbaren Ratgebers. Ich blieb also dem ersten treu und bedauerte es später für alle Zeiten.

Meine erste Unterhaltung mit Florence hatte einen großen Einfluß auf mich. Ich wußte zwar vorher, daß mein ungezügelter Kummer die Ursache für den vorzeitigen Tod ihres Körpers war, aber es ist mir nie eingefallen, daß ihr Geist die Auswirkungen mit in die Unsichtbare Welt hinübertragen könnte. Es war eine Warnung für mich und sollte es für alle Mütter sein, nicht die schwerwiegende Verantwortung der Mutterschaft auf sich zu nehmen, ohne darauf vorbereitet zu sein, die eigenen Gefühle um der Kinder willen zu zügeln. Florence versicherte mir, daß der Gedankenaustausch mit mir in meinem jetzt gebesserten Zustand der Zufriedenheit auch ihren Geist bald aus dem Zustand der Niedergeschlagenheit emporheben würde. Ich ergriff folglich jede günstige Gelegenheit, um sie zu sehen und mit ihr zu sprechen. Während der folgenden zwölf Monate wohnte ich zahlreichen Sitzungen mit den verschiedensten Medien bei, und mein Geist-Kind, so nannte es sich selbst, unterließ es nie, sich durch die wirkende Kraft jedes dieser Medien auf die verschiedenste Weise kundzugeben. Bei einigen berührte sie mich nur, immer mit einer Kinderhand, damit ich sie als die Ihre erkennen möchte, oder sie legte ihren Mund gegen meinen, damit ich die Narbe auf ihrer Lippe fühlen sollte. Durch andere Medien sprach sie oder schrieb sie oder zeigte ihr Gesicht. Aber niemals wohnte ich einer Sitzung bei, in der sie es versäumte, ihre Anwesenheit kundzutun. Einmal war ich bei einer Dunkelsitzung, die von Mr. Charles Williams[60]) abgehalten wurde. Dabei wurden ich und meine Nachbarin Lady Archibald Campbell mehrere Male an unserer Kleidung gezogen, um unsere Aufmerksamkeit zu erregen. Danach lichtete sich die Dunkelheit und vor mir stand mein Kind und lächelte uns an wie in einem schönen Traum. Seine blonden Haare wellten sich über seine Schläfen, und seine blauen Augen waren auf mich gerichtet[61]). Es war weiß gekleidet, doch wir sahen nur seinen Kopf und seine Brust, über welcher seine Hände das Tuch der Kleidung zusammenhielten. Lady Archibald Campbell sah es genauso vollständig wie ich.

Bei einer anderen Gelegenheit schlug mir William Eglinton[62]) vor zu versuchen, eine Geister-Schrift auf seinem Arm zu erzielen. Er wies mich an, in ein anderes Zimmer zu gehen und den Namen eines besonders geliebten Freundes in der jenseitigen Welt auf ein Stück Papier zu schreiben. Das hatte ich dann mehrfach zusammenzufalten und ihm zurückzubringen. Ich folgte seinen Anweisungen und schrieb 'John Powles' auf. Als ich zu Mr. Eglinton zurückkehrte, entblößte er seinen Arm und hielt das Papier in eine Kerzenflamme, bis es zu Asche verbrannt war. Mit dieser rieb er dann seinen Arm ein. Ich wußte, was folgen sollte. Der auf das Papier geschriebene Name sollte in roten oder weißen Buchstaben auf dem Arm des Mediums erscheinen. Der Skeptiker wird sagen, daß es ein Trick von Gedankenlesen war und daß das Medium, das wußte, was ich geschrieben hatte, während meiner Abwesenheit die Schrift auf seinem Arm vorbereitet hatte. Aber als er die letzte Asche von seinem Arm geschüttelt hatte, lasen wir zu seiner und meiner Überraschung in einer deutlichen und klaren Handschrift die Worte: 'Florence ist die Liebste', als wenn mir mein Geist-Kind einen leichten Tadel dafür geben wollte, daß ich einen anderen Namen als ihren aufgeschrieben hatte.

Es erscheint mir heute seltsam, wenn ich jetzt zurückblicke und mich

---

[60]) Englisches Materialisationsmedium der 70ger Jahre des vorigen Jahrhunderts
[61]) Das Phantom war also selbstleuchtend, wie es oftmals bei Materialisationssitzungen beobachtet wurde
[62]) Englisches Materialisationsmedium ab 1874, geb. 1857

erinnere, wie niedergeschlagen sie war, als sie das erste Mal zu mir kam. Sobald sich aber eine ununterbrochene Verbindung zwischen uns eingestellt hatte, entwickelte sie sich zu dem fröhlichsten kleinen Geistwesen, das ich je kennengelernt habe. Obwohl ihre Kindheit nun vorüber ist und sie ernsthafter, nachdenklicher und fraulicher auftritt, erscheint sie immer froh und glücklich. Sie hat sich mir umfassend durch die Mediumschaft von Mr. Arthur Colman mitgeteilt. Ich erlebte sie während einer Dunkel-Sitzung in einem sehr kleinen privaten Kreis. Dabei wurde das Medium die ganze Zeit festgehalten und angebunden. Florence lief im Zimmer umher wie ein Kind, das sie ja war, küßte und sprach mit jedem Teilnehmer in der Runde, zog die Sofa- und Sessel-Bezüge herunter und stapelte sie in der Mitte des Tisches auf, tauschte das modische Beiwerk jedes Anwesenden aus, indem sie die Schlipse der Herren den Damen um den Hals legte und die Ohrringe der Damen in die Knopflöcher der Herren-Jacken hängte. Das tat sie alles gerade so, wie sie es getan haben könnte, wenn sie hier bei uns auf der Erde ein fröhliches und verwöhntes Kind gewesen wäre. Ich habe sie erlebt, wie sie kam und sich auf meinen Schoß setzte, mir dabei Gesicht und Hände küßte und mich den Defekt an ihrem Mund mit meinem eigenen fühlen ließ. An einem hellen Abend am 9. Juli, meinem Geburtstag, statte mir Arthur Colman völlig unerwartet einen Besuch ab. Da ich einige Freunde bei mir hatte, kamen wir überein, eine Sitzung abzuhalten. Es war unmöglich das Zimmer zu verdunkeln, da die Fenster durch Jalousien nur beschattet werden konnten. Wir ließen sie herunter und saßen dann im Halbdunkel. Zuerst hörten wir die Stimme von Florence flüstern: ’Ein Geschenk zum Geburtstag der lieben Mutter.‘ Dabei legte sie mir etwas in meine Hand. Dann ging sie auf die andere Seite zu einer anwesenden Dame und legte ihr ebenfalls etwas in die Hand mit den Worten: ’Und ein Geschenk für die Freundin meiner lieben Mutter.‘ Ich fühlte sofort, was Florence mir gegeben hatte. Es war ein Perlenkranz, ein Rosenkranz. Da ich wußte, wie oft unter ähnlichen Umständen Dinge nur von einem Zimmer in das andere getragen werden, folgerte ich, daß es der Rosenkranz war, der auf dem Kaminsims meines Wohnzimmers gelegen hatte und sagte das auch gleich. Ich erhielt jedoch sofort durch die Stimme von ’Aimée‘, des Mediums engstes Kontroll-Geistwesen, die Antwort: ’Du bist im Irrtum. Florence hat dir einen Rosenkranz gegeben, den du nie zuvor gesehen hast. Sie war außerordentlich begierig, dir zum Geburtstag ein Geschenk zu machen. Daher gab ich ihr die Perlen, die mit mir begraben worden sind. Sie kommen aus meinem Sarg. Ich hielt sie in meiner

Hand. Ich bitte dich aber darum, sie Arthur nicht eher zu zeigen, als bis ich dir die Erlaubnis dazu gebe. Er fühlt sich im Augenblick nicht wohl, und der Anblick der Perlen würde ihn jetzt aus der Fassung bringen.'

Ich war darüber sehr erstaunt, aber ich folgte natürlich ihren Anweisungen. Als ich Gelegenheit hatte, die Perlen genauer zu untersuchen, fand ich tatsächlich, daß sie mir fremd waren und sie vorher nicht in meinem Haus gewesen sind. Das Geschenk, das meine Freundin erhielt, war ein großer, ungefaßter Topas. Der Rosenkranz war aus geschnitztem Holz und Stahl angefertigt. Als einige Monate vergangen waren, erhielt ich die Erlaubnis, ihn Arthur Colman zu zeigen. Er erkannte ihn sofort als denjenigen, den er selbst in die Hände von Aimée gegeben hatte, als sie im Sarg lag. Als ich sah, wie ihn der Anblick erschütterte, bedauerte ich, ihm etwas davon erzählt zu haben. Ich bot an, ihm die Perlen zurückzugeben, aber er weigerte sich, sie zurückzunehmen. Und so blieben sie in meinem Besitz bis zum heutigen Tag.

Der größte Höhepunkt aber sollte noch kommen, der über alle Zweifelsfragen hinweg die persönliche Identität des Geistwesens, das mit mir Verbindung aufgenommen hatte, mit **dem** Körper bewies, den ich zur Welt gebracht hatte. Mr. William Harrison, der Herausgeber der Zeitschrift Spiritualist (der nach 17 Jahren geduldiger Forschung noch nie einen persönlichen Beweis der Rückkehr eines seiner verstorbenen Freunde oder Verwandten erhalten hatte), schrieb mir eine Nachricht, daß er eine Mitteilung seiner kürzlich verstorbenen Freundin Mrs. Stewart bekommen habe, mit dem Ergebnis, daß, wenn er eine Sitzung mit dem Medium Florence Cook und ein oder zwei gleichgesinnten Begleitern haben werde, sie ihr Bestes tun würde, um ihm in ihrer irdischen Gestalt zu erscheinen und es ihm zu ermöglichen, das zu untersuchen, wonach er schon so lange gesucht habe. Mr. Harrison fragte mich nun, ob ich bereit sei, mit ihm und Miss Kidlingbury (die Sekretärin der Britischen Nationalen Spiritualisten-Vereinigung) an der Sitzung mit Miss Cook teilzunehmen. Ich stimmte zu, und wir trafen uns zu diesem Zweck in einem der Räume der Vereinigung. Es war ein sehr kleines Zimmer, ungefähr 8 mal 16 Fuß [63]), ohne Teppich und ohne Möbel. Daher trugen wir für uns drei Rohrstühle hinein. Quer durch eine Ecke des Zimmers nagelten wir in ungefähr vier Fuß Höhe

---

[63]) Fuß = 30,48 cm

ein altes, schwarzes Umschlagtuch und legten dahinter ein Kissen, damit Miss Cook ihren Kopf darauf legen konnte. Miss Florence Cook ist brünett, von schmaler, schlanker Figur mit dunklen Augen. Sie trug ihr Haar mit einer Fülle von Locken und hatte ein hochgeschlossenes Kleid aus grauer Merinowolle an, das mit karminroten Bändern verziert war (Bild 12). Sie unterrichtete mich vor der Sitzung, daß sie während der letzten Trancesitzung unruhig geworden sei und in diesem Zustand zwischen die Sitzungsteilnehmer gegangen sei. Sie bat mich als ihre Freundin (die ich inzwischen geworden war), sie ordentlich zu schelten, wenn sich so etwas wieder ereignen sollte. Ich möge sie wie ein Kind oder einen Hund anweisen, wieder in das Kabinett[64]) zu gehen. Ich versprach ihr, das zu tun. Nachdem Florence Cook sich auf den Boden hinter dem schwarzen Tuch gesetzt (welches ihren grauen Merino-Rock noch sichtbar ließ) und ihren Kopf auf das Kissen gelegt hatte, drehten wir die Gasbeleuchtung etwas zurück und setzten uns auf unsere drei Rohrstühle. Das Medium erschien uns zuerst sehr unruhig. Wir hörten, wie es gegenüber den Wesenheiten, die es so grob gebrauchen wollten, Einwendungen machte. Einige Minuten später entstand eine zitternde Bewegung des Tuches, und eine große weiße Hand wurde mehrfach in unseren Blickwinkel gestoßen und wieder zurückgezogen. Ich hatte Mrs. Stewart (deretwegen wir ja ausdrücklich diese Sitzung abhielten) in ihrem irdischen Leben niemals gesehen und konnte daher die Hand nicht identifizieren. Aber wir alle bemerkten, wie lang und weiß sie war. In der nächsten Minute wurde das Tuch emporgehoben und eine weibliche Gestalt kroch auf Händen und Knien nach vorne. Dann stand sie auf und betrachtete uns. Bei dem trüben Licht und der Entfernung, in der sie vor uns stand, war es unmöglich, ihre Gesichtszüge zu identifizieren. Daher fragte Mr. Harrison, ob sie Mrs. Stewart wäre. Die Gestalt schüttelte den Kopf. Da ich einige Monate zuvor eine Schwester verloren hatte, durchschoß mich der Gedanke, daß sie es vielleicht sein könnte. 'Bist du es, Emily?' fragte ich. Aber zur Verneinung wurde wieder der Kopf geschüttelt. Auf eine gleiche Frage von Miss Kidlingbury bezüglich einer ihrer Freundinnen erhielten wir die gleiche Antwort. 'Wer kann es sein?' sagte ich neugierig zu Mr. Harrison.

Da ertönte es mit Florence flüsternder Stimme: 'Mutter, erkennst du mich denn nicht?' Ich stand auf, um auf sie zuzugehen, wobei ich aus-

---

[64]) Also hinter den Vorhang zu gehen

rief: 'Oh, mein liebes Kind! Ich habe nie geglaubt, dich hier zu treffen.' Sie aber antwortete: 'Geh zu deinem Stuhl zurück, ich werde zu dir kommen.' Ich nahm wieder Platz, und Florence kam durch das Zimmer und setzte sich auf meinen Schoß. Sie war bei dieser Gelegenheit weniger verhüllt als andere materialisierte Geistwesen, die ich jemals gesehen habe. (Siehe dazu Bild 13). Auf dem Kopf hatte sie nur ihre Haare, von denen sie eine große Menge zu haben schien. Sie fielen ihr hinten herunter und bedeckten ihre Schultern. Ihre Arme und Füße und Teile ihrer Beine waren entblößt. Das Gewand, das sie trug, hatte keine besondere Form oder Machart, sondern es schien, als ob ihr viele Meter von weichem, dickem Musselin von der Brust bis unterhalb der Knie um ihren Körper gewickelt seien. Sie hatte ein schweres Gewicht, vielleicht 63 kg, und gut ausgebildete Gliedmaßen. Sie schien demzufolge mehrere Jahre älter zu sein und glich in bezug auf Größe und Gestalt so sehr ihrer ältesten Schwester Eva, daß ich immer die Ähnlichkeit zwischen beiden beobachtete. Diese Sitzung fand zu einer Zeit statt, in der Florence etwa 17 Jahre alt hätte sein müssen.

'Florence, mein Liebling', sagte ich, 'bist du es wirklich?' 'Mache das Gaslicht heller', antwortete sie, 'und sieh auf meinen Mund.' Mr. Harrison erfüllte ihren Wunsch, und wir sahen alle die eigenartige Mißbildung an ihrer Lippe, mit der sie geboren war, ein Defekt, von dem mir einige der erfahrensten Mediziner versichert hatten, er sei so selten, daß sie ihn niemals vorher gesehen hätten. Sie öffnete dann auch ihren Mund, so daß wir sehen konnten, daß sie keinen Schlund besaß.

Ich versprach zu Beginn meines Buches, mich auf die Tatsachen zu beschränken und die zu ziehenden Folgerungen meinen Lesern zu überlassen. Daher will ich meinen Bericht auch nicht unterbrechen, um weitere Bemerkungen über diesen unbestreitbaren Beweis der völligen Gleichheit zu machen [65]). Ich merkte, das Erlebnis war für mich umwerfend und rührte mich zu Tränen. Zu diesem Zeitpunkt rief Miss Cook, die hinter dem schwarzen Tuch viel gestöhnt und sich bewegt hatte, plötzlich aus: 'Ich kann das nicht länger aushalten' und ging in das Zimmer. Da stand sie nun in ihrem grauen Kleid mit karminroten Bändern, während Florence in weißer Kleidung auf meinem Schoß saß. Aber nur für einen Augenblick, denn sobald das Medium voll sichtbar war, sprang das Geistwesen auf und stürzte hinter den Vorhang.

---

[65]) Gemeint ist die Gleichheit zwischen dem Geistwesen und der Verstorbenen

In Erinnerung an Miss Cooks Anweisung für mich, schimpfte ich sie kräftig dafür aus, daß sie ihren Platz verlassen hatte, solange, bis sie wieder wimmernd an ihren früheren Platz zurückkroch. Kaum hatte sich der Vorhang hinter ihr wieder geschlossen, als Florence schon aufs neue erschien, sich an mich klammerte und sagte: 'Laß sie das nicht wieder tun. Sie erschreckt mich so.' Sie zitterte dabei richtig. Ich antwortete ihr: 'Florence, warum fürchtest du dich vor dem Medium? In dieser Welt fürchten wir armen Sterblichen uns vor den Geistwesen.' Florence flüsterte: 'Ich habe Angst, daß sie mich wegschickt, Mutter.' Nun, Miss Cook störte uns nicht wieder, und Florence blieb noch für geraume Zeit bei uns. Sie schlang ihre Arme um meinen Nakken, legte ihren Kopf an meine Brust und küßte mich dutzende Male. Sie ergriff meine Hand, spreizte sie aus und sagte, sie sei sicher, ich könne ihre Hand erkennen, wenn sie sie aus dem Vorhang herausstrecke, da sie der meinen sehr gleiche. Ich war in diesem Augenblick sehr bekümmert, und Florence nannte mir den Grund dafür: 'Gott hat es zugelassen, daß ich mich dir mit meiner irdischen Mißbildung zeigen darf, so daß du sicher bist, daß ich es wirklich bin und daß der Spiritismus Wirklichkeit ist und dich tröstet. Manchmal zweifelst du, Mutter, und denkst, deine Augen und Ohren haben dich getäuscht. Aber jetzt darfst du nie mehr zweifeln. Glaube nicht, daß ich in dieser Gestalt auch in der jenseitigen Welt lebe. Die Mißbildung habe ich schon lange nicht mehr. Aber heute abend habe ich sie wieder angenommen, um dir Gewißheit zu verschaffen. Gräme dich nicht, liebe Mutter. Denke daran, daß ich dir immer nahe bin. Niemand kann mich von dir trennen. Deine irdischen Kinder mögen heranwachsen, in die Welt hinausgehen und dich verlassen, aber du wirst immer dein Geist-Kind ganz dicht bei dir haben.'

Ich konnte und kann nicht angeben, wie lange Florence bei dieser Gelegenheit sichtbar bei uns blieb. Mr. Harrison sagte mir hinterher, daß sie ungefähr 20 Minuten geblieben sei. Doch ihre unzweifelhafte Anwesenheit machte einen überwältigenden Eindruck auf mich, daß ich nur denken konnte: Sie war da, ich hielt wirklich die in meinen Armen, die ich als kleines Kind mit meinen eigenen Händen in den Sarg gelegt hatte. Sie war nicht **mehr** tot, als ich es selbst war, aber sie war zu einer Frau herangewachsen.

So saß ich dort und hatte sie mit meinen Armen eng umschlossen. Mein Herz schlug solange gegen ihres, bis die Kraft nachließ und Florence gezwungen war, mir einen letzten Kuß zu geben. Sie verließ mich in verblüfftem und verwirrtem Zustand, weil es so unerwartet geschah. Nachdem sie uns verlassen hatte, materialisierten sich und erschienen noch zwei andere Geistwesen, aber keines von beiden war Mrs. Stewart. Insofern war die Sitzung ein Mißerfolg.

Ich habe Florence seit diesem Ereignis noch bei zahlreichen anderen Gelegenheiten gesehen und gehört, allerdings ohne diese Mißbildung ihres Mundes, von der sie uns versicherte, daß sie mit ihr keinen von uns mehr ängstigen wolle. Ich könnte Seiten füllen mit den Berichten über ihre reizende und einschmeichelnde Handlungsweise und manchmal eindrucksvollen Nachrichten.

Ich habe von dieser Geschichte so viel berichtet, wie den Leser interessieren mag. Es ist für mich wunderbar festzustellen, wie sich die Wege und Arten der Verbindung im Laufe der Jahre gewandelt haben. Als sie mir 1873 erschien, war sie ein schlichtes Kind, das nicht wußte, wie es sich ausdrücken sollte. Sie ist jedoch eine Frau voller Einsicht und besorgter Warnungen, die zu mir im Jahre 1890 kommt. Aber trotzdem erscheint sie mir äußerlich als Neunzehnjährige. Florence sagte mir, wenn sie dieses Alter erreicht habe, werde sie nicht älter an Jahren und äußerlicher Erscheinung und habe dann den Höhepunkt der weiblichen Entwicklung in der Geistigen Welt erreicht.

Gerade am Abend vor Weihnachten, an dem ich diesen Bericht schreibe, kommt sie zu mir und sagt: 'Du darfst nicht traurigen Gedanken Raum geben. Die Vergangenheit ist vergangen. Laß es ruhen in der Gnade, die dir geblieben ist.' Und unter die größten dieser Gnaden rechne ich die Existenz meines Geist-Kindes."

Zu diesen eindrucksvollen Erlebnissen und Schilderungen von Frau Marryat läßt sich nur die Frage stellen: Ist überhaupt ein überzeugenderer Beweis des Fortlebens eines verstorbenen Menschen denkbar, als er hier gegeben wurde? Meiner Meinung nach ist das nicht der Fall.

10.

Mediale Mitteilungen Verstorbener

Informationen, die auf einen ehemals auf dieser Erde lebenden Menschen schließen lassen, müssen nicht unbedingt durch direkt sprechende Vollphantome gegeben werden, sondern können auch durch andere mediale Betätigung auf diese Erde gelangen.

Dazu gehören das unmittelbare Sprechen eines Mediums in Trance oder Halbtrance oder das mediale Schreiben unter dem Einfluß einer jenseitigen Wesenheit. Es gehören dazu aber auch die Benutzung einer Planchette (eine Art medialer Zeigertelegraph) oder eines klopfenden oder kippenden Tisches.

Über solche Versuche berichtet der bereits erwähnte Dr. Petersen (66): „Im folgenden soll über ein 'spiritistisches' Erlebnis berichtet werden, welches unzweifelhaft verdient, von wissenschaftlicher Seite stark beachtet zu werden.

Im Jahre 1926 nahm ich regelmäßig an Sitzungen teil, die meist einmal wöchentlich mit einem recht bedeutenden Medium, einer damals 45jährigen Dame aus einfachem Stande, abgehalten wurden. Die Zirkelteilnehmer waren im allgemeinen immer dieselben, 10-12 Personen. Das Medium war während der Sitzungen, von vereinzelten Ausnahmen – die für unseren Bericht nicht in Frage kommen – abgesehen, völlig wach. Besonders stark ausgeprägt waren die Klopflaute, die sich oft zu 'Faustschlägen' verstärkten. Fernbewegungen kamen in den verschiedensten Formen vor. Leuchtphänomene waren seltener. Berührungen durch 'fluidale Gliedmaßen' waren allgemein und oft außerordentlich kräftig. Das Medium war ferner hellsehend, zeitlich und räumlich; es sah zuweilen künftige Ereignisse voraus. Auch Apporte sind zuweilen gekommen, dabei fiel das Medium, wenn auch nur für kurze Zeit, in Trance.

Besonders wichtig ist, daß das Medium während der im Dunkeln abgehaltenen Sitzungen die sich mitteilenden 'Transpersönlichkeiten' sah, und zwar meist sehr genau.

Den Hauptinhalt der Sitzungen bildeten aber immer intelligente Mitteilungen. Sie wurden durch einen von mir konstruierten Tisch vermittelt, der gegenüber der vorher angewandten einfachen 'Klopfalphabet'-Methode eine große Erleichterung brachte. In einem unter der Tischplatte befindlichen schwach erleuchteten Hohlraum wurde durch die kippende Bewegung des Tisches ein Zeiger in Bewegung gesetzt, der auf Buchstaben zeigte, die durch Öffnungen in der Tischplatte hindurchschienen, welche mit durchsichtigem Material verschlossen waren. Der Tisch war also für Dunkelsitzungen brauchbar, beanspruchte wenig Energie und arbeitete sehr schnell und ohne Irrtümer.

Es folgen nun die Protokolle der für unser Thema in Frage kommenden Sitzungen. Sie fanden immer um 9 Uhr abends in einem Privathaus statt. Dienstag, den 19. Januar 1926. Das Medium sieht unter anderen sehr deutlich eine 'Geistgestalt', die bisher noch nicht da gewesen ist. Sie wird beschrieben als ein Mann von etwa 60 Jahren, bartlos, mit wenig Kopfhaar, etwas spitzer Nase, hoher Stirn und gütigen Augen. Er ist ganz in Weiß. Auf unsere Frage, wer er sei, antwortet er:

'Rochlitz'. – Keiner von den Zirkelteilnehmern kennt den Namen. Aber dann sagt er weiter: 'Ich bin Schriftsteller gewesen, war erst Sänger, bin schon *150*[66]) Jahre hier. Diese Sache interessiert mich. Wenn ihr gestattet, möchte ich euch am Dienstag mein irdisches Leben beschreiben. Ich nehme auch Anteil an eurem Sohn; der will ja seine Stimme ausbilden. – Ihr könnt ja dann forschen. Freund Tomfohrde erlaubt es gerne.'

Zur Erklärung sei gesagt, daß ein Sohn (Carl) der Familie, in deren Wohnung die Sitzungen stattfanden, Gesangunterricht nahm in der Absicht, Sänger zu werden. Tomfohrde, der aus Ohlhavers Buch 'Die Toten leben' bekannt ist, war in den Sitzungen der 'Kontrollgeist', was durch die Beziehungen eines früheren Zirkelmitgliedes zum Hause Ohlhaver zu erklären ist.

Dienstag, den 26. Januar 1926. Das Medium sieht heute keine 'Geistwesen', aber als erster meldet sich durch den Tisch Rochlitz und sagt: 'Hier Johann Friedrich Rochlitz. Ich bin geboren in Leipzig und auch

---

[66]) Auffällige Spracheigentümlichkeiten und Sprachfehler sind durch Kursivdruck hervorgehoben. –

ebendaselbst gestorben. Mein Geburtstag fiel *am*[66]) 12. Februar, mein Heimgang *am* 16. Dezember. Geburtsjahr 1770, gestorben 1842. Mein Vater war Schneidermeister, er hieß Carl Ludwig. Meine herzige Mutter hieß Susanne Magdalene, geborene Häcker. Dieses alles findet ihr im Kirchbuch St. *Tomae.* Dieses nur, damit ihr überzeugt seid. –

Ich kam erst als Externus in *der Tomasschule.* Später kam ich in das Alumneum. (Dieses Wort machte Rochlitz etwas Mühe.) Hier wurde [ich][67]) erster Sopranist. (Es wurde hier bemerkt, daß Carl das interessiert hätte.)Deshalb sage ich es. – Leider wechselte meine Stimme, und ich wurde erster Tenor. Meine herrliche Stimme bekam ich auch nie wieder. Ich fing in meinem 18. Lebensjahr zu komponieren [an]. Dann lief die Wissenschaft mit mir fort. Nächstens mehr. (Es wurde gefragt, ob Rochlitz Brüder gehabt habe.) Zwei. Wir hatten aber nicht solchen Wohlstand *als wie* dieser Schneidermeister; bei uns ging es bös arm her.' (Der Inhaber der Wohnung, in der die Sitzungen stattfanden, war Schneidermeister.)

Während der Zeit bis zur nächsten Sitzung hatte ich im Konversationslexikon gesehen, daß der in Frage kommende Rochlitz tatsächlich gelebt hatte, daß es sich um einen zeitweiligen Herausgeber der 'Allgemeinen Musikalischen Zeitung', die in Leipzig herauskam, handelte, daß er aber im Jahre 1769 geboren sei(!), während das in der Sitzung angegebene Monatsdatum stimmte. Die weiteren kurzen Ausführungen im Lexikon wurden absichtlich nicht gelesen!

Dienstag, den 2. Februar 1926. Wir unterhielten uns während der Vorbereitung zur Sitzung über die oben erwähnte Unstimmigkeit. – Bei Beginn der Sitzung zeigt sich Rochlitz dem Medium sehr deutlich und meldet sich als erster durch den 'Zeigertisch': 'Ihr meint wegen meines Geburtsjahr[s]. Ich habe immer gesagt: siebenzig, aber die haben es mir abgestritten. Im Kirchenbuch, sagen die Menschen, steht neunundsechzig. Aber *da* ist schon viel *um* gestritten worden. Aber ich muß es doch wissen. Ihr könnt es ja mit erwähnen, wenn ihr schreibt.   Also: Ich hing ja zuletzt den Gesang an [den] Nagel und ging zur Wissenschaft. Siebenzehnhundertneunundachtzig (so diktiert!) verließ ich das Alumneum. (Das Wort machte wieder Schwie-

---

[66]) Auffällige Spracheigentümlichkeiten und Sprachfehler sind durch Kursivdruck hervorgehoben. – Der hier gebrauchte Dativ war, wie sich später herausgestellt hat, zu R's Zeiten gebräuchlich.
[67]) Augenscheinlich vergessene Worte oder Buchstaben stehen in eckigen Klammern.

rigkeiten; erst wurde Aleneum buchstabiert.) Ich studierte dann zwei Jahre Theologie, konnte aber meiner Armut wegen den Kursus nicht zu Ende führen. Nun dachte ich, mit meinem Fleiß würde es gelingen, und nahm einen Platz als Hauslehrer bei einem Landskammerath, aber mußte diese Stellung gesundheitswegen nach anderthalb Jahren wieder verlassen. Nun war ich noch viel ärmer als zuvor. Für heute Schluß!'

Dienstag, den 9. Februar 1926. Rochlitz zeigt sich heute, ebenso wie andere 'Geistwesen', weniger deutlich. Er meldet sich wieder zuerst: 'Also hier Rochlitz. Siebenzehnhundertzweiundneunzig verließ ich meine Stellung bei dem Landkammerrath *Oeler* in *Crimmerschau*[68]) und fuhr nach Leipzig zurück. Dank meines Freundes Beethoven, der für Mittel sorgte, konnte ich wieder mein Studium der *Teologie* aufnehmen. Ich hielt zuweilen auch Kanzelreden in den Hauptkirchen ab, aber ich hatte das Gefühl, *es* auf diesem Gebiete nicht genug wirken zu können. Es war mir alles zu eng, mein Genius wies mir den Weg zu schriftstellern an. *Mozahrt* kam dann nochmal nach Leipzig, und wir konnten dann für unsere Zeitgenossen wirken. Gute Nacht.

Ich sagte, ich würde mich freuen, das alles bald bestätigt zu finden. Darauf Rochlitz: 'Mein Tauftag fiel *am* 15. Februar.' Darauf wurde Rochlitz gefragt, ob er mit seinem Bericht bald fertig sei. Die Antwort lautete: 'Lange nicht!'

Dienstag, den 23. Februar 1926. Das Medium sieht u. a. auch Rochlitz besonders deutlich. Er berichtet weiter: 'Rochlitz. − Mit den gediegensten Kenntnissen und (hier lange Pause, etwa 2 Minuten) klar über die Richtung, die ich einzuschlagen... (Nun wieder von vorne anfangend:) Mit den gediegensten Kenntnissen ausgerüstet und klar über die Richtung, klar über das Ziel, das ich einzuschlagen hatte... (Der Satz blieb unvollendet!) Meine äußere Lebensweise traf keine Störung und Beeinträchtigung mehr, alles glückte, was ich vornahm. Im Jahre achtzehnhundertzehn verheiratete ich mich mit der Tochter des Bauraths Hansen zu Leipzig. Sie war eine verwitwete Daniel Winkler. Unsere Ehe war sehr glücklich, aber leider ohne Nachkommenschaft. Von meinem ferneren Leben wäre wohl nicht viel mehr zu erwähnen, nur daß ich im Jahre einunddreißig das Ritterkreuz und [den] Hausorden vom weißen Falken erhielt. Die letzten zwölf Jahre widmete ich mich ganz meinem Gott und Heiland. Mein Gesangbuch wurde erst

---

[68]) Beispiel für Fehler in der Durchgabe. Die Stadt heißt „Crimmitschau"

nach meinem Heimgang eingeführt. Geschrieben und Melodien. Am Morgen des sechzehnten Dezember mit Sonnenaufgang schied sich meine irdische Hülle vom Geist. Am neunzehnten begruben sie mein Kleid. Ich litt vier Wochen an Nervenfieber. Es war an einem Montag, als sie mich begruben. – Ich sage dieses nur, damit ihr forschen könnt.' – Die Sitzungsteilnehmer unterhalten sich über die Unwahrscheinlichkeit, daß Rochlitz' Frau tatsächlich eine geborene Hansen sein könne, da das doch ein typisch nordischer Name sei. 'Hansen hieß meine Frau', erklärt darauf unerwartet Rochlitz. Ich dankte Rochlitz für seine Ausführungen und sagte, daß wir jetzt forschen wollten. 'Ich habe auch geforscht', war die Antwort.

Nun zu den Nachforschungen nach der Richtigkeit der gemachten Angaben: Ich wandte mich zunächst an das Pfarramt der Thomaskirche in Leipzig und erfuhr, daß Name und Beruf des Vaters und der Name, auch Mädchenname, der Mutter genau stimmten und daß auch Rochlitz' eigener Name ganz richtig angegeben war. Die Daten der Geburt und der Taufe waren aber nicht der 12. und 15. Februar 1770, sondern der 12. und 15. Februar 1769. In einer Sitzung vom 16. März 1926 erzählte ich Rochlitz von seiner offenbaren Fehlangabe. Er antwortete: 'In der Kirche haben sie sich schon um mein Geburtsjahr gestritten. Zu der Zeit meiner Verheiratung war schon nicht alles in Ordnung. (Diese Angaben sind leider unkontrollierbar.) Wie es zugeht, weiß ich nicht. Meine Erinnerung verläßt mich nicht.' Nun ist es außerordentlich interessant, daß Rochlitz schon 'zu Lebzeiten' das Jahr 1770 als sein Geburtsjahr angegeben hat! In 'Gerbers Neuem Musiklexikon', Leipzig 1830, ist auch eine kurze Biographie des damals noch lebenden Rochlitz enthalten, die, wie dort erwähnt ist, dieser dem Herausgeber auf dessen Bitten im Dezember 1829 eigenhändig mitgeteilt hat. Sie beginnt: 'Ich bin in Leipzig 1770 geboren...'

Das schreibt Rochlitz als ein reifer, hochgebildeter Mann von 61 Jahren! Daß er als Schüler genauer Bescheid gewußt haben sollte, ist nicht zu erwarten. Tatsächlich hat er als 12-jähriger Quartaner im September 1781 ins Album alumneorum der Thomasschule eigenhändig eingetragen: Ego Johannes Fridericus Rochlitzius Lipsiensis natus sum anno Chr. MDCCLXVIII patre Carolo Ludovico Rochlitzio sartore. (Genaue Abschrift durch Kirchenmusikdirektor a.D. Bernhard Friedrich Richter in Leipzig). Hier gibt Rochlitz also das Jahr 1768 als sein Geburtsjahr an. In bezug auf Daten ist er also schon während seines Erdenlebens nicht zuverlässig gewesen. Hierzu paßt auch der Nachweis des Herrn Prof. B. Richter im Bach-Jahrbuch 1906, daß Rochlitz in musikgeschichtlichen Dingen nur bedingte Glaubwürdigkeit beanspruchen könne. Es wundert uns deshalb auch nicht, daß er im Jahre 1789 die Schule verlassen zu haben behauptete, während er bereits 1788 das Zeugnis der Reife erhielt. Der Rektor der Schule, Fischer, hat später dem oben erwähnten eigenhändigen Eintrag Rochlitz' hinzugefügt:

'Discessit honeste e classe I a, d. 26. Martii 1788'. (Abschrift durch Bernh. Fr. Richter.)

Die übrigen Angaben Rochlitz' sind, so befremdend – wie der Name Hansen – und so genau sie zum Teil waren, von einer noch zu besprechenden Ausnahme abgesehen, vollauf bestätigt worden, und zwar durch eine in der 'Allgemeinen Musikalischen Zeitung', Jahrgang 1843, Heft 7-9 abgedruckte Selbstbiographie Rochlitz', durch eine in Heft 2 desselben Jahrganges vorhandene Biographie und vor allem durch eine von Dörffel verfaßte Biographie. Sie ist beigefügt der nach Rochlitz' Tode in Züllichau erschienenen Auflage der 'Auswahl des Besten aus Joh. Fr. Rochlitz' gesammelten Schriften, vom Verfasser veranstaltet, verbessert und herausgegeben'. Diese verschiedenen Quellen mußten aus der Berliner Universitätsbibliothek entliehen werden."

Aus Platzgründen wird aus dem ausführlichen Bericht Petersens ein Teil ausgelassen und gleich zur Schlußbetrachtung übergegangen (66, S. 58):

„Bewußter Betrug – das mag hier der Vollständigkeit halber hinzugefügt werden – kommt nicht in Frage. Das darf bei Kenntnis der Sitzungsteilnehmer und der für jede sich mitteilende Intelligenz, also auch für Rochlitz', typischen Art der Tischhandhabung behauptet werden. Trotzdem sind verschiedentlich zur Kontrolle dem Medium die Augen sorgfältig verbunden worden: Der Tisch arbeitete weiter, als wenn nichts geschehen wäre; auch wenn – wie es oft der Fall war – das Medium allein eine Hand oder beide Hände lose auf den Tisch legte.

Schaffen wir uns jedoch von der ganzen Rochlitz-Kundgebung in ihrer geschlossenen Ganzheit und in ihren Einzelheiten eine Gesamtschau, so gewinnt die Anwendbarkeit der spiritistischen Hypothese an Wahrscheinlichkeit. Nirgends stimmt der gegebene Text mit dem der vorhandenen Biographien überein, abgesehen von der einen beabsichtigten Ausnahme, die an sich außerordentlich bedeutsam ist und ohne weiteres jedem Unbefangenen als ein Bemühen erscheinen muß zum Nachweis der Identität. Rochlitz unterhält sich mit den Anwesenden in ungezwungener Weise, er gibt auf Fragen sinngemäße und richtige Antworten, er berichtet, daß er zwei Brüder gehabt habe, was in keiner Biographie zu lesen, aber bestätigt ist. Rochlitz bekundet als wissenschaftliche Persönlichkeit immer wieder Interesse an der Bestätigung seiner Angaben. Fast verblüffend ist die Tatsache, daß Rochlitz in bezug auf sein Geburtsjahr jetzt genau denselben Fehler macht wie zu seinen 'Lebzeiten', trotz der richtigen Angaben in den über ihn verfaßten Biographien und in Lexikonberichten. Wenn Rochlitz einige wenige Male ein Wort falsch buchstabiert oder ein Wort ausläßt, ist das ebenfalls durchaus 'menschlich'. Und es kommt noch etwas hinzu, was nicht beschrieben werden kann, sondern erlebt werden muß: die für ihn völlig charakteristische Art, den Zeigertisch zu handhaben und die einzelnen Buchstaben zu zeigen. Schließlich das, was wohl den größten Eindruck macht: Das Medium sieht ihn, in den einzelnen Sitzungen gleichbleibend, lebend, so, wie er in den letzten Jahren seines Erdenlebens ausgesehen haben mag. Alles in allem: Rochlitz machte durchaus den Eindruck einer anwesenden denkenden Persönlichkeit.

Es muß hier zum Schluß betont werden, daß es eine unbegründete wissenschaftliche Ansicht ist, wenn man meint, die spiritistische Hypothese erst dann anwenden zu dürfen, wenn alle anderen, auch die unwahrscheinlichsten, versagen! Wer gibt uns das Recht, eine Rangordnung aufzustellen? In 'okkulten' Dingen ist immer die Hypothese als die beste anzusehen, die ein Erlebnis am besten, am einfachsten und ungezwungensten deutet, ganz abgesehen von zeitbedingten Vorurteilen!"

In dem vorstehend geschilderten Fall gab das jenseitige Wesen den diesseitigen Fragestellern bereitwillig Auskunft und war bestrebt, seine Identität möglichst glaubhaft und nachprüfbar zu machen.

In dem folgenden Fall ist es genau umgekehrt. Das jenseitige Wesen versuchte seine Identität zu verschleiern und war an Nachprüfungen überhaupt nicht interessiert. Erst durch mühsame Nachforschungen konnte ermittelt werden, um wen es sich in Wirklichkeit handelte. Dieser Fall wurde untersucht, aufgeklärt und berichtet von dem Austro-Amerikaner Hans Holzer. Er studierte Geschichte und Archäologie und wurde dann Journalist. Während dieser Tätigkeit wandte er sich intensiv der Parapsychologie zu. Er schrieb über das Gebiet eine Reihe von Büchern, darunter „Gespensterjäger" (40). In diesem Buch berichtet er über seine Bemühungen um die Erforschung von Spukhäusern, also von Örtlichkeiten, an die verstorbene Menschen durch gefühlmäßige Verstrickungen und unglückliche Erinnerungen gebunden sind. In diesem Zustand versuchen sie, sich durch Geräusche, Bewegung von Gegenständen oder sichtbare Erscheinung ihrer Person, gegenüber den lebenden Hausbewohnern bemerkbar zu machen.

Holzer sah nun seine Aufgabe darin, die spukenden Wesenheiten von ihrem Tun durch Aufklärung abzubringen und sie dadurch zu „erlösen". Diese Aufklärung war auf folgende Weise möglich: Holzer hatte in seiner Untersuchergruppe eine Mitarbeiterin, eine Frau Ethel Meyers, die ein sehr gutes Medium war. Sie ermöglichte die Verbindung zu den verstorbenen, spukenden Wesenheiten in der Weise, daß sie selbst in Trance fiel. In diesem Zustand war es dann möglich, besonders auch mit Hilfe jenseitiger, unsichtbarer Helfer, die spukenden Wesen in das Medium hineinzulocken. Sie nahmen dann von dem Körper und den Sprech- und Sinnesorganen Besitz, steuerten sie also an. Auf diese Weise konnte man sich mit den Wesenheiten unterhalten und sie insbesondere darüber aufklären, daß sie von unserer Erde abgeschieden waren, daß sie für unsere Begriffe verstorben waren. Darüber waren diese sich infolge ihrer gefühlsmäßigen Verwirrung gar nicht im klaren. Sie wähnten sich in der Regel noch in irgendeine unangenehme Situation ihres irdischen Lebens verstrickt. Dadurch, daß Holzer sie über ihre wirklichen Verhältnisse aufklärte, erreichte er meistens, daß sie von ihrem spukhaften Treiben abließen und neuen Aufgaben in der jenseitigen Welt zugeführt werden konnten.

In diesem Sinne berichtet Holzer in seinem Buch „Gespensterjäger" über 19 von ihm untersuchte Spukfälle in den U.S.A., auf die er durch mündliche Erzählungen oder Zeitungsberichte aufmerksam gemacht worden war. So erfuhr er auch 1953 durch eine Zeitungsanzeige von einem Spukfall im obersten, sechsten Stockwerk eines alten Hauses aus der Mitte des viktorianischen Zeitalters in der Fifth Avenue Nr. 226 von New York. In dieser Wohnung war ein Gespenst von Gästen des Hauses bei mehreren Gelegenheiten erblickt worden.

Am 11. Juli 1953 (40, S. 129) begab sich Holzer mit drei weiteren Mitarbeitern und dem Medium Frau Meyers in die Wohnung in der Fifth

Avenue. Das Medium setzte sich dort auf einen Stuhl und faßte sich sofort an den Hals wie jemand, der zu Tode gewürgt wird. Aufgeregt erklärte sie: „Ich werde am Hals aufgehängt, bis ich tot bin." Anschließend fiel sie dann in Trance. Holzer berichtet über das nun Folgende (40, S. 132):

„Das jetzt von einem unbekannten Wesen 'besessene' (,in Besitz genommene') Medium hat Schwierigkeiten beim Sprechen. Das Wesen bricht in närrisches Gelächter voller Haß aus. Das Wesen: ... Striegel das Pferd ... sie kommen ... striegel ... das Pferd. Wo ist Mignon? Wo ist Sie?

Frage: Wir möchten Ihnen helfen. Wer ist Mignon?

Das Wesen: Sie könnte hier sein ... wo ist sie? ... Ihr habt sie geschnappt ... Wo ist sie? ... Wo ist das Baby? ...

Frage: Welches Baby?

Das Wesen: Was taten sie mit ihr?

Fragende Personen: Wir sind Ihre Freunde.

Das Wesen (voller Tränen): Oh, ein Feind ... ein Feind ...

Frage: Wie heißen Sie?

Das Wesen: Guychone ... Guychone ... (drückt Schmerz am Hals aus; tastende Hände beben offenbar, weil das Wesen verblüfft ist, einen Frauenkörper zu finden).

Frage: Sie benutzen den Körper von jemand anders. (Das Wesen packt den Hals.) Tut es Ihnen da weh?

Das Wesen: Jetzt nicht mehr ... Er ist wieder heil ... Ich kann nicht sehen ... Alles ist so anders, alles ist ganz merkwürdig ... Nichts ist mehr dasselbe.
Ich fragte, wie er starb. Das brachte ihn sofort in Erregung.

Das Wesen (hysterisch): Ich tat es nicht ... Ich sag's Ihnen nochmals: Ich tat es nicht. Nein! ... Mignon, Mignon ... Wo ist sie? Sie nahmen das Baby ... Sie tat mich weg ... Sie nahmen sie ... (Warum nahm sie Sie weg?) Damit mich niemand finden konnte. (Wo?) Ich bin da (gemeint: oben) die ganze Zeit hindurch.

An diesem Punkt wurden die Tonbänder gewechselt. Das Wesen, befragt, woher es komme, sagte: Charleston, es wohne in einem weißen Haus.

Frage: Finden sie es schwierig, diesen Körper zu benutzen?

Das Wesen: Was? Was? Ich bin hier ... Ich bin hier ... Dies ist mein Haus. Was tun Sie hier?

Frage: Erzählen Sie mir etwas über das kleine Zimmer oben.

Das Wesen (schreiend): Kann ich ... aus dem Zimmer ... weggehen?

In diesem Moment verschwand das Wesen, und die Kontrollperson[69]) des Mediums, Albert, 'übernahm' ihren Körper.

Albert: Es ist eine sehr starke Kraft hier, und es ist ein bißchen schwierig gewesen. Dies Individuum hier erlitt Gewalt durch die Hände von mehreren Menschen. Er war ein Konföderierter, und er wurde aufgegeben, hier versteckt, während sie entwischten.

Frage: Welchen Rang hatte er?

Albert: Ich glaube, er hatte einen nicht unbedeutenden Rang. Doch ist es etwas zweifelhaft, was er war.

Frage: Welches war sein Name?

Albert: Es ist nicht so, wie er behauptet. Das ist ein angenommener Name, den er gerne trägt. Er ist bisher nicht bereit, die vollen Einzelheiten zu berichten. Er ist eine gewalttätige Seele unter der Oberfläche, wenn er Gelegenheit hat zu kommen, aber er hat keinem ein Leid zugefügt, und wir wollen, wenn möglich, von hier aus mit ihm arbeiten.

Frage: Was hat es mit Mignon und dem Baby auf sich?

Albert: Sie sind natürlich eine lange Zeit 'auf dieser Seite', jedoch er wußte es nie, was aus ihnen wurde. Sie wurden grausam auseinandergerissen. Sie hat ihm gar nichts getan.

Frage: Wie verließ er diese Welt?

Albert: Durch Gewaltanwendung. (Wurde er gehängt?) Ja. (Im kleinen Zimmer?) Ja. (War es Selbstmord oder Mord?) Er sagte, es war Mord.

Die Kontrollperson regte dann an, die Trance zu beenden und in 'offener' Sitzung sich um weitere Ergebnisse zu bemühen. Wir erweckten das Medium vorsichtig und langsam."

In 18 weiteren Sitzungen, die später nicht mehr in der Spukwohnung stattfanden, wurde bis zum 26. November 1953 folgendes ermittelt:

---

[69]) Ein jenseitiges Wesen, das die Leitung der Vorgänge ausübt

Die Wesenheit gab an, Edouard Guychone geheißen zu haben, Oberst im 206. Kavallerieregiment der Südstaaten gewesen zu sein und am amerikanischen Bürgerkrieg teilgenommen zu haben. Sie war der Annahme, daß das Jahr 1873 geschrieben werde. Diese Angaben wurden nicht etwa fließend vorgetragen, sondern durch mühsames Fragen hervorgeholt. Außerdem gab sie später an, Jura studiert zu haben und im Zivilberuf Anwalt gewesen zu sein.

Nachforschungen ergaben, daß ein Oberst Guychone in dem angegebenen Regiment oder überhaupt bei der Kavallerie nicht aufzufinden war. Das Wesen erzählte nun in folgenden Sitzungen von seinen Verwandten, erwähnte wieder die Frau namens Mignon und sprach mehrfach von einem Baby. Es gab später an, in dem Haus in der Fifth Avenue 1873 oder 1874 im Erdgeschoß stranguliert und noch nicht ganz tot nach oben geschleppt worden zu sein. Am 4. August 1953 begann das Wesen von seinem Sohn Gregory zu sprechen und bat, Nachforschungen nach ihm anzustellen. Man fragte es nach dem Namen des Sohnes, und dabei verplapperte es sich und gab als Familiennamen McGowan an.

Weitere Nachforschungen in den Archiven ergaben nun, daß alle Angaben des angeblichen Obersten Guychone auf einen Brigadegeneral Samuel McGowan[70]) paßten, der ein bekannter konföderierter Truppenführer im amerikanischen Bürgerkrieg gewesen und im Zivilberuf Rechtsanwalt und von 1878-1894 Mitglied des obersten Gerichtshofes des Staates war. Guychone, erneut nach seinem wirklichen Namen gefragt, gab nun widerwillig zu, McGowan geheißen zu haben und konnte weitere Angaben mit Namen zu seiner Familie machen. Durch Nachforschungen ließen sich diese Angaben bestätigen. McGowan berichtete weiter, daß die anfangs erwähnte Frau Mignon nicht seine Ehefrau, sondern seine Geliebte gewesen sei. Sie habe ein uneheliches schwarzes Kind geboren, das offensichtlich nicht von ihm gewesen sein konnte. Auf Betreiben seines Schwiegervaters, der Richter war und dem die Affairen seines Schwiegersohnes nicht paßten, sei er dann ermordet worden.

Die Angelegenheit mit der Geliebten, dem Kind und dem Mord ließen sich an Hand der Biographien und nach Durchsicht der Tageszeitungen der damaligen Zeit nicht bestätigen. Falls diese Ereignisse

---

[70]) Samuel McGowan, geb. 9.10.1819, gest. 9.8.1897, Rechtsanwalt in Abbeville, Süd Carolina, ab 20.1.1863 Brigadegeneral

überhaupt stattgefunden haben sollten, hat man sie wohl vertuscht. Das wäre ja immerhin wahrscheinlich, da sie nicht zu dem Ansehen eines honorigen Mannes paßten.

Die Nachforschungen Holzers lassen es ihm als sicher erscheinen, daß McGowan nicht schon 1873 oder 1874 starb. Aber es könnte ihm zu jener Zeit ein schweres Trauma zugefügt worden sein. Tatsächlich hatte McGowan um diese Zeit ein Säbelduell mit einem Oberst John Cunningham, bei dem er einen Hieb gegen den Schädel bekam und der ihn fast das Leben kostete. Oder sollte McGowan doch erst 1897 ermordet worden sein? Dann aber wohl kaum auf Betreiben seines Schwiegervaters, der damals schwerlich noch am Leben gewesen sein dürfte.

Holzer schließt seinen Bericht mit den Worten (40, S. 167): „Es könnte wohl sein, daß General McGowan dies letzte Geheimnis mit in das große Land nimmt, wo jetzt für alle Zeit ruheerfüllt und wohlbewahrt seine Heimstätte ist."

Die letzte Klärung dieses Falles konnte nicht erreicht werden. McGowan wurde wohl zu früh von der Untersuchungsgruppe weggeführt, als nämlich der Zweck erreicht war, seine gefühlsmäßige Verstrickung aufzulösen. Aber dieser Fall brachte durch Befragung einer verstorbenen Wesenheit eine Fülle von Einzelheiten zutage, die kein lebender Mensch zunächst wußte, die also nicht durch Abzapfen von Gedächtnisinhalten lebender oder gar anwesender Personen gewonnen sein konnten. Der Einwand „Telepathie" (= Gedankenlesen) schied also aus. Alle Angaben mußten ja erst durch mühsame Nachforschungen in den Archiven bestätigt werden. Hier ist allerdings von den vielen Einzelheiten des Falles aus Platzgründen nur ein kleiner Teil wiedergegeben worden. Eine gewichtige Fehlangabe blieb allerdings bestehen, nämlich die des Todesjahres. Aber sie spricht nicht gegen die Identität des McGowan. Auch wir hier auf dieser Erde lebenden Menschen irren uns oft, und alte Menschen verwechseln besonders leicht Jahreszahlen. Auch in dem Fall Rochlitz waren in bezug auf Jahreszahlen Fehlangaben gemacht worden, und zwar Fehlangaben, die er sogar schon zu Lebzeiten auf dieser Erde gemacht hatte.

Oft ist es das Bestreben frisch Verstorbener, die hier auf Erden noch etwas mitteilen wollen, Dinge in Ordnung zu bringen, die sie zu Lebzeiten unerledigt gelassen haben. In dieser Art ist die folgende Begebenheit. Der Verstorbene wünscht, daß eine noch unerledigte Schuld beglichen wird. Wir erfahren zwar nicht seinen Namen, aber seine nachtodliche Handlungsweise deutet doch auf einen ganz bestimmten Verstorbenen hin und nicht etwa auf das Tätigwerden des Unterbewußtseins hier lebender Menschen. Der Verfasser der nachfolgenden Schilderung ist Alexander v. Bernus.[71])

Er schreibt (11):

„Ich berichte ein tatsächliches Begebnis, das sich genau so zutrug, wie ich es hier schildere. Auch die beiden im Wortlaut wiedergegebenen Briefe sind authentisch; selbst die Namen haben keine Änderung erfahren. Ich enthalte mich jedweden Kommentars und beschränke mich auf die unausgeschmückte Schilderung eines Vorkommnisses, das immerhin seltsam und ungewöhnlich genug ist, um es festzuhalten.

Mein Vater, Alexander Friedrich von Bernus, war zusammen mit dem Seniorchef Jean Noé du Fay und einem Herrn von Strahlendorff Mitinhaber der Firma „du Fay u.Co." in Manchester, einer internationalen Vermittlungsagentur, die vor allem mit Amerika in reger geschäftlicher Verbindung stand. Als im Jahre 1884 der Seniorchef Jean Noé du Fay starb, liquidierten die beiden Teilhaber die Firma, um sich in das Privatleben zurückzuziehen. Mein Vater siedelte wieder nach Deutschland über. Nun hatte sich bei der Liquidation ergeben, daß die ausstehende Verbindlichkeit eines amerikanischen Geschäftsfreundes, der in Konkurs geraten war, als nicht mehr einbringbar, in das Verlustkonto geschrieben werden mußte. Das war im Jahre 1884. Inzwischen starben auch die beiden anderen Teilnehmer: mein Vater und von Strahlendorff. Seit der Liquidation vergingen beinahe 40 Jahre. Ich selber, der erst kurz vor der Auflösung der Firma geboren war, wußte von der ganzen Sache nichts, auch hat mein Vater nie davon zu mir gesprochen.

Im Jahre 1922, mitten in der deutschen Inflation, bekam ich eines Tages aus Manchester ein Schreiben dieses Wortlautes:

'Sehr geehrter Herr:

Sie werden mich gewiß nicht kennen. Ich bin die Tochter des verstorbenen Herrn von Strahlendorff, der zusammen mit Ihrem Vater Mitteilhaber der Firma Jean Noé du Fay war. Als man die Firma liquidierte, soll ein Posten eines damals in Konkurs geratenen amerikanischen Geschäftsfreundes in das Verlustkonto geschrieben worden sein.

---

[71]) Alexander Freiherr v. Bernus, 1880-1965, deutscher Lyriker und Übersetzer

Inzwischen ist der Mann gestorben. Und nun das Seltsame: Vor kurzem erhalte ich von seinem Sohne, der anscheinend Spiritist ist, einen Brief, worin er schreibt, daß sein verstorbener Vater wiederholt in Sitzungen erschienen sei und ihn eindringlich gebeten habe, jene alte, längst verjährte Schuld nachträglich abzutragen, da ihn das Bewußtsein dieser nicht erfüllten Schuldpflicht drüben nicht zur Ruhe kommen lasse. – Nun knüpft der Sohn, der wieder in gefestigten Verhältnissen zu sein scheint, an seine Bereitwilligkeit, die Abtragung der längst erloschenen Verbindlichkeit zu übernehmen, die Bedingung, daß das Geld, das er ratenweis abzuzahlen uns in Aussicht stellt, auch nachweislich den zu ermittelnden gesetzlichen Erben der drei verstorbenen Teilhaber zu gleichen Teilen überwiesen werde. Ich bitte Sie daher, meinem Anwalt, Mr. Lewis in Manchester, mitzuteilen, ob Sie der einzige rechtliche Erbe des verstorbenen Alexander Friedrich von Bernus sind, und ihm die notarielle Beglaubigung darüber zukommen zu lassen, damit er in unser aller Interesse die weiteren Schritte in dieser merkwürdigen Sache tun kann. Auch bitte ich Sie, die du Fay'schen Erben zu ermitteln und zu veranlassen, daß auch deren notarielle Beglaubigung meinem Anwalt baldigst zugeschickt wird.

Ihre ergebene
Mrs. J. K. Strafford
geb. von Strahlendorff, Manchester.'

Eine Dollarerbschaft in der Inflation! Ich fuhr sofort nach Frankfurt, dem Wohnsitz der du Fay'schen Erben, und ließ durch einen dortigen Anwalt alles weitere in dem gewünschten Sinne regeln. – Aber die Freude war verfrüht! Ein Jahr verging und nichts erfolgte. Ich schrieb daher nach Manchester an Mrs. Strafford und erhielt die Auskunft: Der Sohn des verstorbenen Schuldners habe unlängst mitgeteilt, er stehe selbst in einer wirtschaftlichen Krise und könne erst mit der Abtragung der Schuld beginnen, wenn er diese glücklich überstanden habe. – Mrs. Strafford fügte noch hinzu, der Betreffende habe ausdrücklich den Wunsch geäußert, daß die anderen Erben seinen Namen und Wohnort nicht erfahren, auch sei ihr nicht bekannt, auf wie hoch die Gesamtschuld sich belaufe, da die Geschäftsbücher der Firma längst nicht mehr bestünden. Und da im übrigen die Zahlung freiwillig sei, so lasse sich nichts tun als abzuwarten. – Wieder vergingen Jahre. Ich hatte schon die Hoffnung aufgegeben, mir von der ganzen Angelegenheit noch irgend etwas Positives zu versprechen, da erhielt ich im Jahre 1927 von dem vermittelnden Rechtsanwalt in Frankfurt dieses Schreiben:

'In der Nachlaßangelegenheit du Fay ist von dem freiwillig zahlenden Schuldner der erste Betrag eingegangen, der auf Ihr Teil, abzüglich Spesen, so und soviel (hier war die Summe genannt) beträgt. Ich übersende Ihnen anbei das für England erforderliche Quittungsformular und bitte um dessen Unterzeichnung und Rücksendung an mich, woraufhin ich Ihnen den genannten Betrag an die von Ihnen zu bezeichnende Stelle zugehen lassen werde.

Hochachtungsvoll　　　　　......'

Seit diesem Tage sind in Abständen von ein bis zwei Jahren noch weitere drei Teilzahlungen erfolgt und immer gerade in dem richtigen Augenblick. Bloß waren leider die Beträge jeweils nur bescheidene. Seit dem Jahre 1933 hat keine Zahlung mehr stattgefunden. Dem gewissenhaften Geschäftsfreund meines Vaters aber in der Seelenwelt sagte ich im Stillen Dank und wünsche jedem wahren Spiritisten solche gutwilligen Jenseitsschuldner."

Als letztes möchte ich einen Fall berichten, bei dem ein nach Kanada ausgewanderter und dort verstorbener Schwede sich darüber ärgerte, daß seine Witwe es nach seinem Tode unterlassen hatte, die in Schweden zurückgebliebenen Verwandten von dem Ereignis zu unterrichten, weil ihr der Weg von zwölf Meilen zur nächsten Poststation zu weit war. Er machte sich daher drei Tage nach seinem Tode und zwei Monate später noch einmal bei einem damals in Schweden lebenden englischen Medium bemerkbar und bat darum, seine in der alten Heimat lebenden Verwandten zu benachrichtigen und ihnen auch mitzuteilen, daß er in seiner neuen Heimat allgemein geachtet gewesen und sehr betrauert worden sei. Die Ausführung dieses Auftrages gestaltete sich aber zunächst dadurch sehr schwierig, daß der Verstorbene nur ungenaue Wohnortangaben machte und verschwieg, daß er nach seiner Auswanderung nach Kanada seinen Namen gewechselt hatte und er jetzt nur den neuen Namen nannte. Die Begebenheit wurde von drei an den Vorgängen und Nachforschungen unmittelbar beteiligten Personen mit allen gewechselten Schriftstücken ausführlich veröffentlicht (4; 26; 27). Es handelt sich dabei um das englische Medium Elisabeth d' Espérance[72]), den in Schweden lebenden englischen Groß-

---

[72]) Elisabeth d'Espérance (französisiertes Pseudonym ihres Mädchennamens Hope), 1855-1919, verheiratete Reed, seinerzeit ein sehr bekanntes Medium für paraphysikalische Phänomene und Materialisation

kaufmann Matthias Fidler und den schon erwähnten russischen Staatsrat Aksákow.

Frau d'Espérance, die mit richtigem Namen Hope hieß, hatte schon in ihrer Kindheit paranormale Erlebnisse. Sie „sah" paranormal menschliche Gestalten, die andere nicht wahrnehmen konnten. Sie nannte diese ihre „Schattenfreunde" und hatte in deren Gegenwart das Gefühl des Schutzes und der Geborgenheit. Als Elisabeth Hope herangewachsen war, wurde sie durch Freunde mit dem sogenannten Tischrücken oder Tischklopfen bekannt gemacht, einer Methode, um auf paranormale Weise Botschaften von Verstorbenen zu erhalten. Daraus entwickelte sich bei ihr eine äußerst vielseitige Medialität, die sie jahrelang zu Forschungszwecken ausübte. In einem späteren Buch sollen ihre Versuche ausführlich geschildert werden. Die paranormalen Erscheinungen standen unter der Leitung einer jenseitigen Wesenheit, die sich als verstorbener Amerikaner Walter Tracy ausgab. Er behauptete, Student an der Yale Universität gewesen zu sein, als Freiwilliger am amerikanischen Bürgerkrieg teilgenommen zu haben und danach bei einem Schiffsuntergang ertrunken zu sein. Er übte bei den Versuchen vom jenseitigen Bereich her die Aufsicht aus und vermittelte in der Regel auch die Mitteilungen anderer Jenseitiger, indem er durch Elisabeth Hopes Hand „automatisch" schrieb. Sie hatte inzwischen das Pseudonym „d'Espérance" angenommen und lebte einige Jahre in Schweden. Dort war sie 1890 in Gothenburg (Göteborg) bei dem englischen Kaufmann Matthias Fidler als Bürokraft tätig. Außerdem fanden in seinem Haus parapsychologische Versuche statt. Am 3. April 1890 befand sich Herr Fidler aus Geschäftsgründen in London, als Frau d'Espérance in seinem Büro in Gothenburg mit geschäftlichem Briefverkehr befaßt war. Dabei hatte sie ein sonderbares Erlebnis, das sie für Herrn Fidler sofort schriftlich festhielt (4, S. 8):

> „Den 3. April 1890.
> ... Ein sonderbares Ding ereignete sich soeben, als ich Briefe nach einer Liste schrieb, welche mir Miss Moberg übergab. Ich hatte einen zu schreiben angefangen, ihn datiert u.s.w., und während ich auf die Liste blickte, um den Namen einer Firma zu suchen, schrieb meine Hand 'Sven Strömberg' und nichts weiter. Kennen Sie den Namen? Niemand hat ihn gehört. Mr. Wedelin ist dabeigewesen und hat es gesehen ...
> (Brief-Buch in Herrn Fidlers Comptoir Nr. 3, Seite 555 vom 11. März bis 19. April 1890)".

Herr Fidler bekam diese „Aktennotiz" erst am 2. Juni zu Gesicht, als er nach Gothenburg zurückkehrte, maß ihr aber keine große Bedeutung bei (27, S. 9).

Ende Mai 1890 war der bereits erwähnte russische Staatsrat Aksákow mit zwei weiteren russischen Begleitern nach Gothenburg gekommen, um von den materialisierten Erscheinungen bei Frau d'Espérance photographische Aufnahmen zu machen. Am 3. Juni (4, S. 7) kam es zur ersten vorbereitenden Sitzung mit Herrn Fidler, dem Medium und den Russen. Bei dieser Gelegenheit kam man auf den Gedanken, das jenseitige Kontrollwesen „Walter" nach der Bedeutung des Namens „Strömberg" zu fragen. Mittels automatischer Schrift durch die Hand der Frau d'Espérance gab er zur Antwort (4, S. 7; 27, S. 10), daß Strömberg wünsche, man möge seinen Verwandten in Jemland mitteilen, daß er am 13. März in Wisconsin („ich glaube, er sagte so") gestorben sei. Wegen der Unbestimmtheit und Unvollständigkeit der Angaben fragte man noch zweimal zurück und erhielt am 6. Juni von Walter folgende abschließende aber immer noch etwas vage Mitteilung (4, S. 7; 27, S. 14): „Strömberg starb nicht in Wisconsin sondern in New-Stockholm. Es war nicht der 13. sondern der 3. März, und es war nicht Jemland sondern Jemtland, und der Ort hieß Ströms Stocking (wörtlich: „Ströms Stocking, or Ströms Spocken, or whatever it is."). Er verließ ihn 1886, so sagt er, glaube ich. Er war verheiratet und hatte drei Kinder und starb allgemein geachtet und betrauert. Nur ist er ärgerlich darüber, daß er nicht genug Beachtung erhielt, vermute ich."

Zu dieser Mitteilung kam noch folgender Umstand hinzu. Bei einer Sitzung am 4. Juni, also zwei Tage zuvor, hatte man die Durchführung photographischer Aufnahmen erneut erörtert und dazu auch eine Probeaufnahme von Frau d'Espérance gemacht. Beim Zünden des Magnesiumblitzlichtes sahen die acht anwesenden Beobachter, daß hinter dem Medium ein unbekannter „Mann" stand (eine Phantomgestalt also), von dem Kopf und Schultern zu sehen waren. Als die Photoplatte zwei Tage später entwickelt war, konnte man auch auf ihr die männliche Phantomgestalt erblicken. Auf Befragen schrieb die Kontrollwesenheit „Walter" dazu, daß es sich um Strömberg handele.

Nun war bei allen Beteiligten genügend Interesse erweckt, um der Angelegenheit auf den Grund zu gehen. Zunächst suchte man auf der Landkarte Nordamerikas den Ort „Neu-Stockholm", fand ihn aber nicht. Herr Fidler befragte darauf schwedische Auswanderungsagenten in Gothenburg. Sie erklärten, einen Ort Neu-Stockholm gebe es nicht, im anderen Fall müßten sie es wissen. Zufällig erhielt damals Herr Fidler von einem Bekannten namens Öhlén, der schwedischer Konsul in Winnipeg war, eine schwedische Zeitung Amerikas. Darin war von einem „Neu- Stockholm" die Rede und in diesem Zusammenhang von einem seiner Einwohner namens Axel Stenberg.

Bezüglich der Ortsangabe in Schweden zeigte sich, daß es in der schwedischen Provinz Jemtland zwar keinen Ort „Ströms Stocking" oder „Ströms Spocken" gab, dagegen eine Ortschaft „Ström" bzw. „Ströms Socken"[73]). An den Pfarrer dieser Gemeinde schrieb Herr Fidler am 8. Juni 1890 einen Brief und fragte, ob ihm in der Gemeinde Ström ein Mann namens Sven Strömberg bekannt sei, der vor etwa vier Jahren ausgewandert sei. Er bitte um die Anschrift der zurückgebliebenen Verwandten. Bereits mit Datum vom 12. Juni antwortete der Pfarrer Wagenius, daß in den letzten vier Jahren zwar kein Sven Strömberg ausgewandert sei, aber im Sommer 1880 ein Sven Strömland, und zwar nach Nordamerika. Sein jetziger Aufenthaltsort sei unbekannt. Übrigens seien in den letzten vier Jahren drei weitere Leute mit dem Vornamen Sven nach Amerika ausgewandert, darunter ein Sven Ersson, geb. am 12. März 1855, von Beruf Lehrer, ausgewandert mit Frau, Mutter, Geschwistern und zwei Kindern im Frühjahr 1887 nach Neu-Stockholm in Kanada.

Noch vor Empfang dieses Briefes hatte Herr Fidler zwei weitere Schreiben verschickt. Eines am 11. Juni an seinen Bekannten, den Konsul E. Öhlén in Winnipeg, worin er ihm den ganzen Fall genau schilderte und um weitere Nachforschungen bat. Der zweite Brief ging an den in der schwedisch-amerikanischen Zeitung erwähnten Axel Stenberg in Neu-Stockholm in Kanada. Er wurde ebenfalls nach Sven Strömberg und der Anschrift seiner Witwe gefragt. Mit Datum vom 9. Juli 1890 antwortete der Konsul Öhlén (4, S. 14):

An   „Den 9.Juli 1890
Mr. Matthews Fidler

Geehrter Herr! − Ihren mir zugegangenen geschätzten Brief vom 11. Juni cr. würde ich Ihnen schon längst beantwortet haben, aber ich bin mehrere Wochen lang

---

[73]) Das schwedische Wort „socken" bedeutet Versammlung, Verein, Gemeinde

krank gewesen. In Erwiderung auf Ihr interessantes Schreiben, nämlich daß ein Farmer namens 'Sven Strömberg', welcher seine alte Heimat in Ströms Socken, Jemtland, Schweden, im Jahre 1887 verließ, in New-Stockholm Colony, Öhlén's P. O. Assiniboia, im Frühling 1890 starb und eine Frau nebst drei Kindern hinterließ, – dies alles ist so, wie Sie es dargestellt haben, richtig.

Vorgestern hatte ich eine Unterredung mit einem Geistlichen aus New- Stockholm, welcher mir erzählte, daß er am Sterbebette des genannten Strömberg zugegen gewesen sei, und daß die letzten Worte, die er äußerte, die Bitte an seine Frau enthielten, seine Freunde in Jemtland von seinem Tode zu benachrichtigen. Der Geistliche fügte noch hinzu, daß er glaube, des Verstorbenen Frau habe noch nicht geschrieben.

Ich habe Ihren Brief mehreren Freunden und der Zeitungsredaktion vorgezeigt, und alle haben großes Erstaunen ausgedrückt. Ich wünschte dringend, einen Abzug von der Photographie zu erhalten, die Sie bei der Séance bekommen zu haben erklären.

Ihre umgehende Antwort erwartend – unter Beischluß der Photographie, welche alle noch möglichen Zweifel beseitigen wird –, verharre ich, geehrter Herr Fidler, als

Ihr aufrichtigst ergebener
Emmanuel Öhlén

Mit Datum vom 14. Juli 1890 antwortete ebenfalls Herr Axel Stenberg und bestätigte in gleicher Weise, daß ein Sven Strömberg in Neu-Stockholm gestorben sei und eine Frau und drei Kinder hinterlassen habe. Er gab auch das genaue Sterbedatum an, nämlich den 31. März 1890[74]). Herr Fidler merkt dazu allerdings an (27, S. 32), daß die Zahl 31 etwas undeutlich geschrieben war und bei oberflächlichem Hinsehen auch als 3 gelesen werden könnte.

---

[74]) Also nicht den 13. oder den 3. März, wie zuletzt von „Walter" angegeben wurde. Es handelt sich um einen oft beobachteten Übermittlungsfehler

Am 2. August 1890 schrieb Herr Fidler nochmals an den Pfarrer Wagenius der Gemeinde Ström im Jemtland und bezog sich auf seinen Brief vom Juni 1890 und seine Anfrage nach einem Sven Strömberg. Er erläuterte jetzt die Umstände genauer, nämlich, daß Strömberg in Neu-Stockholm gestorben sei und eine Frau und drei Kinder zurückgelassen habe und wünsche, daß seine Verwandten und Freunde in Ström von seinem Tod benachrichtigt würden. Wörtlich fügte er hinzu (4, S. 16): „Er hat vermutlich nach seinem Wegzug vor ungefähr vier Jahren 1886-1887 seinen Namen geändert. Infolgedessen erwähne ich jetzt das Datum seines Wegzuges, und so können Sie ohne Zweifel seine Freunde ausfindig machen."

Der Pfarrer antwortete umgehend, daß nach seinen Erkundigungen Sven Strömberg mit dem bereits im ersten Brief vom 12. Juni 1890 erwähnten Sven Ersson identisch sei. Dessen Frau sei eine geborene Johansson. Ihre Eltern lebten noch in Flykålen. Von Erssons bzw. Strömbergs unmittelbaren Verwandten lebten in Schweden nur noch zwei Brüder seiner Mutter, von denen er Namen und Anschriften angab.

Hierauf versuchte Herr Fidler sich Klarheit über das Photo zu verschaffen, das am 4. Juni in Gotenburg von dem Phantom 'Strömbergs' aufgenommen worden war. Er stellte einen kleinen Fragebogen auf und verschickte ihn zusammen mit einem Abzug des Phantombildes am 3. September 1890 an seinen Bekannten, den schwedischen Konsul Öhlén und an Herrn Axel Stenberg zur Weiterleitung und Befragung der Witwe von Strömberg. Außerdem schrieb er am 6. Oktober an den Schwiegervater von Sven Strömberg. Von Frau Strömberg kam keine Antwort. Sie war wohl eine sehr phlegmatische Frau, zumal sie es ja auch nicht für nötig gefunden hatte, von sich aus ihre Eltern in Schweden vom Tode ihres Mannes in Kenntnis zu setzen. Sie tat dies erst voller Schreck (26, S. 254), nachdem sie in der ‚Manitoba Evening Free Press and Sun' vom 9. Juli 1890 einen Artikel gemäß Informationen des Konsuls Öhlén (27, S. 23) über die ganze Angelegenheit gelesen hatte. Herr Öhlén jedoch beantwortete den Fragebogen. Fidler schreibt darüber (27, S. 30):

„In meinem Briefe an den Konsul in Winnipeg stellte ich verschiedene Fragen, die ich zugleich mit der erteilten Antwort hier anführe:

Frage:	**Antwort:**
Haben Sie eine Photographie von Herrn G. Strömberg, die kurz vor seinem Tode gemacht worden ist?	Ich besitze ein ganz kleines Bild von ihm[75])
Liegt irgendeine Ähnlichkeit zwischen dem von mir gesandten Bilde und jenem Porträt vor?	Eine sehr große sogar; jedoch eine noch größere Ähnlichkeit mit seinem noch lebenden Bruder. Der Tote hatte keinen Bart.

In welcher Hinsicht sind sie gleich oder nicht:

Besteht eine Ähnlichkeit betreffs der Haare?	Eine vollständige. Die Haare sind auf ganz dieselbe Art gescheitelt.
Desgleichen betreffs der Stirne?	Dieselbe.
Desgleichen betreffs des Abstandes zwischen den Augen?	Dieselbe.
Desgleichen betreffs Nase?	Dieselbe.
Desgleichen betreffs des Mundes?	Darüber ist die Antwort schwer zu erteilen. Strömberg hatte keinen Schnurrbart.
Desgleichen betr. des Kinnes?	Ist genau dasselbe.
Desgleichen betr. der Ohren?	Dieselben.

E. Ö.

---

[75]) Diese Photographie schien in Schweden aufgenommen worden zu sein, bevor er die Heimat verlassen hatte. Dieselbe stellt Strömberg mit seiner Frau und zwei Kindern dar.
Öhlén hatte Strömberg zu Lebzeiten nicht gekannt und sich sein Bild vermutlich von der Witwe besorgt. Leider sind dies Bild und das Phantombild in den Veröffentlichungen (4; 26; 27) nicht mit abgedruckt

Der Schwiegervater Johansson schickte folgende Antwort (27, S. 32):

„Flykål, 21. Oktober 1890

Das mir zugesandte Porträt kann von mir nicht als ein Bild jenes Sven Strömberg erkannt werden, der mit meiner Tochter verheiratet war, und jener ist aller Wahrscheinlichkeit nach nicht der Betreffende. Mein Schwiegersohn trug denselben Namen, nämlich Sven Srömberg oder Sven Ersson. Er zog vor einigen Jahren nach Amerika, woselbst er am 31. März d. J. starb.

Freundschaftlichst
Ihr Erik Johannson.“

Aus diesem Brief ging hervor, daß der Schwiegervater inzwischen von seiner Tochter benachrichtigt sein mußte, denn das Sterbedatum vom 31. März war ihm vorher nicht mitgeteilt worden. Außerdem bestätigte er die Identität von Sven Strömberg und Sven Ersson. Er bestritt jedoch eine Ähnlichkeit des Phantombildes mit dem ihm erinnerlichen Aussehen seines Schwiegersohnes vor vier Jahren. Ob das nun daran lag, daß wirklich keine große Ähnlichkeit bestand oder der Schwiegervater infolge höheren Alters sich nicht mehr genügend genau erinnern konnte oder er den Sachverhalt nur wegen der anrüchigen spiritistischen Herkunft des Bildes bestritt, konnte nicht geklärt werden. Ebensowenig konnte klargestellt werden, ob Sven Strömberg bei seinem Tod einen Schnurrbart getragen hatte, denn seine Ehefrau hüllte sich zu allen Fragen in Schweigen. Als erstaunliche Tatsache können wir jedoch erkennen, daß ein frisch Verstorbener merkte, daß sein letzter Wunsch bezüglich der Benachrichtigung seiner Verwandten in der fernen Heimat von seiner Frau nicht erfüllt wurde. Er war dann fähig, sich in seiner Heimat bei ihm völlig unbekannten Menschen selbst bemerkbar zu machen. Es erscheint mir aber völlig abwegig, den Vorgang mit einem „ Steigrohr des Unterbewußtseins" der Frau d'Espérance erklären zu wollen. Das ist nämlich die Deutung der sogenannten „Animisten", die ein Fortleben nach dem Tode nicht in Erwägung ziehen. Sie vermögen aber in keiner Weise einsehbar zu machen, auf welche Weise Frau d' Espérance von dem Tod eines ihr unbekannten und weit entfernten Menschen Kenntnis bekommen haben könnte.

Das folgende Beispiel wird von dem englischen parapsychologischen Forscher und Schriftsteller Arthur J. Findlay[76]) berichtet.

Er arbeitete ab 1919 mit dem englischen Medium John C. Sloan (1870-1951) zusammen. Dieser war hellsichtig, hellhörend, Trance-Medium und Medium für die sogenannte „direkte Stimme". Darunter ist eine frei im Raum entstehende „menschliche" Stimme paranormalen Ursprungs zu verstehen, durch die sich jenseitige Wesenheiten kundgeben können.

Zur besseren Hörbarkeit wird dabei oft ein normales Megaphon (Schalltrichter) verwendet, das telekinetisch bewegt wird und an dessen Mundstück die paranormale Stimme in Erscheinung tritt. Findlay berichtet sein Erlebnis mit folgenden Worten (28, S. 137):

„Ich nahm meinen Bruder zu einer Sitzung mit, kurz nachdem er 1919 vom Heer entlassen worden war. Er kannte keinen der Anwesenden und wurde nicht vorgestellt. Niemandem außer mir war bekannt, daß er beim Heer gestanden hatte. Niemand wußte, wo er während seiner Dienstzeit gewesen war. Seine Gesundheit hatte ihm nicht erlaubt, außer Landes zu gehen, und er war einen Teil der Zeit bei Lowestoft in einem kleinen Dorf namens Kessingland stationiert gewesen und einen anderen Teil der Zeit in Lowestoft, wo er Kanoniere ausbildete. Mit dieser einleitenden Erklärung will ich nun die folgende Zusammenfassung meiner Notizen über diesen Vorgang geben:

Im Laufe der Sitzung hörte man deutlich, wie der Schalltrichter sich im Raum bewegte und wie verschiedene Stimmen durch ihn sprachen. Plötzlich berührte er meinen Bruder auf dem rechten Knie, und eine Stimme sagte unmittelbar vor ihm: 'Erik Saunders'.

Mein Bruder fragte, ob die Stimme ihn meine, und sie antwortete 'ja'. Mein Bruder sagte, hier müsse ein Irrtum vorliegen, da er nie jemanden dieses Namens gekannt habe. Die Stimme war nicht sehr stark, also schlug jemand vor, die Versammlung solle weitersingen, und währenddessen fuhr der Schalltrichter fort, meinen Bruder auf Knie, Arm und Schulter zu klopfen. Es war so eindringlich, daß er sagte: 'Ich glaube, wir halten besser mit dem Singen ein, da offenbar jemand sehr darauf aus ist, mich zu sprechen.'

---

[76]) A.J. Findlay, 1883-1964, war in der Sozialarbeit tätig und englischer Friedensrichter, Begründer der Glasgower Society for Psychical Research, Verfasser mehrerer parapsychologischer Bücher

Wiederum fragte er, wer es sei, und die Stimme, jetzt viel stärker, erwiderte: 'Erik Saunders'. Wieder erklärte mein Bruder, er habe nie jemanden dieses Namens gekannt, und fragte, wo er ihn denn getroffen habe.

Die Antwort lautete: 'Beim Militär'.

Mein Bruder nannte eine Anzahl Plätze, wie z. B. Aldershot, Bisley, Frankreich, Palästina usw., vermied aber sorgfältig Lowestoft, wo er den Hauptteil seiner Militärzeit zugebracht hatte.

Die Stimme antwortete: 'Nein, es war keiner dieser Plätze. Ich kannte Sie, als Sie bei Lowestoft waren.'

Mein Bruder fragte, warum er sage 'bei Lowestoft', und er antwortete: 'Sie waren damals nicht in Lowestoft, sondern in Kessingland.'

Dies ist ein kleines Fischerdorf etwa fünf Meilen südlich von Lowestoft, wo mein Bruder einen Teil des Jahres 1917 verbrachte. Darauf fragte mein Bruder, welcher Kompanie er angehört habe, und da er nicht verstehen konnte, ob er B oder C sagte, fragte mein Bruder, ob er sich an den Namen des Kompaniechefs erinnern könne. Die Antwort lautete: 'Macnamara'. Dies war der Name des Offiziers, der zu jener Zeit die Kompanie B führte.

Um ihn auf die Probe zu stellen, behauptete mein Bruder, er erinnere sich an den Mann und sagte: 'Gewiß, Sie waren einer meiner Lewis-Kanoniere, nicht wahr?'

Die Antwort war: 'Nein, Sie hatten damals nicht das Lewis-Flakgeschütz, sondern das Hotchkiss.'

Dies war ganz richtig, da die Lewis-Kanonen im April 1917 weggenommen und durch Hotchkiss ersetzt wurden.

Mein Bruder führte ihn mit zwei oder drei Fragen aufs Glatteis, z. B. fragte er nach dem Namen seines (meines Bruders) Quartiers, was richtig beantwortet wurde, und dann sagte Saunders: 'Wir haben dort große Dinge erlebt; erinnern Sie sich an die Inspizierung durch den General?'

Mein Bruder lachte und sagte, sie seien andauernd von Generälen inspiziert worden, welchen Fall er im Sinn habe.

Und Saunders antwortete: 'Den Tag, an dem uns der General alle mit den Geschützen herumjagte.'

Dies war ein Vorkommnis, an das sich mein Bruder ausgezeichnet erinnerte und das den Männern damals Anlaß zu vielen Späßen gab. Saunders teilte meinem Bruder mit, er sei in Frankreich ums Leben gekommen, und mein Bruder fragte ihn, wann er ausgerückt sei. Er erwiderte, er sei bei dem 'Großen Nachschub' im August 1917 gewesen.:

Mein Bruder fragte ihn, warum er die Unternehmung als 'Großen Nachschub' bezeichne, und Saunders sagte: 'Erinnern Sie sich nicht an den 'Großen Nachschub', als der Oberst auf das Paradegelände kam und eine Rede hielt?' Dies bezog sich auf einen besonders großen Nachschub, der in jenem Monat nach Frankreich geschickt wurde, und das war die einzige Gelegenheit, bei der nach der Erinnerung meines Bruders der Oberst sich persönlich von der Mannschaft verabschiedet hatte.

Dann dankte er meinem Bruder für seine Ausbildung als Artillerist, die er ihm hatte angedeihen lassen und sagte, diese sei ihm in Frankreich von höchstem Wert gewesen.

Auf die Frage meines Bruders, warum er gekommen sei, um mit ihm zu sprechen, sagte Saunders: 'Weil ich nie vergessen habe, daß Sie mir einst etwas Gutes getan haben.' Mein Bruder hatte eine unklare Erinnerung, daß er einen Urlaub für einen der Kanoniere dank einiger bestimmter Umstände erwirkte. Aber ob dessen Name nun Saunders war oder nicht, daran konnte er sich nicht mehr erinnern.

Etwa sechs Monate nach dem obengenannten Vorkommnis war mein Bruder in London und hatte mit jenem Korporal, der bei der leichten Artillerie damals in seinem Bataillon ihm zur Hilfe zugeordnet war, eine Zusammenkunft verabredet. Mein Bruder erzählte ihm die Geschichte und fragte, ob er einen Mann namens Eric Saunders kenne. Mein Bruder hatte zwei Jahre lang Artilleristen ausgebildet, und zwar jeweils 12 innerhalb von 14 Tagen, und dadurch, daß er sie durch ihre Prüfungen brachte und eine allgemeine Beaufsichtigung über sie führte, kam er nie in so engen persönlichen Kontakt mit ihnen, der notwendig gewesen wäre, um viele ihrer Namen zu behalten. Der Korporal jedoch, den mein Bruder traf, war mehr mit den Schützen zusammen gewesen, aber er erinnerte sich an keinen dieses Namens.

Glücklicherweise hatte jedoch der Korporal ein altes Taschentagebuch mitgebracht, in dem er eine vollständige Liste der in Ausbildung befindlichen Männer zu führen pflegte zusammen mit anderen Mitteilungen. Dieses zog er aus der Tasche, und sie blätterten zusammen rückwärts, bis sie auf das Verzeichnis der Kompanie 'B' i. J. 1917 stießen. Tatsächlich tauchte hier der Name 'Eric Saunders, voll einsatzfähig, August 17' auf mit einem Strich von roter Tinte durchstrichen, und obwohl mein Bruder die Bedeutung der roten Linie kannte, fragte er den Korporal, was sie bedeutete. Er antwortete: 'Erinnern Sie sich nicht, Herr Findlay, daß ich stets die Namen der Männer ausstrich, wenn sie abgingen?' Dies beweist, daß Saunders im August 17 abging."

11.

Die Kreuzkorrespondenzen

In England wurde 1882 die Society for Psychical Research (S.P.R.) gegründet. Zu ihren Gründern gehörten u. a. Prof. William Barret (1845-1926, Physiker), Prof. Edmund Gurney (1847-1888, Altphilologe), Prof. Frederic Myers (1843-1901, Altphilologe und Philosoph), Prof. Henry Sidgwick (1838-1900, Präsident der S.P.R. von 1882-84 und 1888-92, Philosoph und Psychologe), Prof. Henry Butcher (Altphilologe in Edinburgh, gest. 1910).

Diese Gründer und andere führende Mitglieder befaßten sich in den ersten Jahren und Jahrzehnten des Bestehens dieser Gesellschaft besonders mit dem Problem des persönlichen Überlebens des Todes. Sie wußten auch, wie schwierig es ist, einen Beweis des Fortlebens einigermaßen überzeugend zu gestalten. Es war ihnen klar, daß immer wieder die Einwände von Telepathie und Unterbewußtsein vorgebracht werden.

Von dem Jahr 1901 ab, nachdem also Gurney, Myers und Sidgwick bereits verstorben waren, entwickelte sich bei einigen Damen, die sich bis dahin zum Teil noch gar nicht medial betätigt hatten, die Fähigkeit des automatischen oder medialen Schreibens (54, Bd II, S. 104; 90, S. 162; 51; 68). Unter letzterem versteht man das Entstehen einer Schrift durch die Hand eines lebenden, medialen Menschen, die aber nicht durch **sein** Bewußtsein oder **seinen** Geist, sondern durch den einer jenseitigen Wesenheit angesteuert wird.

Es handelte sich dabei um folgende Personen:

1. Die Altphilologin Margaret Verrall (1859-1916, Ehefrau des Cambridger Altphilologen Dr. Arthur Verrall (1851-1912)).
2. Ihre Tochter Miss Helen Verrall (später verh. Salter, 1883-1959).
3. Eine Mrs. Holland (Pseudonym von Alice Kipling-Fleming (1868-1948)), Schwester des Schriftstellers R. Kipling, die damals in Indien lebte.

4. Eine Mrs. Willet (Pseudonym für die Friedensrichterin Winifred Coombe-Tenant, 1874-1956).

5. Eine Miss E. Mac und ein Mr. A. Mac, sowie ihre Gruppenmitglieder, allgemein als „The Macs" bezeichnet.

6. Eine Mrs. Forbes.

7. Eine Mrs. Edith Lyttelton.

Diese Damen, die zum Teil weit voneinander entfernt wohnten, erhielten durch ihre Hände schriftliche, literaturbezogene Durchgaben. Es handelte sich dabei um Gedichte, Zitate und Titel mit literarischen Anspielungen, und zwar in englischer, französischer, lateinischer und griechischer Sprache. Die Botschaften erfolgten in stärkerem Maße und in kurzen Zeitabständen ab 1906. Teilweise bestanden sie auch in Trancerede. Es waren jeweils nur bruchstückhafte Äußerungen, die keine besondere Bedeutung zu haben schienen. Erst nachträglich ergab sich zwischen diesen medialen „Botschaften" eine innere Bezogenheit, ein innerer Vorstellungszusammenhang, ein übergeordneter Sinn. Eine besondere Bedeutung lag auch darin begründet, daß die Medien, außer Margaret Verrall, die lateinische und griechische Sprache nicht gelernt hatten. Als Verursacher dieser Durchgaben, auch Kommunikatoren genannt, traten „Jenseitige" auf, die sich als die verstorbenen S.P.R.-Mitglieder Myers, Gurney und Sidwick ausgaben. Die Versuche dauerten eine Reihe von Jahren. Nach ihrem Tode gesellten sich zu den genannten Kommunikatoren auch die S.P.R.-Mitglieder Henry Butcher, gest. 1910, und Arthur Verrall, gest. 1912, Ehemann des einen Schreibmediums. In diese Durchgaben, die man dann „Cross-Correspondences" nannte, wurde auch das bedeutende amerikanische Medium Leonore Piper (1859-1950) mit einbezogen. Nachdem der innere Zusammenhang dieser Durchgaben festgestellt war, wurden laufend alle Durchgaben von den Medien an die Untersuchungsbeamten der S.P.R., Miss Alice Johnson und Mr. J.G. Piddington, gesandt. Es wurde darauf geachtet, daß die verschiedenen Medien isoliert arbeiteten und den Inhalt der anderen Schriften nicht erfuhren. Piddington hatte die Bruchstücke (68) zusammenzusetzen, was einen hohen Grad an klassischer und literarischer Bildung verlangte. Er beschrieb die Schriften der Kommunikatoren als Glieder einer Kette oder Würfel in einem Mosaik von Gedanken, die auf verschiedene Medien verteilt sind.

Die Kommunikatoren gaben als Grund für ihre Cross-Correspondences an, daß die Verteilung eines einzelnen Themas unter verschiedene Medien, von denen keines wußte, was das andere schrieb, beweisen sollte, daß ein einziger unabhängiger „Geist" oder eine Gruppe von „Geistern" hinter dem Phänomen stünden. Das könne dann nicht einfach durch Quertelepathie unter den Medien erklärt werden. Auch wurden wenig bekannte Stellen der klassischen Literatur eingestreut, um die Identität der Kommunikatoren zu beweisen, denn Myers, Verrall und Butcher waren hervorragende Altphilologen gewesen. Die Kommunikatoren hofften, durch ihre Durchgaben einen besonders starken Beweis für ihr Fortleben zu geben.

Der englische Physiker und Präsident der S.P.R. Tyrrell schreibt (90, S. 183):

„Es gibt gewisse persönliche Nuancen in den automatischen Niederschriften, die ein Außenstehender zweifellos wegerklären würde, die aber für die persönlichen Bekannten der Kommunikatoren besonders zwingend sind.

Auch Mrs. Sidgwick wurde nach und nach von der Echtheit der Kommunikatoren überzeugt. Sie war eine Frau von überragender Begabung und ausgewogenem Urteil. Sie sagte 1913: 'Obgleich wir noch nicht berechtigt sind, ein sicheres Urteil zu fällen, bin ich persönlich der Ansicht, daß das Beweismaterial zu der Schlußfolgerung hinführt, daß unsere früheren Mitarbeiter immer noch mit uns arbeiten.' Ihr Bruder sagte 1932 in einem Vortrag: 'Der schlüssige Beweis eines Überlebens nach dem Tode ist offenkundig schwer zu führen. Aber das Beweismaterial kann so beschaffen sein, daß es zur Gewißheit führt, wenn auch zwingende Beweise fehlen. Ich habe die Zusicherung von Mrs. Sidgwick − eine Zusicherung, die ich auch der Versammlung mitteilen darf −, daß sie angesichts des ihr vorliegenden Beweismaterials sowohl an ein Überleben nach dem Tode als auch an die Wirklichkeit einer Verbindung zwischen Lebenden und Toten fest glaube.' Viele werden damit nicht übereinstimmen, aber wahrscheinlich ist niemand besser als sie in der Lage, sich über das vorliegende Beweismaterial ein gültiges Urteil zu bilden."

Für das englische Wort „Cross-Correspondences" ist im Deutschen die Bezeichnung „Kreuzkorrespondenzen" üblich. Dieses Wort kann mißdeutet werden, da man im Deutschen unter „Korrespondenz" gewöhnlich „Briefwechsel" versteht. Das ist hier aber nicht gemeint, denn das englische Wort „correspondence" bedeutet in zweiter Linie zwar auch „Schriftverkehr, Briefwechsel", in erster Linie aber „Übereinstimmung, Entsprechung". Und letzteres ist hier gemeint. Unter „Cross-Correspondence" ist also auf deutsch „Quer-Entsprechung" zu verstehen, das Entsprechen oder Aufeinander-Bezugnehmen von medialen Durchgaben verschiedener Medien. Sie sind in ihrem Ablauf sehr verwickelt, erst nach einer gewissen Zeit erkennbar und nur sehr zeitraubend und umständlich darstellbar. Sie füllen mehrere Bände von fast 2000 Seiten der Proceedings of the Society for Psychical Research aus den Jahren 1906-1912.

Um dem Leser einen kleinen Eindruck von der Art der Übermittlungen zu geben, sollen hier zwei Beispiele folgen. Das erste stammt aus der Anfangszeit, aus dem Jahre 1904, wird von der Untersuchungsbeamtin der S.P.R. Miss Alice Johnson berichtet (44) und bezieht sich auf den Empfang einer medialen Durchgabe mittels „automatischer Schrift" an das damals in Indien lebende englische Medium Mrs. Holland. Diese hatte erstmals 1893 (44, S. 171) „automatisch" geschrieben, diese Praxis aber mehrfach für Monate und Jahre unterbrochen. An sie wurden oft Briefe von ihr unbekannten Verstorbenen „durchgegeben", die an deren irdische Verwandte und Freunde gerichtet waren. Den ersten Brief dieser Art hat sie jedoch nicht an den Empfänger weitergeleitet, sondern vernichtet (44, S. 173). Dafür bekam Mrs. Holland quälendes Kopfweh. Der Brief wurde dann wiederholt, und sie mußte ihn abliefern. Derartige Durchgaben kamen für sie ungewollt und unerwartet. Ihre Aufmerksamkeit wurde immer durch starkes Kopfweh erregt. Es verschwand erst, wenn sie die Mitteilung an den ihr meist unbekannten Empfänger abgeliefert hatte.

Zum Auftakt der „Kreuzkorrespondenzen" erhielt Mrs. Holland am 2. Februar 1904 eine Durchgabe in gemischt lateinisch-griechischer Schrift. Darin sind einige Ausdrücke nicht ganz korrekt zu Papier gebracht worden. Einzelne Buchstaben sind verändert oder fehlen, gewisse Worte wurden nicht richtig gebildet. Dabei ist zu bedenken, daß das Medium die benutzte Sprache nicht gelernt hatte und der jenseitige Durchgebende möglicherweise Schwierigkeiten hatte, seinen Text durch das Medium hindurchzuleiten. Zu diesem Punkt äußert sich der am 17. Jan. 1901 verstorbene Altphilologe Prof. Frederic W. H. Myers am 26. Nov. 1903 durch die Hand von Mrs. Holland folgendermaßen (44, S. 230):

„Den treffendsten Vergleich, den ich finden kann, um die Schwierigkeiten bei der Übermittlung einer Botschaft auszudrücken, ist, daß ich hinter einem gefrorenen Glas zu stehen scheine – das die Sicht versperrt und die Geräusche dämpft – und daß ich mit schwacher Stimme einer widerstrebenden und etwas beschränkten Sekretärin diktiere. Ein Gefühl schrecklichen Nichtkönnens belastet mich – ich bin machtlos sozusagen, was soviel bedeutet – ich kann mit denen nicht in Verbindung treten, die mich verstehen und mir glauben würden."

Am 2. Febr. 1904 erhielt nun Mrs. Holland folgende „automatische" Mitteilung, deren vermutlicher Urheber F.W.H. Myers ist (44, S. 227):

„Cum desidero non possum tibi exprimere quae dicere velim. Expecta mugionem[77]). Tum labefacta ex errore pervenies. Pervigilia. Mox adveniet fatidica Erinys comata.

χέροις[80]) ἀγναῖς λιβάνωτα τραφεῖσα. ἣν σὺ οὐκ ἐσεῖδες οὐδὲ ὀμφαλῆς[81]) ἀπήκουσας κεκραγείσης δεινοτέρα ἢ μείζω."

„Jedesmal, wenn ich es wünsche, kann ich dir nicht deutlich wiedergeben, was ich sagen möchte. Erwarte das Krachen. Alsdann wirst du aus deinem Irrtum heraus zu dem gelangen, was erschüttert wurde. Bleibe wachsam. Bald wird die langhaarige, den Götterwillen verkündende Erinys[78]) kommen. Mit heiligen Händen habe ich Weihrauch[79]) aufgezogen. Ich sagte, du hast nicht hingeschaut, hast auch nicht die prophetische Stimme schreien gehört, die schrecklicher, ja größer ist."

Im Original folgen dann noch drei weitere Sätze.

Der normale Leser, der nicht Altphilologe ist, wird mit diesen Worten nicht viel anfangen können. Sie sind für ihn nichtssagend. Miss Johnson gibt aber ausführlich an, auf welche antiken Schriftsteller hier Bezug genommen wird.

Bei der vorangegangenen Durchgabe handelt es sich noch nicht um eine Kreuzkorrespondenz. Eine solche wird aber in dem folgenden Beispiel geschildert. Es ist ausführlich von Mrs. Margaret Verrall

---

[77]) Falsche Wortbildung. Richtig müßte es „mugitum" heißen
[78]) Erinys = griechische Rachegöttin oder Furie
[79]) Gemeint ist vermutlich der Weihrauchbaum, dessen getrocknetes Harz als Weihrauch benutzt wird
[80]) Falsche Wortbildung. Richtig müßte der Dativ Plural von Hand "χεροῖν" heißen
[81]) "ὀμφαλῆς" ist kein Wort der regulären altgriechischen Sprache, sondern ein Kunstwort, zusammengesetzt aus "ὀμφή" = Stimme, Götterstimme, Orakel und "ὀμφαλός" = Nabel, Mittelpunkt und speziell der Mittelpunktsstein der Orakelstätte in Delphi, auf dem die Prophetin oder Pythia saß

(91, S. 270-306) und Miss Alice Johnson (45, S. 319-326) 1910 veröffentlicht worden. Ich gebe es hier in der ins Deutsche übersetzten und gerafften Fassung von Dr. Emil Mattiesen wieder (54, Bd. II. S. 115-121):

„Unter den Kreuzkorrespondenzen (Kk.) etwas größeren Umfangs zeichnen sich wenige in solchem Maße durch Klarheit und Knappheit der inhaltlichen und zeitlichen Beziehungen aus, wie die unter dem Stichwort ,Sesam und Lilien' veröffentlichte. Vier Medien — falls wir die ,Mac' Gruppe als Einheit fassen — waren an ihr beteiligt, von denen nur eins (Mrs. Holland aus den eben dargelegten Gründen[82]) zeitlich beträchtlich nachhinkte; während die übrigen ihre Zusammengehörigkeit nicht nur inhaltlich zu erkennen gaben, sondern — in besonders dramatischer Weise — durch den in der Mac- Schrift enthaltenen Auftrag ihrer Übersendung an die andere Hauptbeteiligte bis zu einem festgesetzten Tage, der sich für die Erkennung der Kk. als besonders bedeutungsvoll erwies.

Am 27. Juli 1908 lieferte die Mac-Gruppe eine Schrift, in der die uns hier angehenden Worte kurz folgendermaßen lauteten:

Sidgwick. Sesam und Lilien.

Dies nun ist der Titel eines in England sehr bekannten Buches des Moral- und Kunstphilosophen John Ruskin, über welche beide zunächst einige Worte gesagt werden müssen. — Im Jahre 1864 hielt Ruskin in Manchester zwei Vorträge, die er unter dem genannten Titel in braunem Leinenband herausgab. Der erste Vortrag war überschrieben: 'Sesam. Von Schatzkammern der Könige', der zweite: 'Lilien. Von Gärten der Königinnen', und jeder von ihnen trug ein Motto in griechischer Sprache. Das erstere dieser Mottos bestand aus Teilen des 5. und 6. Verses des 28. Kap. des Buches Hiob, nämlich: 'Aus derselben (der Erde) kommt Brot... und Goldstaub', das zweite entstammte dem Hohenlied Salomonis (2,2): 'Wie eine Rose unter Dornen, so ist meine Freundin...' Im Jahre 1871 erschien eine zweite Ausgabe der beiden Vorträge in blauem Ledereinband mit blinder Pressung auf dem Deckel und goldenem Titeldruck auf dem Rücken. In dieser Ausgabe war der Inhalt um einen weiteren Vortrag vermehrt und die griechischen Mottos aus der Bibel waren durch zwei andere in englischer Sprache ersetzt; von diesen stammte das erste aus Lukians 'Fischer'

---

[82]) Sie hatte vom 11. März bis 25. Nov. 1908 mit dem „automatischen" Schreiben pausiert

und lautete: 'Ihr sollt ein jeder einen Kuchen aus Sesam haben – und zehn Pfund'; das zweite aus Jesaja (35, 1): 'Aber die Wüste und Einöde wird lustig sein, und das dürre Land wird fröhlich stehen und wird blühen wie die Lilien…' Alle späteren Ausgaben behielten diese englischen Mottos bei, ausgenommen diejenige in der billigen 'Jedermanns Bücherei' (vom Jahre 1907), welche zu den früheren griechischen Mottos zurückkehrte; doch ist diese natürlich nicht in blaues Leder gebunden.

Hält man sich diese Angaben über die einzelnen Ausgaben des Buches vor Augen, so entdeckt man Anspielungen auf dasselbe in noch zwei weiteren Mac-Schriften, die derjenigen mit der Nennung des Titels vorausgingen. Am 19. Juli 1908 nämlich schrieb die Mac-Gruppe:

'Wo ist die kleine blaue Vase mit den Lilien, die bei Sarons tauiger Rose wachsen…Forschet in der Schrift, so wird sich der Staub in feines Gold wandeln.'

Am 26. Juli:

'Ein blaues Buch in blauem Leder mit Vorsatzpapier und goldener Pressung.'

Genaueste Erwägung ergibt, daß der Schlußsatz der ersten dieser Schriften mit keinem Bibelvers soviel Wortverwandtschaft zeigt wie eben mit Hiob 28,6 (zumal in der englischen Übersetzung), d. i. mit dem (griechischen) Motto des ersten Ruskinschen Vortrags. Aber auch die Worte 'Forschet in der Schrift' passen besonders gut auf den ersten der beiden Vorträge; denn in ihm dringt Ruskin immer wieder auf genaues Erwägen des geschriebenen und gedruckten Wortes beim Lesen und erläutert diese Vorschrift mit Beispielen aus 'der Schrift', d. i. der Bibel: nur so könne Lesen Vorteil bringen, nur so 'ein Korn des Metalls' gewonnen werden. Man kann Ruskins ersten Vortrag geradezu in die Worte der Mac-Schrift zusammenfassen: Forschet in der Schrift, so wird sich der Staub in feines Gold wandeln. – Was aber den ersten Teil der Mac-Schrift vom 19. Juli anlangt, so spielt er augenscheinlich auf den ersten Vers des 2. Kap. des Hohenliedes an: 'Ich bin die Rose zu Saron und die Lilie im Tal', den Vers also, der dem zweiten Motto des Ruskinschen Buches unmittelbar vorausgeht. Die Eingangsworte 'Wo ist die kleine blaue Vase' sind damit noch unerklärt: man hält sie am besten mit der zweiten Mac-Schrift (vom 26. Juli) zusammen. In dieser wird eine Buchausstattung mit vorwiegendem Blau geschildert, die – trotz geringfügiger Abweichung – sehr wohl auf die zweite, in blaues Leder gebundene Ausgabe von Ruskins 'Sesam und Lilien' zutrifft. Offenbar aber können wir dann die 'blaue Vase', welche die 'Lilien' enthält, durchaus als Umschreibung des blauen Buches mit dem 'Lilien' betitelten Vortrag deuten. Was aber jene 'geringfügige Abweichung' der Buchbeschreibung in der zweiten Mac-Schrift von dem wirklichen Aussehen der zweiten 'Sesam'-Ausgabe betrifft, so ist es jedenfalls seltsam, daß sogleich nach jener Buchbeschreibung, als die Macs den Kommunikator fragten, welches Buch denn gemeint sei, die Worte kamen: 'Blind, blind, blind, warum sind eure Augen gebunden mit Schwachheit; jedermann hat die seinen…' Ist es zu weit hergeholt, hier ein Bewußtsein der Tatsache angedeutet zu sehen, daß die Pressung des blau 'gebundenen' Buches keine 'goldene', sondern eine 'blinde' war, sowie eine Anspielung auf die letzte Ausgabe desselben Buches in 'Jedermanns Bücherei'? – Bei alledem aber ist noch zu bedenken, daß die Macs die blaugebundene Ausgabe von 'Sesam und Lilien' nicht kannten, sondern eine spätere Ausgabe in grünem Leinen besaßen, welche überdies die englischen Mottos enthält, also nicht diejenigen, auf welche ihre Schrift so deutlich Bezug nimmt. Sie brachten denn auch in keiner Weise ihre Schriften vom 19. und 26. Juli mit Ruskins Buch in Verbindung, da sie von der Verwendung anderer Mottos in anderen Ausgaben ebenfalls nichts wußten. Es gibt auch überhaupt keine Ausgabe des Buches, die blauen Einband und griechisches Mottos vereinigt, die beiden Umstände, die doch in den Anspielungen der Mac-Schrift auf das Buch vereinigt worden waren.

Dies alles ist seltsam genug, bildet aber natürlich noch nicht eine Kreuzkorrespondenz. Zu dieser fand sich der wichtigste andere Anteil in den leidlich gleichzeitigen Schriften der Damen Verrall, und die Bedeutsamkeit der Tatsache, daß gerade diese die wesentlichsten ergänzenden Bestandteile lieferten, ergibt sich aus dem Umstande (auf den schon angespielt wurde), daß die Mac-Schrift selbst ihre Einsendung an die Verralls forderte, wobei der 26. September als spätester Tag für ihr Eintreffen bei diesen festgelegt wurde. Wir werden den Sinn dieser Forderung begreifen, wenn wir uns nunmehr dem Anteil der beiden Cambridger Medien zuwenden.

Nach längerer Unterbrechung ihres automatischen Schreibens hatten es Mrs. und Miss Verrall im August 1908 wieder aufgenommen und den 1. September als den Tag bestimmt, an welchem sie zum erstenmal ihre beiderseitigen Schriften vergleichen wollten; bei dieser Vergleichung (also 3½ Wochen, ehe sie die Mac-Schriften vom Juli erhielten) glaubten sie zu entdecken, daß ihrer beider Schriften vom 19. August sowie Miss Helen Verralls Schriften vom 12. und 22. August offenbar auf den Titel von Ruskins 'Sesam und Lilien' abzielten. Mrs. Verralls Schrift vom 19. August nämlich lautet:

'... Es ist eine literarische Anspielung, die heute kommen sollte. Denken Sie an die Worte *Liliastrum Paradies* – *Liliago* nein, nicht das Lilien von Eden – Lilith nein. Evas Lilien alle in einem Garten schön. Versuchen Sie nochmals.

Lilien im Winde sich wiegend
unter der Gartenwand
Lilien, die Bienen erwarten
Lilien, lieblich und hoch

Dann außer den Lilien ist da noch ein anderes Wort für Sie und für sie – Lilien und ein anderes Wort – so daß Lilien das Stichwort ist, welches zeigt, welche Worte zusammenzufügen sind. Und Ihr zweites Wort ist Gold. Denken Sie an die goldenen Lilien von Frankreich. Sie werden einige Zeit auf das Ende dieser Geschichte warten müssen, auf die Lösung dieses Rätsels – aber ich glaube, an seinem endlichen Erfolg ist kein Zweifel.

Der Ihrige (= 'Myers').'

Zur Deutung dieser Schrift, deren Zusammenhang mit den Mac-Schriften sich bereits aufdrängt, sei noch folgendes bemerkt: *Paradisia liliastrum* ist der botanische Name einer Lilienart, ebenso *Liliago*. Von dieser ersten Festlegung des Begriffes 'Lilien' gelangt die Schrift über die Mittelvorstellung 'Paradies' zu 'Lilith' und 'schöner Garten'. 'Lilien. Von den Gärten der Königinnen' aber hieß (wie wir wissen) der Titel von Ruskins zweitem Vortrag. Wie die erste Hälfte der Verrall-Schrift sodann auf mannigfache Weise noch weiter 'Lilien' unterstreicht, so betont die zweite deutlich die Absicht einer Kk., die auf 'Lilien' in Verbindung mit einem 'andern Wort' beruhen soll. Dies zweite Wort in der M. Verrall-Schrift ist 'Gold', wobei eine Verknüpfung der beiden Worte 'Lilien' und 'Gold' auch durch die Erwähnung des französischen Königswappens angedeutet wird: 'die goldenen Lilien von Frankreich'. 'Gold' aber war, wie wir wissen, der Hauptbegriff im Motto des ersten Ruskin-Vortrages.

An demselben Tage nun, dem 19. August, schrieb Miss Helen Verrall:

'Blau und gold waren die Farben. Goldene Sterne auf blauem Grund wie ein Nachthimmel ...'

womit wieder das alte französische Wappen angedeutet ist, in dem die goldenen Fleurs-de-lys nicht unähnlich Sternen sind. Wir wissen aber aus vielen Beispielen, daß in Kk.en ein Stichwort nicht selten gerade dadurch hervorgehoben – für den nachträglichen Entdecker der Kk. hervorgehoben – wird, daß es innerhalb eines wohlbekannten Zusammenhangs unerwartet durch ein anderes ersetzt wird; wie hier 'Lilien' durch 'Sterne', welch ersteres die lebenden Ausleger erwarten mochten, nachdem Mrs. Verrall das französische Wappen ausdrücklich erwähnt und ihre Tochter gleichzeitig deutlich darauf angespielt hatte.

Daß hier Grund zum Stutzen war, schienen aber auch die Kommunikatoren zu wissen; jedenfalls führten sie in der nächsten Helen Verall-Schrift nicht nur 'Lilien' in andrer Umgebung und Fassung ein, sondern deuteten auch an, daß etwas Wichtiges an der im Gang befindlichen Kk. noch nicht ganz erfaßt sei. Diese H.V.-Schrift vom 22. August lautet nämlich

'Unto this last das war die mitzuteilende Botschaft. Es war auf dem Friedhof wo die Lilien wachsen – ein Ausblick über die Hügel – blaue Hügel – verliebt in den Tod (ein Halb-Zitat aus *Keats).* Beachten Sie, daß die Worte ein Schlüssel (zur Lösung) sind. Aber Sie haben das Wichtigste von allem noch nicht geschrieben. Aber beeilen Sie sich nicht, lassen Sie es von selbst kommen.

F.W.H. M(yers).'

Das Bewußtsein des Kommunikators, daß der Versuch fortschreite, aber das Letzte, Ausschlaggebende noch fehle, ist hier klar ausgesprochen. 'Unto this last' ist der Titel eines andern Ruskinschen Buches. Dies, in Verbindung mit der Erwähnung von *Praeterita*, einem weiteren Ruskin-Titel, in der (hier übergangenen) Helen-Verrall-Schrift vom 12. August und mit deutlichen Hinweisen auf 'Lilien und' noch etwas, sowie auf das Bezwecken einer 'literarischen Anspielung' in Mrs. Verralls Schrift vom 19. August, führte letztere unwiderstehlich auf Ruskins 'Sesam und Lilien' als eigentlichen Zielbegriff der Kk., an der ihre und ihrer Tochter Schriften zu arbeiten behaupteten, womit sie ja, angesichts der später von ihr empfangenen Mac-Schriften, vollkommen im Recht war.

Wie passend aber die Erwähnung der beiden anderen Ruskinschen

Werke in den Verrall-Schriften war, erwies sich erst, als Mrs. Verrall, während einer jetzt erst vorgenommenen Beschäftigung mit den verschiedenen Ausgaben von 'Sesam und Lilien', in der Vorrede der Ausgabe v.J. 1882 die Worte fand, daß 'Sesam und Lilien', in Verbindung mit *'Unto this last'* gelesen, die hauptsächlichen Wahrheiten enthalte, die ich (Ruskin) während meines ganzen vergangenen Lebens *(praeterita!*) zu entwickeln versucht habe.' Dieser Satz in 'Sesam und Lilien' vereinigt also die drei im Laufe der Kk. erwähnten Titel Ruskinscher Werke, und 'es ist (sagt Mrs. Verrall) so sicher, wie etwas überhaupt sicher sein kann, daß weder ich noch meine Tochter irgendeinen Grund kannten, (gerade) diese Titel zu verknüpfen.' Und hier mag noch erwähnt werden, welcherlei normale Kenntnis von den genannten Ruskin-Werken die Damen Verrall überhaupt besaßen. Miss V. hatte niemals 'Sesam und Lilien', *'Praeterita'* oder *'Unto this last'* gelesen, kannte aber den Titel 'Sesam und Lilien'. Mrs. Verrall hatte als Kind (zwischen ihrem 9. und 13. Jahre) 'Sesam und Lilien' in der Ausgabe v. J. 1865 gelesen, welche also die griechischen Mottos aus Hiob und Hohemlied enthält, die sie aber natürlich damals nicht verstehen konnte. Die spätere, in blaues Leder gebundene Ausgabe kannte sie von Ansehen.

Von *Praeterita* kannte sie einen Teil, *Unto this last* hatte sie nie gelesen, noch auch, wie gesagt, die Vorrede zu 'Sesam und Lilien' in der Ausgabe v. J. 1882 − bis zur Zeit der Kk. Von dem Inhalt der beiden Vorträge hatte sie nur eine 'leidlich gute allgemeine Erinnerung' ohne alle Einzelheiten. Dagegen mag gleich hier noch erwähnt werden, daß Frederic Myers, der angeblich treibende Geist dieser Kk., ein großer Bewunderer und persönlicher Freund Ruskins gewesen war und fraglos eine sehr genaue Kenntnis aller seiner Schriften besaß.

Als die Damen Verrall am 1. Sept. ihre Schriften verglichen, erschien es ihnen also klar, daß die gemeinsame Zielvorstellung derselben 'Sesam und Lilien' sei, die aber in gewissem Sinne verfehlt worden wäre. Am 23. September schloß denn auch Miss Verralls Schrift mit den Worten:

'Beachten Sie die literarischen Anspielungen, etwas sollte aus ihnen gewonnen werden dadurch, daß sie miteinander verknüpft werden. Der Schlüssel ist da, doch sind verschiedene Einzelheiten verfehlt worden; aber versuchen Sie wieder … '; und die Schrift erwähnte abermals 'das Aussäen von Samen' (Sesam ist ja ein Same), 'die Sternblumen und auch die Lilien', und forderte sie auf: 'Blicken Sie zurück – die offene Tür' (keine üble Anspielung auf 'Sesam, öffne dich'!)

Auf den 22. Sept. war die nächste Vergleichung der Verrall-Schriften untereinander angesetzt worden, weil die beiden Damen sich am 28. auf längere Zeit zu trennen beabsichtigten. Wir begreifen demnach die Bedeutsamkeit des Umstandes, daß (wie erwähnt) die Mac-Schrift ihre eigene Übersendung an die Damen Verrall bis spätestens zum 26. Sept. forderte; denn in dieser mußten sie die ausdrückliche Festlegung des Kernbegriffs der Kk. finden – 'Sesam und Lilien' –, auf welchen ihre eigenen Schriften in Umschreibungen hingewiesen hatten, wenn auch mit genügender Deutlichkeit, um sie schon vor Empfang der Mac-Schriften auf diese eigentliche Zielvorstellung hinzuführen.

Nachdem Mrs. Verrall die Mac-Schrift erhalten hatte, durchforschte sie (am 5. Okt.) auf der Cambridger Universitätsbibliothek sämtliche Ruskin-Ausgaben und suchte auch zu Hause nach der alten Blau-Leder-Ausgabe von 'Sesam und Lilien', die sie um 1871 von ihrer Mutter geschenkt bekommen hatte. Zwei Tage darauf (am 7. Oktober) enthielt die Mac-Schrift u. a. folgendes:

'Der entscheidende Beweis ist (besteht) in dem verlorenen Buch verloren verloren verloren (folgt die zweimalige Zeichnung eines Buches) ... Ihre Augen sind noch immer erdgebunden (vergl. die ähnlichen Worte in der Mac-Schrift vom 26. Juli) V(errall) hat eine Ahnung von dem Sinn.'

Damit war wiederum klar ausgedrückt, daß 'Sesam und Lilien' die Zielvorstellung dieser Kk. war.

Soviel über den Anteil der genannten drei Damen an ihr. Es sei aber schließlich erwähnt, daß auch in Mrs. Hollands Schriften sich Bestandteile derselben gefunden haben. Diese traten zwar beträchtlich später zutage, nämlich erst im Dezember 1908; doch hatte Mrs. Holland (wie schon erwähnt) während einiger Monate dieses Jahres, bis zum 25. November, überhaupt nicht geschrieben; sie benutzte also doch die erste oder eine der ersten Gelegenheiten, um soz. 'das Versäumte nachzuholen'. In ihren Dezember-Schriften nun finden sich die Vorstellungen 'Sterne', 'Gold', 'Königinnen', 'König' in Verbindung mit 'Schätzen', 'Eden', u. a. m., die uns alle aus dem Vorstehenden vertraut sind. Doch sind sie (nebst 'Coniston', Ruskins Heimat!) nach Mrs. Hollands Gewohnheit so üppig mit dichterischen Zitaten

194

verwoben, daß ihre verständliche Darlegung für den deutschen Leser allzuweit führen würde. "

Man sieht schon aus diesem einen Beispiel, wie umständlich und ermüdend es ist, die ganzen Zusammenhänge herauszufinden, einzuordnen und folgerichtig darzustellen. Der Leser kann daraus aber auch erkennen, welche Mühe sich die verstorbenen Gründungsmitglieder der britischen S.P.R. und ihre damals noch auf dieser Erde lebenden Kollegen gemacht haben, um einen überzeugenden Indizienbeweis für das persönliche Überleben des Todes zu erbringen.

Eine Zusammenstellung der Themenbereiche, die in den 1½ Jahren von Nov. 1908 bis März 1910 im Verlauf der Kreuzkorrespondenzen durch die verschiedenen Medien behandelt wurden, ist in Bild 14 wiedergegeben. Darin sind links die Themenbereiche und oben die verschiedenen Medien aufgezeichnet. Die Daten beziehen sich auf die Zeitpunkte der zugehörigen Durchgaben. Man kann ihre große Anzahl schon allein in diesem kurzen Zeitraum erkennen.

Sir Oliver Lodge[83]), der britische Physiker und Forscher auf dem Gebiet der Parapsychologie, der an der Untersuchung der Kreuzkorrespondenzen selbst mitgewirkt hat (51), beurteilt ihre Bedeutung in seinem Buch „Das Fortleben des Menschen" folgendermaßen (50, S. 271):

„Was die Möglichkeit einer Verbindung mit der jenseitigen Welt anbetrifft, so können wir sagen; daß seit einigen Jahren eine Gruppe wohl unterrichteter geistiger Persönlichkeiten versucht hat, sich uns zu nähern. Personen, die alle Einwände kennen, die gegen die seitherigen Beweise ins Feld geführt werden konnten – und die auch intelligent genug sind, um alle diese Einwände möglicherweise zu entkräften. Wir können deshalb annehmen, daß diese Personen einen neuen Weg gefunden haben – den Weg der Kreuzkorrespondenz –, um die Einwürfe der Zweifler zu entkräften. Zweifellos sind die Kreuzkorrespondenzen ein charakteristisches Merkmal der Schriften, die wir in den letzten Jahren gesammelt haben. Wir finden sie in den Niederschriften der Frauen Verrall, Forbes und Holland und in letzter Zeit auch in denen der Frau Piper. Und das Wichtigste dabei ist, daß sie eine neue Sache, ein neues Beweismittel sind. Die Idee der Kreuzkor-

---

[83]) Prof. Sir Oliver Lodge, 1851-1940, bedeutender britischer Physiker, bekannt durch seine Arbeiten auf dem Gebiet der elektromagnetischen Wellen und der drahtlosen Telegraphie, von 1901-1904 Präsident der britischen Society for Psychical Research

respondenz ist neu: Weder Myers noch irgendein Forscher nach ihm sprechen von ihr. Auch die Medien haben sie nicht entdeckt, sondern Leute, die ihre Schriften studierten. Es sind alle Anzeichen dafür vorhanden, daß sie eine von außen gekommene Einrichtung, von irdischen Einflüssen unabhängige Erfindung ist. Eine in der Gegenwart am Werke tätige, beständige Intelligenz und nicht ein bloßer Widerhall oder ein Rest von einer verstorbenen Persönlichkeit ist als Urheber der Kreuzkorrespondenz zu vermuten.

Die Sache hat sich fortschreitend entwickelt, und ein ganzes intelligentes System von einer bestimmten, durch Versuche bewiesenen Kreuzkorrespondenz ist jetzt von Piddington in den Niederschriften der erwähnten Medien entdeckt worden, nachdem er sie unabhängig voneinander miteinander verglichen und viele verschleierte symbolische Darlegungen in denselben gefunden hat, die mit Entschiedenheit behaupten, daß solche Korrespondenzen gefunden werden würden, wenn man Umschau danach halten wollte. Eine Anzahl von Kreuzkorrespondenzen, die danach entdeckt wurden, sind in den Berichten der S.P.R. enthalten.

Fassen wir die bei der Kreuzkorrespondenz erhaltenen Resultate zusammen, so sind wir im Laufe der letzten Jahre zu der Erkenntnis gekommen, daß die Kontrollgeister bemüht sind, die Kreuzkorrespondenz einzuführen, indem sie bald den einen, bald einen anderen bestimmten Gedanken durch zwei oder mehrere verschiedene Medien möglichst zu gleicher Zeit kundzugeben versuchen, während sie gleichzeitig bemüht sind, zu verhindern, daß sie telepathisch oder unbewußt miteinander verkehren. Zu diesem Zwecke werden die betreffenden Gedanken den Medien von den Kontrollgeistern in einer so verschleierten Form eingegeben, daß jede der Schreibenden ihren Anteil so abfaßt, daß sie ihn selbst nicht verstehen kann. Dennoch enthält jede der Niederschriften irgendeinen Hinweis, irgendeinen Satz, der den kritisch Prüfenden darauf hinweist, daß die Korrespondenz beabsichtigt und nicht zufällig entstanden ist. Dann ist der Gedanke, der auf diese Weise zum Ausdruck gebracht wird, in der Regel so bestimmt und entschieden, daß für irgendeinen Zweifel kein Raum mehr bleibt und man überzeugt wird, die richtige Auslegung gefunden zu haben.

Die Geister sagen uns auch fortgesetzt, daß noch andere, von uns noch nicht aufgefundene Korrespondenzen vorhanden sind, und bei genauer Durchsicht der vorhandenen Schriften hat sich dies als wahr erwiesen. Wir wurden dadurch mehr und mehr von dem Eingreifen eines von dem Medium ganz unabhängigen Geistes überzeugt.

Wenn dem so ist – sagt Frau Sidgwick, die jetzige Vorsitzende der S.P. R. in London, dann wird die Frage, was für ein Geist das ist, zu einer geradezu brennenden.

Kann das ein noch im Körper weilender Geist sein? Oder sind wir in Beziehung getreten zu entkörperten Wesen, die sich jetzt bemühen, durch diese Kreuzkorrespondenzen den Beweis zu erbringen, daß sie leben und handeln können? Sollte diese letztere Annahme richtig sein, dann würde das bedeuten, daß es uns möglich geworden ist, durch ein intelligentes Zusammenarbeiten mit entkörperten Wesen unser Weiterleben zu beweisen.

Die Wichtigkeit einer solch bedeutenden Induktion[84]), wenn sie schließlich gemacht werden kann, ist kaum zu überschätzen.

Dem Menschen eröffnen sich damit ganz neue Ausblicke auf das Weltgeschehen. Gleichzeitig mit dem Anwachsen seiner Macht auf physischem Gebiete – wo er neben der Erde und dem Wasser auch die Luft sich untertänig gemacht hat – ist auch seine Macht und Kenntnis auf geistigem Gebiete gestiegen. Und alle Anzeichen lassen darauf schließen, daß eines Tages, durch unsere Verbindung mit der Geisterwelt, uns deren Wissen und Kraft, die das irdische Wissen und die irdische Kraft erheblich überragen, zuteil werden wird, und daß wir schließlich auch glaubwürdige Belehrungen über ihre Existenz-Bedingungen und -Möglichkeiten erhalten werden.

Wenn wir nun versuchen, das Ganze noch einmal zusammenzufassen, dann kommen wir zu etwa folgendem Schluß:

Beweise für das Fortleben des Menschen, d. h. für die Fortdauer menschlicher Intelligenz und Persönlichkeit über den körperlichen Tod hinaus, sind in letzter Zeit – besonders durch unsere Medien – in großer Zahl erbracht worden.

Der Ruhm der Frau Piper und auch der der Frau Verrall ist durch die ganze Welt gegangen. In diesen beiden Fällen von Mediumismus sind wir außerordentlich glücklich gewesen, denn in dem einen haben wir ein Medium, das während des größten Teiles ihrer Mediumschaft

---

[84]) Vom Besonderen auf das Allgemeine schließen

unter einer strengen fachmännischen Aufsicht gestanden hat, und in dem anderen eine intelligente und scharf denkende Frau aus unserem eigenen Forscherkreise, gleichzeitig mit einer hohen medialen Kraft begabt – ganz besonders geeignet als Vermittlerin zwischen der geistigen und irdischen Welt zu dienen. Auch Frau Holland, die ebenfalls über jeden Betrugsverdacht erhaben ist, hat uns wertvolle Dienste geleistet. Es wurde in der Tat alles so gehandhabt, daß keine Unwahrheit und kein Betrug sich einschleichen konnten. Die Ergebnisse unserer Untersuchungen wurden durch etwaige Verdachte nicht beeinflußt und beunruhigt.

Und wen finden wir unter den sich mitteilenden Geistern?

Verstorbene Freunde, von denen uns einige als tätige Mitglieder der S. P. R. wohl bekannt gewesen sind – besonders Gurney, Myers und Hodgson – Personen, die immerfort angeben, sich uns mitzuteilen zu dem ausgesprochenen Zwecke, ihre Identität zu beweisen und durch Kreuzkorrespondenzen zwischen verschiedenen Medien uns Kunde von ihrem Dasein zu geben. Wir bekommen von ihnen auch Antworten auf besondere Fragen in einer Weise, die für ihre eigenen, uns bekannten Persönlichkeiten sehr bezeichnend sind und uns ein Wissen übermitteln, das ihnen besonders eignete.

Wir machen diese Zugeständnisse nach reiflichster Überlegung. Wir waren nicht mit den gewöhnlichen Identitätsbeweisen zufrieden, die durch einen langen Verkehr und eine ausgedehnte Unterhaltung mit den Geistern dieser Freunde gegeben waren, auch dann nicht, wenn sie so freundschaftlichen und vertraulichen Charakters waren, daß man sie normalerweise als beweisend annehmen konnte – wenigstens ebenso überzeugend, als wenn diese Freunde sich durch ein Telefon oder eine Schreibmaschine geäußert hätte. Wir verlangten entschiedenere, bessere Beweise.

Die sich Mitteilenden waren anscheinend von der Notwendigkeit solcher Prüfungen und Beweise ebenso überzeugt wie wir und leisteten ihr Bestes, um unseren Forderungen nachzukommen. Einige sind der Meinung, daß ihnen das gelungen sei, andere bezweifeln es noch.

Frau Verrall ist nach jahrelangen Versuchen und sorgfältiger Prüfung derselben zu folgendem Schlusse gekommen:

'Es kann nicht geleugnet werden, daß der in den Piper-Sitzungen und meinen eigenen Niederschriften sich Mitteilende eine bestimmte Persönlichkeit darstellt, die in allem ihrem Reden und Handeln der Person gleicht, die sie zu sein vorgibt.'

Ich stimme diesem Urteile vollkommen bei. Wenn ich auch gern noch weitere, eingehendere Beweise gehabt hätte, so bin ich doch der Ansicht, daß bereits viel erreicht worden ist und daß wir gerechterweise zugeben können, 'daß in günstigen Fällen in hellsehendem Zustande ein Verkehr mit Verstorbenen möglich ist.'

Die Schleier, die das Diesseits vom Jenseits trennen, sind noch vorhanden, aber an einzelnen Stellen doch schon recht dünn geworden. Wir gleichen den Erdarbeitern, die, an beiden Enden beginnend, mit dem Bohren eines Tunnels beschäftigt sind. Das Rauschen des Wassers und die Geräusche abbröckelnden Gebirges stören uns noch, aber wir beginnen bereits dann und wann die Axtschläge unserer Gefährten auf der anderen Seite des Tunnels zu vernehmen.

So kommen auch wir jetzt zurück aus unserem Tunnel in das Licht des Tages und teilen unsere Erlebnisse und Erfahrungen einer geschäftigen und ungläubigen, in einigen Fällen auch leichtgläubigen Welt mit. Wir erwarten, mit Ungläubigkeit empfangen zu werden. Doch zweifellos wird uns auch von verschiedenen Seiten zugerufen werden, daß unsere Neuigkeiten altbackene Waren sind, daß ein Zugang zum Jenseits schon seit undenklichen Zeiten besteht und daß unser so fleißig ausgearbeiteter Tunnel ganz unnötig war. Geschickte Kletterer mögen auch schon den Gipfel erstiegen und 'über den Berg' geschaut haben. Fliegende Boten mögen von der anderen Seite zu uns gekommen sein; Vorkämpfer des Geistes ihre Wege ausgekundschaftet haben. Doch uns sind, gleich den Erdarbeitern, die Flügel versagt; wir graben uns durch die Erde; unsere Aufgabe ist es, den Berg an wenig hoher Stelle zu durchbrechen und hier einen dauernden Weg, eine gangbare Bahn für die Menschheit herzustellen.

Wir haben hier also keine überraschenden Neuigkeiten oder eine neue Art des Verkehrs mit dem Jenseits anzubieten. Wir haben vielmehr die alten Methoden benutzt und sie ausgebaut, um damit vollständigere Identitätsbeweise zu erlangen. – Auch auf der anderen Seite ist man bemüht gewesen, sich verständlich zu machen; ein deutliches Zusammenarbeiten der diesseitigen mit den jenseitigen Kräften konnte beobachtet werden, und es steht uns frei anzunehmen, wenn auch nicht zu behaupten, daß ein Verkehr zwischen irdischen und geistigen

Wesen, die vielleicht irgendeine ätherische Daseinsform besitzen, möglich ist. –

Manche Leute glauben, daß es später möglich sein wird, mit den Bewohnern des Mars zu verkehren. Uns erscheint es wahrscheinlicher, daß wir eines Tages mit weniger entfernten und weniger fragwürdigen Bewohnern des Weltalls in Verbindung treten werden.

Wir möchten auch – im Gegensatz zu anderen – nicht annehmen, daß die Vorstellung 'Raum' für geistige Wesen keine Bedeutung mehr habe. Wenn sie auch mit der 'Materie' nicht mehr in Verbindung stehen und mit Sinneswerkzeugen nicht mehr wirken können, so können sie doch im Äther 'wohnen', des Raumes bedürfen und den Wirklichkeiten der Geometrie unterworfen sein, wenn auch nicht in der Weise wie irdische Wesen. Seien wir nicht allzu sicher, daß ihre Umgebung und ihre Verhältnisse vollkommen verschieden von den unseren sein werden. Nehmen wir im Jenseits das Vorhandensein eines 'Himmels' oder eines 'Paradieses' an, so sind das Sachen, die sich uns nach und nach als nicht richtig gedacht erweisen werden.

Ist nun etwas vorhanden, das unsere Annahme, daß unsere Verbindungen mit der Geisterwelt echt waren, stützen kann?

Das erste, was wir erfahren, vielleicht das einzige, was wir wirklich klar und deutlich erkennen können, das ist die Gewißheit von unserer Fortdauer. Es gibt nach dem Tode kein unmittelbares Abbrechen der Daseinsbedingungen und kein Aufhören des Bewußtseins des betreffenden Charakters und der betreffenden Persönlichkeit. Wesentliche Eigenschaften derselben, wie: Gedächtnis, Bildung, Erziehung, Gewohnheiten und Neigungen – und bis zu einem gewissen Grade auch Geschmacksrichtung und Interesse – werden beibehalten. Irdische Erwerbungen, wie weltlicher Besitz, sowie auch körperliche Leiden und Gebrechen fallen natürlich zum größten Teile fort.

Wir werden auch bemerken, daß unser Wissen drüben nicht plötzlich zunimmt – das wäre unnatürlich; wir werden nicht plötzlich mit neuen Kenntnissen überschüttet, noch wechseln wir überhaupt unser Wesen; aber unsere Kräfte und Fähigkeiten werden vergrößert, unser Horizont erweitert sich, und unsere Kenntnisse in bezug auf das Weltall vertiefen sich – wenn unsere diesseitigen Bemühungen das Erlangen einer solchen besonderen Einsicht gerechtfertigt erscheinen lassen.

Andererseits wird es zweifellos auch Geister geben, die es sehr unangenehm empfinden, wenn ihnen ihre zeitlichen Errungenschaften und Bequemlichkeiten entzogen werden. Sie fühlen sich unglücklich, weil sie die Dinge, an denen ihr Herz hing, nicht mehr besitzen. — "

So weit die Darlegungen von Sir Oliver Lodge.

12.

Die Kundgaben verstorbener Komponisten

Zur Beurteilung der Frage, ob Verstorbene geistig weiterexistieren, ob ihre Persönlichkeitsstruktur und ihre Erinnerungen nach dem Tode fortbestehen, können wir nur das uns bei parapsychologischen Versuchen angebotene Erfahrungsmaterial verwenden. Meist wird es durch Medien gewonnen. In diesem Material, in diesen Durchgaben müssen die ganz persönlichen Eigentümlichkeiten, das ganz spezielle Wissen des angeblich Fortlebenden zum Ausdruck kommen. Zu den besonderen Eigentümlichkeiten können aber auch außerordentliche dichterische, musikalische und malerische Fähigkeiten gehören. Gerade Komponisten haben meist ihre eigene Ausdrucksform entwikkelt, an der sie erkennbar sind und durch die sie sich von anderen Komponisten unterscheiden. So verwundert es also nicht, daß bei der Erörterung der Überlebensfrage sich auch verstorbene Komponisten zu Wort melden.

In Wimbledon (früher in Balham) bei London lebt eine verwitwete Engländerin namens Rosemary Brown (geb. 1922). Nach dem Tode ihres Mannes und ihrer Mutter kam bei ihr ab 1961 eine Medialität voll zum Ausbruch, die schon als Kind bei ihr angelegt war und von ihr gelegentlich bemerkt wurde (17).

Die Medialität bestand und besteht darin, daß Mrs. Brown die Gestalten von Verstorbenen hellsichtig wahrnimmt und sich mit ihnen unterhalten kann. U.a. erscheinen bei ihr Komponisten, die früher zu Lebzeiten auf dieser Erde sehr bekannt gewesen sind. Unter den 12 hauptsächlich bei ihr auftretenden Komponisten befinden sich Liszt, Chopin, Beethoven und Brahms.

Diese 12 Komponisten haben es sich zur Aufgabe gestellt, so geben sie durch den Mund von Mrs. Brown an, ihr persönliches Fortleben nach dem Tode durch mediale Durchgabe ihrer ganz speziellen persönlichen Fähigkeiten und Merkmale künstlerischer Art zu beweisen. Durch den ihnen eigenen Stil von neuen, noch unbekannten Kompositionen wollen sie ihren geistigen Fortbestand kundtun. Diese neuen Kompositionen (mittlerweile einige hundert) geben sie Mrs. Brown ein oder diktieren sie ihr. Sie schreibt sie dann auf Notenpapier nieder. Einige dieser Musikstücke sind auf zwei Schallplatten (Philips stereo 65000 049, 1970 und Intercord 160.819, 1977) und in mehreren Musikalben (18, 19) veröffentlicht worden.

Wesentlich bei diesen Durchgaben ist, daß Mrs. Brown in ihrer Jugend nur eine ganz bescheidene musikalische Ausbildung erfahren hat, die sie niemals befähigen würde, derartige Kompositionen selbst zu vollbringen. Die Musikdozentin und Musiklehrerin Mrs. Mary Firth äußert sich zu Rosemary Browns Fähigkeiten: „Ich testete ihr Gehör und ihr Vom-Blatt-Spiel und all jene anderen schrecklichen Dinge, mit denen Lehrer ihre Schüler drangsalieren. Zu meiner großen Überraschung stellte ich fest, daß sie nicht einmal solche grundsätzlichen Fähigkeiten besaß, wie ich sie bei jedem Musikstudenten erwarte und voraussetze, und vor allem von einem Studenten, der komponiert. Mit anderen Worten ausgedrückt, ich spielte ihr eine einfache Melodie vor, und sie konnte sie nicht einmal niederschreiben. Als ich ihr sogar zwei einfache Stimmen gleichzeitig vorspielte, ging das einfach über ihre Fassungskraft hinaus."[85]

Bei den medialen Durchgaben der einzelnen Komponisten wirkte und wirkt der verstorbene Franz Liszt[86] als eine Art Organisator und Leiter und oft auch als sprachlicher Dolmetscher. Da Rosemary Brown nur englisch verstand[87], viele der Komponisten aber kein englisch sprachen, mußte dann der sprachkundige Liszt übersetzen. Ihm gegenüber beklagte Mrs. Brown auch einmal ihre mangelhafte musikalische Ausbildung. Sie schreibt (17, S. 61):

„Wenn man mich schon als Mittlerin auserkoren und für diese Aufgabe vorgesehen hat, fragte ich Liszt, warum hat man mich dann nicht in einer Familie auf die Welt kommen lassen, in der ich eine bessere Musikerziehung bekommen hätte?

'Du hast für unsere Zwecke genügend Ausbildung', sagte er. 'Wenn du eine wirklich umfassende musikalische Ausbildung erhalten hättest, dann würde uns dies überhaupt nichts nützen. Eine umfassende

---

[85] Nach Text auf der Hülle der Philips-Schallplatte 6500049
[86] Franz v. Liszt, 1811-1886, Pianist und Komponist
[87] Heute spricht sie auch etwas deutsch

Musikausbildung hätte es dir erstens noch schwerer gemacht zu beweisen, daß du unsere Musik nicht selbst komponieren konntest. Zweitens hättest du aufgrund eines gründlichen Musikverständnisses eigene Gedanken und Theorien entwickeln können, und dies wäre wiederum uns hinderlich gewesen.'

Er hob auch hervor, daß ein voll ausgebildeter Musiker wahrscheinlich viel zu sehr mit seiner Berufskarriere beschäftigt und kaum bereit sein würde, seine Zeit für die Zusammenarbeit mit körperlosen Komponisten zu verwenden.

Ich meinte, vielleicht ein wenig ärgerlich, daß man mein Leben wohl ein wenig hätte erleichtern können, wenn man schon Pläne mit mir hatte. Mein Leben sei so schwer gewesen, daß es mich gebrochen habe, was sicherlich der Arbeit nicht förderlich sei.

'Ich weiß, es gibt Leute, die viel mehr als ich gelitten haben', sagte ich zu ihm, 'aber für meinen Bedarf war das mehr als reichlich. War das wirklich notwendig?'

Er blickte mich mit seinen hellen blauen Augen an und sagte: 'Ehe du geboren wurdest, und als du dich einverstanden erklärtest, unsere Mittlerin zu werden, hast du dich auch bereit erklärt, ein gewisses Maß an Leiden auf dich zu nehmen, um dadurch sensibler zu werden. Die Leiden, die du hast ertragen müssen, fördern das Wirken deiner Kräfte. Menschen, die ein leichtes und angenehmes Leben führen, sind nicht genügend sensibel, um leicht mit uns in Kontakt zu kommen.'

Ich muß wohl nicht sehr überzeugt ausgesehen haben, denn er setzte mit gütiger Stimme fort: 'Dein Leben ist nicht leicht gewesen. Du leidest seelisch, weil es dir so vorbestimmt wurde. Es ist auch vorbestimmt, daß du lernen wirst, deine Sorgen zu beherrschen und zu überwinden, was immer dir auch widerfahren mag. Die Fähigkeit und die Willenskraft, dies zu erreichen, gibt dir die Festigkeit, die wir brauchen, um durch dich wirken zu können.'

Ich dachte noch lange darüber nach und kam zu der Einsicht, daß alles, was mir im Leben schiefgegangen ist, meine Bereitschaft verstärkt hat, auch das Schlimmste gelassen hinzunehmen, obwohl ich schon von Natur aus ein ruhiger Mensch bin. Ich kämpfe kaum gegen Dinge an, wenn es sich nur um persönliche Probleme handelt, und es ist wohl meine passive Einstellung, die mich zu einem brauchbaren Medium macht."

Als Beweggrund, warum die verstorbenen Komponisten uns Menschen hier auf dieser Erde ihr Fortleben beweisen wollen, gab Liszt Rosemary Brown gegenüber folgendes an (17, S. 129):

„'Das Leben auf eurer Erde ist etwa so wie ein Kindergarten. Wenn Menschen sterben und es so aussieht, als hätten sie ihr Leben vergeudet, haben sie noch immer die Chance, das Versäumte nachzuholen. Der Grund für unsere Zusammenarbeit mit dir ist ja ein Versuch, den Menschen zu dieser Erkenntnis zu verhelfen und damit Hoffnung zu geben. Euer Erdenleben würde glücklicher werden, wenn die Menschen wüßten, daß es nur eine Vorstufe zu einem schöneren Leben nach dem Tod ist.'

Die Hölle, meint Liszt, macht sich jeder selbst.

'Wenn Menschen in ihrem Leben absichtlich zersetzend wirkten oder wenn sie durch Teilnahmslosigkeit oder bewußte Taten anderen Leid zugefügt haben, dann werden sie damit konfrontiert, sobald sie auf unsere Ebene gelangen. Die Stimme ihres Gewissens kann dann nicht mehr unterdrückt werden, denn dann steht nichts mehr zwischen ihnen und ihrem Gewissen, wie das auf Erden der Fall ist.'

Er sagte, auf Erden können sich die Menschen weigern, auf ihr Gewissen zu hören, aber in der anderen Welt ist es unmöglich, diese Gedanken zu unterdrücken, und das kann natürlich der Hölle gleichkommen. Die Menschen beginnen schließlich zu bereuen und wünschen, daß sie sich anders verhalten hätten. Wenn sie aber durch diese Gefühle veranlaßt werden, die Fehler der Vergangenheit zu überwinden, sie wieder gutzumachen und jenen Menschen zu helfen, denen sie geschadet haben, dann kann diese Reue schließlich doch noch zur Glücks;ligkeit führen.

Eines der wunderbarsten Dinge, die mir Liszt erzählt hat, ist dies: Wenn wir sterben, um im Jenseits unser neues Leben zu beginnen, dann werden wir dort stets von anderen empfangen, so daß wir nicht allein und ängstlich sein müssen. Gewöhnlich werden wir von unseren eigenen lieben Verwandten und engen Freunden begrüßt, die uns mit allem vertraut machen, bis wir uns eingewöhnt haben und verstehen, wo wir sind. Ich meine, das ist wunderbar. Schließlich fürchten sich viele von uns vor dem 'großen Unbekannten', aber sobald wir wissen und glauben, daß jeder einzelne von vertrauten und lieben Wesen erwartet wird, kann die Furcht von uns fallen."

Die Entstehung und der Verlauf zweier musikalischer Durchgaben an Rosemary Brown soll genauer geschildert werden. Im Jahre 1969 trat das Dritte Programm der Londoner BBC an Mrs. Brown mit der Frage heran, ob sie wohl bereit sei, bei einer Dokumentarsendung über ihre Arbeit mitzuwirken. Sie zögerte zunächst, weil sie befürchtete, daß man es darauf abgesehen haben könnte, sie lächerlich zu machen. Aber als sie Liszt fragte, was sie tun solle, riet er ihr: „Du mußt das machen. Auf so etwas haben wir alle schon lange gewartet. Es wird uns einen Schritt weiterbringen."

Mrs. Brown willigte also ein und erlebte, daß das Thema mit großem Takt behandelt wurde. Im Verlauf der Aufnahmen wurde sie auch gefragt, ob sie bereit oder imstande sei, während der Sendung mit einem der Komponisten in Verbindung zu treten. Mrs. Brown war über diesen Vorschlag zuerst erschrocken, weil es Tage gibt, an denen überhaupt keine Verbindung zu den verstorbenen Komponisten erfolgt. Sie willigte aber doch ein und berichtet (17, S. 104):

„'Ich will es versuchen', sagte ich, 'aber ich kann nichts garantieren. Es ist möglich, daß überhaupt nichts geschieht. Ich kann es nur versuchen.'

Die Leute von der BBC waren damit einverstanden, und so fuhren wir alle miteinander nach Balham, Geoffrey Skelton und Daniel Showman, die die Sendung gestalteten, sowie der Tonmeister mit seinen Aufnahmegeräten. Wir versammelten uns in dem Zimmer, wo ich arbeite. Ich brachte Tee und wartete, ob etwas geschehen würde.

Schon nach wenigen Minuten erschien Liszt, verläßlich wie immer. Er sah sehr ruhig und gefaßt aus und sagte in seiner ein wenig viktorianisch und pedantisch wirkenden Art, er wolle versuchen, mir ein neues Musikstück zu übermitteln.

'Wenn möglich, etwas ganz Besonderes', sagte ich zu ihm, und er lächelte wissend.

Bis dahin hatte mich Liszt seine Musik zuerst hören lassen, entweder in meinem Kopf oder indem er meine Hände auf dem Klavier lenkte. Diesmal sollte ich das Musikstück nach seinem Diktat niederschreiben. Ich sollte die Noten sofort auf Notenpapier niederschreiben, obwohl ich am Klavier saß.

Zuerst gab er mir den Notenschlüssel. (Bild 15)

'Es sind sechs Kreuz', sagte er, 'der Takt ist $\frac{5}{4}$ für die rechte Hand und $\frac{3}{2}$ für die linke.'

Das war sehr schwer. Verärgert wandte ich mich um und sah, daß er selbstzufrieden lächelte. Ich erklärte Geoffrey Skelton, was für Anweisungen ich erhalten hatte, und sagte: 'Es ist wirklich nicht sehr schön von ihm, daß er mir in Ihrer Gegenwart etwas so Kompliziertes übermitteln will.'

Bis dahin hatte er mir noch nie so schwierige Musik übermittelt. Früher waren seine Stücke wohl manchmal schwer zu spielen gewesen, aber meist im $\frac{3}{4}$ oder $\frac{4}{4}$ Takt, also nichts Kompliziertes.

'Versuch es nur', meinte Liszt beruhigend, 'mach schon'. Er wirkte so sicher, daß auch ich neuen Mut schöpfte. Nun gut, dachte ich, so soll's sein, und dann ging es los. Zunächst diktierte er mir vier Takte für die linke Hand und dann für die rechte. Alles wirkte unzusammenhängend. Die Oberzeile schien sehr lang zu sein, die Akkorde sahen merkwürdig aus, und es wimmelte von Versetzungszeichen.

Nachdem ich etwa zwanzig Takte niedergeschrieben hatte, wurde ich besorgt. Ich kann mir nämlich nicht vorstellen, wie Musik klingt, wenn ich nur die Noten sehe, und ich dachte mir: 'Wie soll das klingen? Es sieht sehr merkwürdig aus. Das kann doch nicht stimmen.'

Also bat ich Liszt, einen Augenblick innezuhalten und sagte zu Geoffrey Skelton: 'Macht es Ihnen etwas aus, wenn ich erst einmal versuche, das zu spielen?'

Er hatte nichts dagegen, aber die Noten waren für mich viel zu schwierig, als daß ich vom Blatt hätte spielen können. Ich konnte einfach nicht gleichzeitig im $\frac{5}{4}$ und im $\frac{3}{2}$ Takt spielen und kam immer mehr durcheinander. Ich versuchte mir den Takt am Rande auszurechnen, aber das half auch nicht viel. Dann fragte Geoffrey Skelton, ob ich was dagegen hätte, wenn er es einmal versuchte.

Ich hatte bis dahin nicht gewußt, daß er ein guter Pianist war. Er sah sich die Noten kurz an und spielte sie dann ohne sonderliche Mühe. Es klang sehr interessant, und als er geendet hatte, herrschte völlige Stille. Ich hatte Angst, daß er nun sagen würde, er halte nicht viel davon. Dann wandte er sich ganz, ganz langsam um und sagte: 'Mrs. Brown, ich glaube, da ist wirklich was dran.'

Da fiel mir ein Stein vom Herzen! Gott sei Dank, dachte ich, es ist alles in Ordnung. Ich setzte mich wieder, um den Rest des Musikstückes von Liszt aufzunehmen, der danebenstand und sich amüsierte, weil ich an seinem neuen Musikstück gezweifelt hatte. Im Geiste sagte ich zu Liszt: 'Warum diktieren Sie mir nicht etwas, das mehr ins Ohr geht?' Er grinste nur und meinte: 'Du wirst sehen, daß dieses Musikstück die Herren von der BBC viel mehr beeindrucken wird als eine Komposition von der Art der Ungarischen Rhapsodie oder eines brillanten Konzertstückes.'

Das Musikstück, das Liszt 'Grübelei' nannte, war bald beendet, und Geoffrey Skelton nahm es mit, um es dem bekannten Musikwissenschaftler und Lisztexperten Humphrey Searle zu zeigen.

Dieser war sehr beeindruckt, wie Liszt es vorausgesagt hatte. Liszt war so schlau gewesen, einen musikalischen Hinweis in das Stück einzubauen, der hervorheben sollte, daß es sich wirklich um ein Werk von Liszt handelte. Humphrey Searle meinte, es sähe zwar keinem existierenden Stück von Liszt ähnlich, hätte aber durchaus in den letzten fünfzehn Jahren seines Lebens geschrieben worden sein können."

Diese Auffassung wird durch einen Brief von Humphrey Searle vom 2. Sept. 1962 belegt, in dem er ausführt[88]):

„Es handelt sich hier um ein sehr aufschlußreiches Stück, obwohl es nicht genau einer Komposition Liszts gleicht, die ich kenne, — abgesehen von einem Takt, auf den ich später noch zu sprechen komme — ist es ein Stück, welches Liszt sehr gut geschrieben haben könnte, vor allem während der letzten fünfzehn Jahre seines Lebens, als er unablässig in neuen Richtungen experimentierte. Eine auffallende Tatsache ist, daß über weite Strecken die Taktarten $\frac{5}{4}$ und $\frac{3}{2}$ einander gegenübergestellt sind:

Heute wissen wir natürlich, daß Pierre Boulez sehr gut einen Fünfertakt mit der einen Hand und einen Dreiertakt mit der anderen dirigieren kann, aber diese Art von Rhythmus war im 19. Jahrhundert nicht gebräuchlich. Andererseits schrieb Liszt Abschnitte im $\frac{7}{4}$-Takt im ersten Satz der Dante-Sinfonie und sogar solche im $\frac{7}{8}$-Takt in der Orginalfassung der Faust-Sinfonie; sicherlich war er Experimenten dieser Art nicht abgeneigt.

Die Harmonik des vorliegenden Stücks, obwohl im ganzen sehr chro-

---

[88]) Nach Text auf der Hülle der Philips-Schallplatte 6500049

matisch angelegt, ist weitgehend diejenige des 19. Jahrhunderts – also ebenfalls sehr typisch für Liszt – ähnliches gilt auch für den formalen Aufbau der Komposition.

'Grübelei' kann man mit 'Meditation' und 'Nachdenklichkeit' umschreiben, und die vorliegende Musik weist eindeutig diesen Charakter auf. Die Vortragsbezeichnungen in den Noten sind in der Hauptsache in italienisch abgefaßt, entsprechend der gewöhnlichen Praxis von Liszt, obwohl sich auch eine französische Anweisung findet, 'avec tendresse', was wiederum bezeichnend für Liszt ist. Wenn wir uns nun den Einzelheiten zuwenden, so fällt ein Takt besonders auf, der einer der Kadenzen aus dem dritten Liebestraum, **dem** Liebestraum par excellence, sehr ähnlich sieht.

In 'Grübelei' steht:

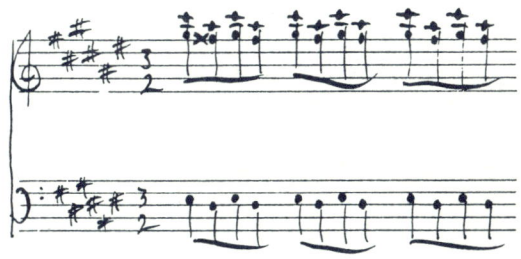

und im dritten Liebestraum lautet der entsprechende Abschnitt folgendermaßen:

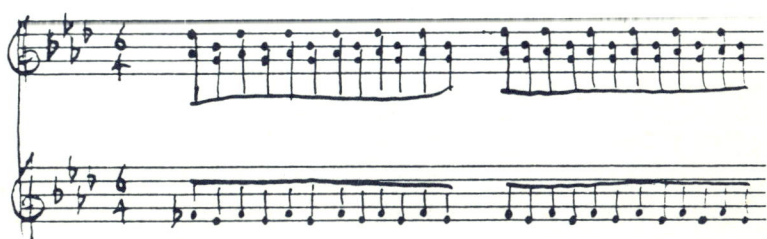

Die Unterschiede zwischen beiden Versionen sind, abgesehen von der Anzahl der Wiederholungen, daß in 'Grübelei' die rechte Hand eine Oktave höher und die linke eine Oktave tiefer als im 'Liebestraum' spielt: in 'Grübelei' ist diese Passage außerdem mit Kreuzen und Doppelkreuzen geschrieben, wogegen sie im 'Liebestraum' mit Erniedrigungszeichen notiert ist. Aber die Noten sind dieselben. In jedem Fall haben wir hier ein hochinteressantes Stück vor uns, egal von wem es auch herrührt, und wir sollten Mrs. Brown dankbar sein, daß sie es uns zugänglich gemacht hat.

Humphrey Searle"

Rosemary Brown meint abschließend:

„So fand das Experiment ein gutes Ende. An diesem Tag hatte ich wirklich viel aufs Spiel gesetzt. Wenn man vor Zeugen mit jemandem zusammenarbeitet, den diese nicht sehen können, kommt man sich doch ein wenig blöde vor. Aber man konnte sich noch blöder vorkommen, wenn man dort sitzt und mit niemandem zusammenarbeiten kann, weil vorübergehend alle Kommunikation aufgehört hat. Auf alle Fälle bringt einen die Arbeit vor Zeugen in eine Lage, in der man an sich wenig Chancen hat. Man wird natürlich angespannt, verlegen und auch nervös. Liszt hingegen hatte sich offenbar für die BBC die größte Mühe gegeben und sich aus diesem Anlaß wirklich selbst übertroffen. Manche Leute sagen, daß 'Grübelei' eines der besten Stücke ist, die ich bis dahin erhalten habe. Es wurde seither schon mehrere Male im Fernsehen aufgeführt. Peter Katin, ein großartiger Pianist, spielte es sowohl im Fernsehen als auch für meine erste Langspielplatte. Ich kann es heute auch schon recht passabel spielen, nachdem ich viele Stunden lang nach Liszts Anweisungen geübt habe."

Eine weitere bemerkenswerte Musikdurchgabe an Rosemary Brown soll noch geschildert werden. Hierbei trat ein verstorbener Komponist in Erscheinung, der in der Musikgeschichte ziemlich unbekannt ist und dessen Namen Mrs. Brown noch niemals gehört hatte, bevor sie ihn 1976 erstmals hellsichtig (also paranormal) wahrnehmen konnte. Der Hergang der Begebenheit ist folgender:

Zu Rosemary Brown kommen gelegentlich noch lebende bekannte Komponisten und Dirigenten, da sie sich für ihre Arbeit interessieren. So besuchte sie im Sommer 1976 der BBC-Dirigent Kerry Woodward (23). Während seiner Anwesenheit erschien vor dem geistigen Auge von Mrs. Brown ein ihr unbekanntes Wesen, das sich als Viktor

Ullmann vorstellte und auf einen Stoß zerlesener Musikpartituren zeigte, die er in der Hand hielt. Zugleich mit diesem Wesen erschien Franz Liszt im Hintergrund, da er dolmetschen mußte. Dieser Ullmann sprach nämlich nur deutsch, das Mrs. Brown nicht verstand.

Er erklärte, daß er ein Komponist und Dirigent gewesen und 1898 in Teschen (Ostoberschlesien) geboren worden sei.

Im zweiten Weltkrieg sei er als Jude in das Konzentrationslager Theresienstadt eingeliefert worden. Dort habe er 1943 eine Oper komponiert mit dem Titel „Der Kaiser von Atlantis oder: Die Verweigerung". Das Libretto zu dieser Oper habe der ebenfalls in Theresienstadt inhaftierte Schriftsteller Peter Kien (geb. 1919) verfaßt. Partitur und Libretto wurden auf die Rückseite von Formularen der SS geschrieben. Die Oper sei 1944 in Prinzip von ihm fertiggestellt worden. Auch die Proben für die Aufführung durch das Lagertheater hätten bereits begonnen gehabt. Doch sei es zu keiner regulären Aufführung mehr gekommen, da er und Peter Kien im September 1944 in das Konzentrationslager Auschwitz transportiert und dort vergast worden seien. Die meisten Insassen von Theresienstadt wurden dort umgebracht. Das Manuskript der Oper, so sagte Ullmann, sei aber nicht untergegangen oder vernichtet, sondern befinde sich bei einem Dr. Hans Günter Adler (geb. 1910 in Prag, gest. 1988 in London) in London.

Woodward kenne ihn ja (seit 1974) und möge sich des Manuskriptes annehmen. Er, Ullmann, habe im Jenseits eine Vielzahl von Korrekturen, Änderungen und Ergänzungen ausgearbeitet, so daß die Oper eigentlich erst jetzt aufführungsreif geworden sei. Diese Änderungen wolle er durch Mrs. Brown medial durchgeben.

Es stellte sich heraus, daß Dr. Adler ein Mithäftling von Ullmann und Kien in Theresienstadt gewesen war. Er überlebte jedoch und konnte noch vor Kriegsende das Manuskript aus dem Lager schmuggeln und es nach dem Kriege mit sich nach London nehmen.

Mrs. Brown bekam dann von Ullmann bei sprachlicher Übersetzungshilfe von Franz Liszt in vier Sitzungen zu je etwa zwei Stunden eine Vielzahl von Änderungen diktiert mit genauer Seiten- und Taktangabe der Originalpartitur. Dabei lag Mrs. Brown die Originalpartitur aber nicht vor. Auch Kerry Woodward war nicht zugegen. Die Anzahl der Änderungen belief sich auf schätzungsweise fünfzig.

Woodward übernahm alle diese Änderungsmitteilungen und fügte sie in das Originalmanuskript ein. Die Oper ist seitdem einige Male unter Leitung von Kerry Woodward in England und am 22.11.1978 im Ersten Deutschen Fernseh-Programm aufgeführt worden.

Die Ergänzung dieses verbesserungsbedürftigen und für die Allgemeinheit völlig unbekannten Opernmanuskriptes auf medialem Wege stellt ein weiteres wichtiges Indiz für den nachtodlichen Fortbestand eines menschlichen Wesens dar. Diesen Fall allein durch Telepathie oder andere außersinnliche Wahrnehmung erklären zu wollen, erscheint hier als wesentlich verwickelter und damit unwahrscheinlicher.

Rosemary Brown ist, wie alle Medien, natürlich erheblicher Kritik ausgesetzt. Nun kann man zwar die Musik nicht als Täuschung erklären, denn sie ist ja für jedermann vorzeigbar. Aber die jenseitige Quelle wird angezweifelt. Dazu äußert sich Mrs. Brown folgendermaßen (17, S. 45):

„Leute, die der Herkunft meiner Musik mißtrauen und nach einer anderen Erklärung suchen als der richtigen — nämlich, daß sie aus einer anderen Welt kommt —, haben fast immer dieselbe Theorie. Sie sind überzeugt, daß ich in meiner Jugend eine gründliche musikalische Ausbildung genossen habe, die ich nun als tiefes Geheimnis hüte.

Sie halten diese Theorie für die einzig logische Erklärung der mehr als 400 Musikstücke, von denen einige bereits auf Schallplatten aufgenommen wurden und die in mindestens einem Dutzend verschiedenen Stilen geschrieben sind.

Jedem Musikkenner leuchtet es ein, daß ich fast ein Musikgenie sein müßte, um das alles allein geschrieben zu haben. Aber die meisten unmusikalischen Zweifler wissen nicht, wie schwer das Komponieren ist. Die meisten guten Musiker mit einer Veranlagung fürs Extemporieren können ein einfaches Lied in einem klassischen Stil wiedergeben, aber ich brächte nicht einmal das fertig, da ich überhaupt nicht extemporieren kann. Und im Stil verschiedener Komponisten zu komponieren — das ist noch viel schwerer!

Obwohl nicht alle von mir niedergeschriebenen Kompositionen hervorragend sind, da ja die Komponisten durch meine derzeit begrenzten Kenntnisse und die Schwierigkeiten der Übermittlung eingeschränkt sind, hätte ich sicherlich eine großartige Musikerin sein müssen, um selbst in so verschiedenen Stilen schreiben zu können. Eine weitere dumme Annahme ist, daß ich mich nach Brühmtheit sehnte. Jeder, der mich kennt, weiß, daß ich in Wahrheit viel lieber ein ruhiges Leben ohne öffentliches Aufsehen will. Oft frage ich mich, warum Menschen überhaupt nach Ruhm streben, wenn man bedenkt, welche Lasten und Ärgernisse damit verbunden sind.

Ich habe erkannt, daß man jegliches Privatleben einbüßt, daß ständig alle möglichen Anforderungen an einen gestellt werden, daß man feindseliger Kritik und Herabsetzungen ausgeliefert ist. Wie oft auch die Echtheit der Musik und, in vielen Fällen, der Botschaften eindeutig bewiesen wurde, gibt es immer wieder Leute, die sich damit nicht begnügen, die Beweise nicht anerkennen und neue Beweise verlangen."

Mrs. Brown kommt noch einmal auf die Frage ihrer musikalischen Vorbildung und ihres Musikverständnisses zurück. Sie berichtet (17, S. 57):

„Meine erste Begegnung mit klassischer Musik hatte ich, als ich im Staatsdienst arbeitete. Eine meiner Bürokolleginnen war eine richtige Opernfanatikerin, und ich erinnere mich, daß sie eines Tages verzweifelt jemanden suchte, der mit ihr an diesem Abend ins Sadlers Wells gehen würde.

Sie war eine sehr nette Person, und da sie nicht allein gehen wollte, nahm ich ihr die zweite Karte ab, nur um ihr eine Freude zu machen. Man gab Mozarts 'Cosi fan tutte'. Ehrlich gesagt, es gefiel mir nicht besonders. Ich fand die Oper recht amüsant, aber nicht besonders eindrucksvoll. Jedenfalls wurde ich nicht über Nacht zur Opernliebhaberin, und ich konnte einfach nicht verstehen, warum meine Kollegin so begeistert war.

Aber selbst heute mag ich nicht jede Art von klassischer Musik. Poulenc hat mich ein- oder zweimal besucht und unternommen, mir einige Musikstücke zu übermitteln, aber mir gefiel, ehrlich gesagt, diese Musik nicht besonders. Vielleicht verstehe ich sie einfach nicht, ich finde sie jedenfalls nicht sehr attraktiv.

Heute haben wir etwas klassische Musik im Hause, da uns einige Leute freundlicherweise einige Schallplatten und einen kleinen, billigen Plattenspieler überlassen haben. Oft denke ich, man sollte sich doch einmal die Zeit nehmen und richtig zuhören, aber wenn es sich nicht um ein sehr kurzes und interessantes Musikstück handelt, wird es mir bald langweilig und ich werde nervös. Ich bin leider ein viel zu aktiver Mensch, als daß ich ruhig sitzen und zuhören könnte.

Jedenfalls kann ich überhaupt nicht unterscheiden, von wem nun welche Musik stammt. Manchmal drehe ich das Radio an und sage zu meiner Tochter: 'Das ist Schubert! Nein, es ist Mozart. Oder kann es Beethoven sein?' Ich irre mich fast immer.

Aber manchmal können nicht einmal ausgezeichnete Musiker das unterscheiden. Ich glaube, Hephzibah Menuhin sagte einmal, daß es einige weniger bekannte Arbeiten von Haydn, Beethoven, Mozart und Schubert gibt, bei denen selbst Musiker nicht gleich feststellen können, von wem sie sind. Und gar die Musik von Händel: da muß man manchmal geradezu ein Fachmann sein, um ihn nicht mit Bach zu verwechseln.

Ich habe all dies erklärt, um klarzustellen, daß ich in meiner Kindheit keine Konzerte besuchte und überhaupt keine Allgemeinbildung erhielt. Ich war das ganze Leben lang nicht auf Rosen gebettet. Schon der Schulbesuch war schwierig, obwohl ich, ohne mich dessen rühmen zu wollen, ein durchaus aufgewecktes Kind war. Das ist einfach eine Tatsache; wie mir Liszt einschärfte, ist ein kluger Kopf ein Gottesgeschenk, und warum sollte man nicht für das eigene Talent dankbar sein. Jedenfalls war ich so aufgeweckt, daß ich ein Stipendium für die Mittelschule erhielt sowie einen Zuschuß für die Schulkleidung, da meine Eltern ansonsten keine hätten kaufen können. Ich war immer in einer Klasse mit älteren Mädchen, meist Schülerinnen, deren Schulgeld von ihren Eltern bezahlt wurde. Glücklicherweise mußten wir alle die Schuluniform tragen, so daß die finanzielle Lage meiner Familie nicht so offenbar war, wie es ansonsten hätte sein können. Dennoch gab es immer peinliche Augenblicke. Meine Kleider wurden manchmal schäbig, meine Schuhe abgetreten.

'Deine Schuhe sehen aber schrecklich aus', sagten die wohlhabenderen Mädchen. 'Warum kauft dir deine Mutter keine neuen?'

Damals hätte mir ein Paar neue Schuhe wahrlich mehr bedeutet als Eintrittskarten zu einem Konzert klassischer Musik. Wir hatten selten Geld für neue Schuhe und gewiß keines für Konzerte.

Dieser ganze traurige Sachverhalt bringt uns zu einer anderen Frage. Häufig werde ich von Leuten, die bereit sind zu glauben, daß meine Musik doch etwas mit Übersinnlichem zu tun habe, gefragt: 'Warum gerade Sie?'

214

Ja, warum gerade ich? Das habe ich mich jahrelang selbst gefragt, und zwar schon lange, ehe mir Musik übermittelt wurde, bis zurück zu den Tagen, in denen ich ständig Menschen aus einer anderen Dimension sah, ohne zu wissen, was dies bedeuten sollte. Wenn mich die Menschen fragen: 'Warum gerade Sie?', dann fügen sie meist hinzu: 'Und warum sehen gerade Sie immer berühmte Persönlichkeiten?'

Darauf kann ich nur antworten, daß ich nicht nur berühmte Persönlichkeiten sehe. Ich sehe auch gewöhnliche Menschen aus dem alten Ägypten, dem antiken Griechenland, dem alten Rom und anderen Zeiten. Ich sehe Menschen, die höchstwahrscheinlich erst vor kurzem hinübergegangen sind. Manchmal nennen sie ihre Namen, aber in neun von zehn Fällen sagen mir diese Namen nichts. Vielleicht würden sie jemand anderem etwas bedeuten, mir jedoch nicht. Es ist so, als wollte ich über einen alltäglichen Durchschnittsmenschen sprechen, den ich bloß von einem fahrenden Bus aus gesehen habe.

Die Antwort auf die Frage 'Warum gerade Sie?' ist etwas verwickelter, aber Liszt hat mir das erklärt. Ich legte ihm dieselbe Frage vor – 'Warum gerade ich?' –, und er sagte: 'Weil du dafür bereit warst, und zwar schon lange, ehe du geboren wurdest.'

Zunächst war ich verblüfft, aber nachdem ich über das Gesagte nachgedacht hatte, sagte ich mir: Wenn man an ein Leben nach dem Tode glauben kann, warum sollte man da nicht auch an ein Leben vor der Geburt glauben?

Liszt sagte: 'Du hast dich in einer anderen Form deiner Existenz bereit erklärt, als Bindeglied zwischen uns und der Welt zu dienen.'

Das sind natürlich Dinge, die man niemals wird beweisen können, aber wenn ich zurückblicke, dann kommt es mir vor, als wäre mein ganzes Leben nur eine Vorbereitung für das gewesen, was mir in den letzten Jahren widerfahren ist und daß mich jedes Stück meines Lebenswegs der Entwicklung meiner Fähigkeit nähergebracht hat, diese Musik niederzuschreiben."

13.

Die mediale Durchgabe dichterischer Werke

Nicht nur Werke der Tonkunst können durch medial veranlagte Menschen empfangen und ihrer Umgebung mitgeteilt werden, sondern auch bei Werken der Dichtkunst ist das möglich. Bei dem Beispiel, welches nun behandelt werden soll, war das Medium schriftstellerisch völlig unbegabt, verfügte nur über einfachste Bildung und lieferte trotzdem hochstehende literarische Werke, und das außerdem in einer Sprachform, die es zuvor nie gehört und nie gelernt hatte. Es handelt sich um eine Amerikanerin namens Pearl Leonore Curran, geb. Pollard aus St. Louis im Staate Missouri (Bild 16). Sie wurde am 15. Februar 1883 als Kind britischer Eltern im Mound City im Staate Illinois geboren (70, S. 11). Ihr Vater George Pollard war Angestellter verschiedener Eisenbahngesellschaften und zeitweise auch bei einer Tageszeitung beschäftigt gewesen.

Mrs. Curran war ein durchschnittlich begabtes Kind. Nach einer oberflächlichen Ausbildung verließ sie die Schule als Vierzehnjährige. Mit 31 Jahren, zu einer Zeit, als ihre medialen, dichterischen Durchgaben schon in vollem Fluß waren, hatte sie die Staaten des Mittelwestens noch nie verlassen und noch nie das Meer gesehen. Sie besaß nur eine sehr beschränkte Allgemeinbildung und sprach lediglich das amerikanische Slang-Englisch der örtlichen Umgebung. Diese Tatsachen hat der Executive Research Officer der Boston Society for Psychic Research Dr. Walter Franklin Prince äußerst genau nachgeprüft, als Mrs. Curran durch ihre mediale literarische „Produktion" sehr bekannt und berühmt geworden war. Im Februar 1926 veranstaltete er mit ihr eine ausführliche Befragung (70, S. 15) über den Stand dessen, was sie bislang an Gedichten und Schriftstellern gelesen und gelernt hatte und was sie sonst an geschichtlichen Kenntnissen aufweisen konnte. Es war nicht viel und wird von Dr. Prince einzeln aufgeführt. Auch enge Freunde und Verwandte wurden von Dr. Prince als Zeugen vernommen (70, S. 21). Sie alle bestätigten, daß Mrs. Curran keine nennenswerten literarischen Vorkenntnisse und Interessen gehabt hatte und daß sie auch nicht religiös eingestellt war. Sie gehörte zwar formal der Episkopalkirche an, nahm aber an Gottesdiensten höchst selten teil und las nicht in der Bibel. Auch ihre Eltern gingen nicht zur Kirche. Mrs. Curran war ausschließlich den Dingen des täglichen Lebens zugewandt. Zeitweise hatte sie den Wunsch gehabt, Sängerin zu werden.

Diese Befragungen und Untersuchungen waren erforderlich, um die Hypothese zu entkräften, daß die ganzen Spezialkenntnisse und Fähigkeiten, die für Mrs. Currans dichterische Erzeugnisse erforderlich waren, schon vorher latent in ihrem Unterbewußtsein geschlummert hätten und durch die „spiritistischen Praktiken" nur freigesetzt worden seien. Für solche Vermutungen ergab sich jedoch nicht der geringste Anhaltspunkt.

Mrs. Curran hatte eine Freundin, Mrs. Emily Grant Hutchings. Diese beiden besuchten im Juli 1912 einen Nachbarn (70, S. 31), der ein sogenanntes Ouija-Brett[89]) (Bild 17) besaß. Es handelt sich dabei um ein Gerät zum Nachrichtenempfang von jenseitigen Wesenheiten, eine Art Zeigertelegraph. Bei ihm sind auf einer Papptafel oder einem Holzbrett die Buchstaben des Alphabetes und die Zahlen aufgezeichnet. Darauf wird ein leicht verschieblicher Gegenstand, ein Holz- oder Pappzeiger oder ein Likörglas[90]), gelegt bzw. gestellt. Eine oder mehrere Versuchspersonen berühren leicht mit einem oder mehreren Fingern diesen Anzeigegegenstand. Wenn unter ihnen eine oder mehrere medial veranlagte Personen sind, kann sich nach einer gewissen Zeit der Gegenstand unter dem Einfluß der aufliegenden Finger und einer jenseitigen Wesenheit in Bewegung setzen und nacheinander einzelne Buchstaben anzeigen.

Diese müssen dann abgelesen und aufgeschrieben werden. Wenn der Vorgang ordnungsgemäß abläuft, können sinnvolle Nachrichten empfangen werden. Dabei liegen die eigentlichen Aufnahme- und Empfangsorgane bei der oder den medialen Versuchspersonen. Für sie unbewußt werden diese Organe von außen unsichtbar angesteuert und bewegen dann die Finger der medialen Personen und damit das Anzeigegerät.

---

[89]) Ein Kunstwort aus franz. oui = ja und deutsch ja
[90]) Man spricht dann von Glasrücken

Als die Damen Curran und Hutchings bei dem Nachbarn waren, lieferte das Ouija-Brett eine Nachricht, die angeblich von einem verstorbenen Verwandten von Mrs. Hutchings stammte. Diese, durch das Erlebnis neugierig gemacht, kaufte ebenfalls ein Ouija-Brett und brachte es zu gemeinsamen Versuchen in Mrs. Currans Haus. Bei dem Brett bestand allerdings das Anzeigegerät nicht aus einem Pappzeiger wie in Bild 17, sondern aus einem dünnen, herzförmigen Holzbrettchen mit drei kurzen Beinen, auf denen es geschoben wurde. Die Stellung der Herzspitze zeigte jeweils den abzulesenden Buchstaben an. Die Benutzung des Ouija-Brettes und auch das sogenannte Tischrücken oder Tischklopfen waren um die Jahrhundertwende ein vielgeübtes Gesellschaftsspiel. Man ergötzte sich damit, trivialste Fragen von „Geistern" mehr oder weniger gut beantwortet zu bekommen. So war es auch bei den Damen Curran und Hutchings. Das Ouija-Brett brachte lesbare Texte hervor, aber nur belanglosen Inhalts. Doch trotzdem beschäftigten sich die Damen während eines ganzen Jahres mit diesem „Spiel".

Am 8. Juli des Jahres 1913, als sie wieder einmal abends ihrem Zeitvertreib nachgingen, erfaßte den Zeiger plötzlich eine ungewohnte Lebhaftigkeit, und mit großer Schnelligkeit buchstabierte er in altertümlichem Englisch (70, S. 33; 95, S. 9):

„Many moons ago I lived. Again I come − Patience Worth my name."

„Vor vielen Monden lebte ich. Ich komme zurück. Ich heiße Patience Worth."

Als die Freundinnen verwundert überlegten, was das bedeuten sollte, fuhr das Ouija-Brett fort:

„Wait, I would speak with thee. If thou shalt live, then so shall I. I make my bread at thy hearth. Good friends, let us be merrie. The time for work is past. Let the tabby drowse and blink her wisdom to the firelog.

Good Mother Wisdom is too harsh for thee, and thou shouldst love her only as a foster-mother."

„Warte, ich möchte mit dir reden. Solltest du leben, so lebe auch ich. Ich backe mein Brot an deinem Herd. Gute Freundinnen, laßt uns fröhlich sein, Die Zeit der Arbeit ist vorüber. Laßt die Katze dösen und ihre Weisheit dem Herd zublinzeln.

Die gute Mutter Weisheit ist zu streng für dich. Du sollst sie nur als Pflegemutter lieben."

Diese Persönlichkeit „Patience Worth" machte schon bei ihrem ersten Besuch einen so tiefen Eindruck auf die beiden Freundinnen, daß sie Bleistift und Papier zur Hand nahmen und alles, was „Patience" von nun an mitteilte, sorgfältig niederschrieben, einschließlich aller Fragen und Auslegungen, die durch ihre Bemerkungen hervorgerufen wurden.

Während der ersten Monate saßen nur die beiden Freundinnen Curran und Hutchings an dem Brett. Allmählich vergrößerte sich jedoch der Kreis, zuweilen auf fünf bis sechs Personen. Dabei war der Ehemann von Frau Curran, ein Einwanderungskommissionär von Missouri, der Schriftführer, der alles genau zu Protokoll nahm. Manchmal wurde er von Frau Currans Mutter, Frau Mary E. Pollard, vertreten. Es zeigte sich, daß Frau Curran die eigentliche Vermittlerin der Botschaften war. Die Mitteilungen fanden nur statt, wenn **sie** zugegen war und die Finger auf das Holz-Herz legte. Gelegentlich konnten bei ihrer Anwesenheit auch andere Besucher für kurze Zeit durch ihre aufgelegten Finger Botschaften erhalten. Wer sonst noch anwesend war, spielte keine Rolle.

Die Damen Curran und Hutchings interessierten sich schon beim ersten Auftreten der „Patience Worth" dafür, wer denn hinter dieser Wesenheiten steckte und wann und wo sie gelebt hatte. Aber in dieser Beziehung war das Wesen „Patience" sehr zurückhaltend. Auf die Frage nach der Lebenszeit gab es an „1649 94", wobei unklar blieb, ob damit Geburts- und Sterbedatum gemeint waren oder nur eines von beiden und 94 die Verbesserung der etwa falschen Durchgabe von 1649 sein sollte. Auf die Frage nach dem Wohnort kam die unbestimmte Antwort „Across the sea", also jenseits des Ozeans. Und als man das etwas genauer wissen wollte, antwortete „Patient":

„About me you would know much. Yesterday is dead. Let thy mind rest as to the past."	„Ihr wollt viel über mich wissen. Aber das Gestern ist tot. Laß deine Erinnerung ruhen, was die Vergangenheit betrifft."

Im Laufe der Jahre bekam man aber doch noch stückweise einige Einzelheiten mitgeteilt, aus denen sich folgendes Bild ergab:

Patience lebte im siebzehnten Jahrhundert auf einer Dorsetshire-Farm in England. Sie arbeitete im Haus und auf dem Felde. Später wanderte sie nach Amerika aus und wurde bald darauf bei einem Indianerüberfall getötet. Von ihrem englischen Wohnort gab sie gewisse Einzelheiten und Erkennungszeichen an wie z. B. alte Gebäude, ein Kloster, ein gewundener Weg, der zu ihrem Geburtsort führe, die Meeresküste und Klippen (70, S. 34). Als später einer ihrer Berichterstatter, Herr Casper Yost[91]), diese Angaben nachprüfen wollte, fand er in England eine Ortschaft Dorset, auf welche die oben angeführten Einzelheiten paßten. Historisch ließ sich aber eine „Patience Worth" nie nachweisen, da es ja im siebzehnten Jahrhundert noch keine Standesämter gab.

Die umfangreichen Durchgaben der „Patience Worth" ab 1913 zeigen aber, daß sie die altenglische Sprache und ihre Dialekte des siebzehnten Jahrhunderts beherrschte und umfassende Kenntnisse der Pflanzen- und Tierwelt, sowie der Haus- und Landwirtschaft und der Lebensgewohnheiten im England der damaligen Zeit besaß. Das waren alles Kenntnisse, die weder Mrs. Curran noch ihre nähere Umgebung besaßen oder besitzen konnten. „Patience Worth" gab im Verlauf einiger Jahre eine große literarische Produktion durch, meist in romanhafter Form, deren Umfang auf etwa drei Millionen Wörter geschätzt wird[92]). Dazu gehören „The Sorry Tale", ein Roman aus der Zeit Christi, der das Schicksal des bösen Schächers am Kreuz behandelt, „Telka", eine Erzählung aus dem ländlichen Milieu des Mittelalters, in der Telka ein Bauernmädchen ist und „Hope Trueblood ", eine Geschichte aus dem englischen Dorfleben der Puritanerzeit. Weiter verfaßte sie eine große Menge von Gedichten (die sie manchmal auch auf ein ihr gestelltes Thema improvisierte), von Sprichwörtern und Kurzgeschichten. Die bei den Durchgaben anwesenden Zuschauer konnten sich mit Patience auch über beliebige Themen religiöser, philosophischer und weltlicher Art regelrecht unterhalten, d. h. auf ihre Fragen erhielten sie sofort eine schriftliche und meist sehr geistreiche Antwort. Manchmal wurden auch bestimmte Aufträge erfüllt. So wünschte eine Zuschauerin ein Kindergebet zu erhalten. Nach kurzem Probieren lieferte „Patience" folgendes Gebet (70, S. 273):

„I, Thy child forever, play	„Ich, für immer Dein Kind, spiele
About Thy knees at close of day;	tagsüber um Deine Knie herum;
Within Thy arms I now shall creep	in Deine Arme werde ich nun kriechen und während ich schlafe
And learn Thy wisdom while	chen und während ich schlafe
I sleep.	Deine Weisheit erfahren.
Amen."	Amen."

---

[91]) Er war der Herausgeber des St. Louis Globe-Democrat
[92]) Zum Vergleich: Ein Buch von 500 Seiten enthält etwa 200 000 Wörter

Das Gebet entfaltet allerdings nur im englischen Originaltext seine ganze Schönheit.

Die Durchgaben erfolgten außerordentlich schnell. So wurde das Kapitel in dem Roman „The Sorry Tale", das die Kreuzigung Christi beschreibt und eine Dichtung von erstaunlicher Kraft und Lebendigkeit ist, in seinem Umfang von 5000 Wörtern an einem Abend diktiert. Nie zögerte Patience bei der Wahl eines Wortes. Es war, als flösse ein Wortstrom aus ihr heraus. Nur sehr selten erfolgten nachträgliche Änderungen. Selbst nach längeren Unterbrechungen fuhr sie ohne Zögern bei demselben Wort weiter fort, bei dem sie aufgehört hatte.

Der britische Physiker und zeitweilige Präsident der britischen Society for Psychical Reserarch, George Tyrell, beurteilt Mrs. Curran und ihre medialen Durchgaben folgendermaßen (90, S. 154):

„Ein interessantes Merkmal dieser Arbeiten besteht darin, daß sie in verschiedenen Dialekten geschrieben wurden, die aber alle eine Tendenz zum Archaischen aufwiesen. Hier sind drei Beispiele.

Aus der 'Sorry Tale': 'Und sein Bart hing auf seine Brust, und er sprach zu den römischen Männern: 'Der Friede Jehovahs sei über Euch!' Und sie spuckten auf seine Früchte, redeten laut und sagten: 'Siehe doch, Jerusalem ist voll von Heuschreckenschwärmen und Wüstenflöhen! Und die Männer Jerusalems essen sich satt an ihnen.' Und sie lachten und gingen auf die Stufen des Tempels und standen im Regen und schrien, der König sei von Eseln geboren, und warfen Steine an die Türen des Tempels. Die Juden kamen von den Märkten, und neben den Bärten glitzerte der Stahl, und Schwerter durchschnitten die Luft. Und die Römer gebrauchten ihre Schwerter, und die Luft war voll mit den Spottgebeten von der Römer Lippen.'

Dann aus 'Telka': 'T'were the God that tireth o'good'pon earth and fashioneth out a man.'

Friar: 'Aye maid, and fearing lest the good be not' nuff, put more and a-fashioned maid.'

Telka: 'Aye, and the devil did laugh, for 'twere the save o'him for fashioning o'hell. Care, Friar, lest ye scorch.'

Aus 'Hope Trueblood': „Warum erlaubt dir deine nichtsnutzige Mutter, in nächtlicher Stunde christliche Häuser zu besuchen? Du stehst mit nackten Füßen auf dem Boden, wo sind deine guten Schuhe?'

'Ich habe keine, danke. Man hat sie mir zum Mai versprochen.'

Dies schien Miß Patricia in stürmische Erregung zu versetzen, denn sie bäumte sich auf, schrie und schlug an ihren Busen und schrie heraus, daß die Zungen des Dorfes Stichelreden führten, und daß kein Christ unter ihnen wohnen könne, und hörte nur auf, um zu rufen: 'Weg mit ihr, weg mit ihr!'

Jede Stilform wird während des ganzen Romans durchgehalten, dabei ist zugegebenerweise der archaische Dialekt in der mittelalterlichen Erzählung 'Telka' ein Artefakt. Obwohl er nach Altenglisch aussah, war er kein englischer Dialekt, der jemals gesprochen wurde.

Caspar S. Yost, der Herausgeber des St. Louis Globe-Democrat, unternahm eine Analyse der Sprache in 'Telka' in dem Buch: 'Patience Worth: a Psychic Mystery'. Er fand heraus, daß 90% der Wörter angelsächsisch sind, 10% altfranzösisch mit gelegentlich eingestreuten skandinavischen Wörtern und selten ein Wort keltischen oder lateinischen Ursprungs. Er sagt, daß kein Wort verwendet wird, das später als in der Mitte des 17. Jahrhunderts in Gebrauch kam. Grundlage ist das Englisch des 17. Jahrhunderts, aber man muß bis zu der Zeit von Wyclif zurückgehen, um ein solches Übergewicht angelsächsischer Wörter zu finden.

Für das persönliche Verhältnis Mrs. Currans zu dem so ganz andersgearteten Wesen Patience Worth sind folgende Äußerungen der Automatistin[93]) interessant. Sie sei, sagt sie, dadurch 'zu tieferem geistigem Verständnis und Wertgefühl erzogen worden, als ich es jemals durch irgendein Studium hätte erreichen können'. Es scheint, daß man hier die schwache Spiegelung eines mystischen Erlebnisses auf einer viel niederen Stufe berührt. Als sich das Schreiben weiter entwickelte, wurde die Schrift von anschaulichen bildhaften Visionen begleitet. 'Wenn die Geschichten kommen, dann werden die Szenen lebendig anschaulich, die Gestalten bewegen sich, spielen ihre Rollen und unterhalten sich auch. Das Bild bezieht sich nicht nur auf die gerade erzählte Geschichte, vielmehr ist auch alles im Umkreis dieser Vision inbegriffen. Wenn z. B. zwei Leute erscheinen, die an einer Straßenecke miteinander sprechen, so sehe ich nicht nur sie, sondern auch die ganze Umgebung der Straße mit den Häusern, Steinen, Hunden, Leu-

---

[93]) Mit „Automatist" ist ein medialer Mensch gemeint, der unter Einfluß einer jenseitigen Wesenheit „automatisch", d. h. ohne Beteiligung seines eigenen Willens, Mitteilungen schreibt oder spricht

ten und allem, gerade so, wie es in einer wirklichen Szene gewesen wäre. Wenn die Leute wie in der 'Sorry Tale' eine fremde Sprache sprechen, höre ich das Gespräch, aber darüber liegt die Stimme von Patience, die sie entweder übersetzt oder mir die Stelle angibt, die sie in der Erzählung zu verwenden wünscht.' 'Wenn ich zum Beispiel genau wissen wollte, welche Frucht eine Marktfrau verkauft, oder wenn ich den Geruch einer Blume riechen oder die Qualität eines mir unbekannten Stoffes fühlen wollte, dann nahm meine eigene unscheinbare Gestalt kühn an dem Schauspiel teil, und ganz natürlich ging ich vielleicht zu dem Stand der Marktfrau, nahm die Frucht auf und kostete sie oder roch an der Blume in einem Garten oder fühlte den Stoff an. Und dieses Erlebnis war sofort mein Eigenbesitz, so, als ob ich es tatsächlich erlebt hätte; denn es war für mich genauso wirklich wie jede andere normale persönliche Erfahrung ... So sind mir aus fremden Orten viele Blumen, die ich niemals sah, vertraut geworden, und ich erkenne sie wieder, wenn ich sie auf Bildern sehe. Ich habe bei giftigen Gerüchen geschaudert oder war von der Schönheit eines Gegenstandes ganz begeistert oder voll Freude, wenn ich eine Blume erblickte, die ich noch niemals vorher gesehen hatte. Es ist genauso, als ob man in neue und unbekannte Gefilde reist.'"

Der literarische Wert der Werke von „Patience Worth" wurde von vielen Fachleuten als hervorragend beurteilt. Eines wurde sogar mit dem Pulitzer-Preis ausgezeichnet. Außerdem enthielten die Romane bei ihren historischen Hintergründen einen großen Umfang an Wissen über die Verhältnisse der damaligen Zeiten. „Patience" ist zum Beispiel mit der Haushaltung, wie sie vor zwei Jahrhunderten oder noch früher Sitte war, eng vertraut. Sie kennt alle Hausgeräte jener Zeit, den Gebrauch des Webstuhls und des Spinnrades, die Kunst, auf offenem Herd zu kochen und das Besanden der Fußböden. Sie kennt die Trachten, Sitten und Geographie von Palästina und die Architektur von Jerusalem mit ihren Mauern, Palästen und Wasserstellen. Dabei ist die Sprechweise und die Form des Englischen den jeweiligen Zeitumständen angepaßt. Viele verwendete Wörter mußten erst in alten Wörterbüchern nachgeschlagen werden, um ihren Sinn zu erkennen.

Zusammenfassend kann man sagen: Es ist unmöglich, daß Mrs. Curran aus ihrem Bewußtsein oder Unterbewußtsein die Werke eigenschöpferisch hervorbringen konnte. Sie hatte nicht das Wissen und die Fähigkeiten dazu und konnte sie auch nicht unbewußt erworben haben. Man muß davon ausgehen, daß andere, nichtirdische Wesenheiten durch sie wirkten. Wir finden in diesem Fall zwar keine Indizien für das Überleben einer bestimmten, historisch nachweisbaren, irdischen Persönlichkeit, aber doch Indizien für das Hereinwirken einer anderen, jenseitigen Welt in die unsere. Ob der Name „Patience Worth" nur ein jenseitiges Pseudonym oder ein „Künstlername" ist und ob sich dahinter nur eine Persönlichkeit verbirgt oder eine Gruppe von Geistwesen wie bei Rosemary Brown, bleibt unbekannt. Für die parapsychologische Bedeutung dieses Falles ist das jedoch unwesentlich.

14.

Die Urheberschaft physikalischer Erscheinungen der Parapsychologie

Ein sehr wichtiges Gebiet der Parapsychologie sind die sog. physikalischen Erscheinungen. Bei ihnen handelt es sich um das Auftreten von mechanischen Kräften, von elektrischen, magnetischen, thermischen, akustischen und photochemischen Vorgängen, die nicht mit den bisherigen Kenntnissen der Physik erklärt werden können. In der Regel ist zur Erzeugung solcher Vorgänge die Anwesenheit eines paranormal veranlagten Menschen erforderlich. Diese Phänomene sollen in einem nachfolgenden Band ausführlich behandelt werden. Hier folgt nur eine kurze Einführung in das Gebiet. Man spricht bei diesen Erscheinungen von Telekinese[94]) oder heutzutage meist Psychokinese. Dabei ist häufig die Meinung verbreitet, daß die Vorgänge ihre Urheberschaft in der Psyche (d.h. also dem Geist) eines lebenden Menschen haben. In manchen Fällen mag diese Auffassung tatsächlich zutreffend sein. In anderen Fällen erscheint es aber doch als sehr wahrscheinlich, daß diese Vorgänge von nichtirdischen Wesenheiten verursacht werden oder jedenfalls nicht von der Psyche lebender Menschen. Allerdings kann man oft nicht den genauen Verursacher mit Namen und Herkunft feststellen.

Als eindrucksvolles Beispiel dieser Art mögen hier sog. Apportphänomene geschildert werden, wie sie sich von 1950-1955 in Manila im Hause eines Prof. Tolentino ereignet haben. Unter einem Apportphänomen versteht man das unerklärliche und plötzliche Auftreten von materiellen Gegenständen an Orten, wo sie sich vorher nicht befanden und wohin sie auf normale Weise gar nicht gelangen konnten. Es hat oft den Anschein, als ob diese Gegenstände aus dem Nichts kommend plötzlich innerhalb eines Zimmers bei geschlossenen Türen und Fenstern entstehen und dort zu Boden fallen. Manchmal kann man die

---

[94]) Telekinese = Fernbewegung ohne sichtbaren Urheber , tele (griech) = in die Ferne, kineo = ich bewege, psyche = Seele, Geist

Herkunft der Gegenstände erkennen, oft aber auch nicht. Prof. Tolentino war ein auf den Philippinen sehr bekannter Bildhauer und langjähriger Präsident der Union Esperitista Christiana de Filipinas. Er veranstaltete von 1950 bis 1955 mediale Sitzungen in seinem Haus mit einem Mann namens Juan Naval (1893-1955), der seit 1905 mediale Fähigkeiten zeigte. Im Verlauf dieser Sitzungen fielen bei voller Beleuchtung von der Zimmerdecke kleine Gegenstände herunter, und zwar Walnüsse, Muskatnüsse, Steine und Holzstücke in Nußgröße. Diese Gegenstände waren äußerlich unbeschädigt und wiesen keine äußeren Öffnungen auf.

Die Sitzungsteilnehmer wurden medial aufgefordert, diese Gegenstände vorsichtig zu öffnen, teils mit dem Messer, teils mit einer Stein- oder Holzsäge. Sie seien nämlich hohl. Nach dem Öffnen stellte sich dann heraus, daß in diesen Gegenständen kleine Zettel aus ganz dünnem Papier enthalten waren. Auf diese Zettel waren in sehr kleiner Schrift Mitteilungen oder Botschaften aufgeschrieben, und zwar in den Sprachen Englisch, Französisch, Spanisch und Tagalog (Sprache der Filipinos um Manila). In der letzten Sprache erfolgten die meisten Botschaften.

Tolentino gibt an (89, S. 17), 1375 Mitteilungen dieser Art erhalten zu haben. Er hat sie und ihre „Verpackungen" (Bilder 18 und 19) sorgfältig aufbewahrt. Ich selbst hatte Gelegenheit, diese Sammlung 1973 zu sehen und zu photographieren. Ein Teil der Botschaften hatte religiösen Charakter und wurde mit den Namen bekannter christlicher Heiliger unterzeichnet. Daraus läßt sich aber nicht unbedingt schließen, selbst bei Annahme der Überlebenshypothese, daß diese Heiligen persönlich die Verfasser oder Vermittler der Botschaften waren. Man kann die Apporte und Botschaften nur als Indiz für das Wirken nichtirdischer Wesenheiten ansehen, zumal das Medium Naval die spanische und französische Sprache nicht beherrschte. Ob die Urheberschaft der jeweiligen Unterzeichner der Botschaften jemals genau untersucht oder festgestellt werden konnte, entzieht sich meiner Kenntnis. Es erscheint mir aber als sehr weit hergeholt und äußerst unwahrscheinlich, die Psyche des ungebildeten Mediums für die komplizierten physikalischen Vorgänge verantwortlich zu machen.

In einem weiteren Beispiel soll das Auftreten von physikalisch- telekinetischen Erscheinungen im Zusammenhang mit medialen Versuchen erläutert werden. Sie wurden in den Jahren 1904 bis 1909 durch einen

Kreis von Untersuchern in Reykjavik auf Island durchgeführt. Einer der Teilnehmer und zugleich der Berichterstatter (60) war der Professor der Theologie Haraldur Nielsson (1868-1928), der an der Universität von Reykjavik lehrte. Die anderen Teilnehmer waren Ärzte, Theologen, Schriftsteller oder hatten sonstige Berufe. Das Medium war ein junger Bauernsohn vom Lande, der nach Reykjavik gekommen war, um Buchdrucker zu werden. Sein Name war Indridi Indridason. Dieser Jüngling kam zu Besuch zu einer Familie, bei der paranormale Versuche durchgeführt wurden. Er lachte über diese Dinge und war sehr skeptisch, aber nur so lange, bis er selbst anfing, automatisch[95]) zu schreiben und bis er gegen seinen Willen in Trance fiel, als er eine sich durch seine Hand kundgebende Wesenheit ein wenig verspottete.

Von da an entwickelten sich die bei ihm einstellenden Erscheinungen sehr schnell. Man erhielt sog. Trance-Rede, und besonders traten physikalische Phänomene auf, z. B. Leuchtvorgänge und telekinetische Ereignisse. Beispielsweise wurden kleine Tische von unsichtbaren Verursachern gehoben, sogar selbst dann, wenn die Teilnehmer mit allen Kräften versuchten, sie unten zu halten.

Auch das Medium selbst wurde bis ganz an die Zimmerdecke gehoben[96]), und eines Abends wurde ein Sofa mit dem darauf ausgestreckt liegenden Medium im Zimmer herumgetragen. Dies geschah im Hause Nielssons in seinem Wohnzimmer. Er berichtet (60, S. 15): „Wir saßen zwar im Dunkeln, aber wenn es auch dunkel war, konnte das Medium nicht gut das Sofa, mit sich selbst darauf ausgestreckt, herumtragen. Das Sofa wurde ganz sanft auf unseren Schoß gelegt, und wir konnten das Medium anfühlen. Aber es stieß an niemand an und wurde an die Stelle, wo es gestanden hatte, zurückgetragen, als ob eine intelligente Kraft, die diese Umzüge dirigierte, sehr gut im Dunkeln sehen konnte.

Die Lichtphänomene konnte man nur sehen, wenn man im Dunkeln saß. Aber Sie können sich darauf verlassen, daß wir immer ein 'Auge' auf das Medium hatten und gut aufpaßten. Unter anderem untersuchten wir oft die Echtheit des Transschlafes dadurch, daß wir in der Dunkelheit das Medium mit Stecknadeln stachen, wenn es nicht die

---

[95]) D. h. unter fremdem Einfluß stehend, nicht dem eigenen Willen gehorchend
[96]) Man spricht bei derartigen Vorgängen von Levitation, von lateinisch levitas = leichtes Gewicht und levare = leichter machen, heben

geringste Ahnung davon hatte, daß wir es tun würden und sogar an den empfindlichsten Stellen. Aber es war, als hätten wir in Holz gestochen, es rührte sich nicht. Doch es war im wachen Zustand so empfindlich, daß es von einem Ende des Zimmers bis zum anderen laufen und dabei laut schreien konnte."

Über seine innere Einstellung zu den Vorgängen schreibt Nielsson (60, S. 11): „Die meisten psychischen Forscher haben als Zweifler, wenn nicht als eifrige Gegener des Spiritismus, angefangen. Aber alle diejenigen, die wirklich die Sache untersucht haben, nicht in Wochen oder ein paar Monaten, sondern durch eine Reihe von Jahren, sie sind alle überzeugt worden von der Wirklichkeit der Phänomene und viele von ihnen davon, daß wir in Verbindung kommen können mit intelligenten Wesen in einer uns unsichtbaren Welt."

Nielsson berichtet weiter (60, S. 20): „Was leisteten nun diese Intelligenzen? Sie versuchten uns zu überzeugen, daß sie nicht ein Teil des Unterbewußtseins des Mediums seien, sondern lebende Wesen in einer anderen Welt, die den meisten Menschen unsichtbar ist, und daß sie früher hier auf dieser Erde gelebt und schon diese große und von den meisten so gefürchtete Veränderung erlebt hätten, die wir den Tod nennen. Sie bedienten sich verschiedener Methoden, um dies zu erreichen. Sie hatten lange Gespräche mit uns und erzählten uns von dem Übergang und ihrem Leben jenseits des Grabes. Sie erinnerten an Begebenheiten und Erlebnisse in ihrem Erdenleben. Sie nannten viele kleine Dinge, von denen sie meinten, daß das Medium unmöglich jemals davon gewußt hätte. Sie versuchten mit anderen Worten, ihre Identität zu beweisen.

Danach versuchten sie uns davon zu überzeugen, daß sie über Kräfte verfügten, die in unserer Welt nicht bekannt sind. Z. B. versuchten sie, Stühle, Tische und andere Dinge zu bewegen, ohne daß das Medium oder irgendein anderer Mensch daran rührte. Je mehr das Medium sich entwickelte, desto größer wurden ihre Leistungen in dieser Richtung. Sie hoben auch verschiedene Male das Medium selber hoch in die Luft."

Um allen Behauptungen über eventuelle Täuschungshandlungen entgegenzuwirken, wurde von den Untersuchern ein besonderes kleines Haus gebaut, das nur für die Versuche verwendet wurde. Bisweilen waren dabei 70 Personen zugegen. Es sollte nun der Möglichkeit einer Hilfeleistung durch Sitzungsteilnehmer vorgebeugt werden. Dazu wurde quer durch den Saal vom Fußboden bis zur Decke ein engmaschiges Netz gespannt, durch das man keine Hand hindurchstecken konnte. Das Medium saß mit einem wechselnden Aufpasser hinter dem Netz, alle übrigen Sitzungsteilnehmer jedoch auf der anderen Seite. Trotzdem erfolgten die vielfältigsten Bewegungen von Gegenständen, und es erzeugte ein Bleistift, von unsichtbarer Hand geführt, schriftliche Botschaften auf Papier. Man nennt so etwas 'direkte Schrift'."

Bei diesen Versuchen traten nun durch Materialisierung ihres Körpers, durch Tance-Rede des Mediums, durch direkte Stimme[97]) und durch direkte Schrift die verschiedensten jenseitigen Wesenheiten in Erscheinung. Nielsson nennt sie „Transpersönlichkeiten" und berichtet (60, S. 19): „Wir experimentierten mit diesem Medium länger als fünf Jahre und hatten regelmäßig ein bis zwei Sitzungen in der Woche von Mitte September bis Ende Juni. Die Transpersönlichkeiten hielten sich die ganze Zeit ebenso bestimmt zugegen, als ob sie lebende Menschen auf dieser Erde gewesen wären. Niemals geschah es, daß sie vermischt wurden, wenn sie auch denselben Körper zum Reden gebrauchten. Aber nicht nur dieser feste Stab sprach durch das Medium. Eine Menge anderer Persönlichkeiten manifestierte sich. Bei einer Sitzung sprachen z. B. 26 verschiedene Intelligenzen nacheinander. Sie waren alle voneinander verschieden."

Es traten bei diesen Versuchen aber auch Wesen auf, die sich gewalttätig betrugen, die sich der psychischen oder medialen Kraft, die von dem Medium ausging, bemächtigten und Unruhe stifteten. Durch Zuspruch und Belehrung von diesseits und jenseits wurden jedoch aus den anfangs niederen Geistwesen mit der Zeit aufstrebende Wesenheiten. Nielsson berichtet darüber (60, S. 30):

„In diesem Winter hatten wir wieder eine Periode von unruhigen Sitzungen. Aber nun war der alte Unruhestifter Jon eine unschätzbare Hilfe der Kontrollen[98]) geworden. Er nahm sich des Mediums und meiner selbst an, wenn andere uns stören wollten. Als Beispiel dafür, was vorfallen konnte, erlaube ich mir folgendes anzuführen:

Eines Abends saß ich allein mit dem Medium hinter dem Netz, während nur drei Herren auf der anderen Seite des Netzes der Sitzung

---

[97]) Das ist eine frei im Raum erklingende Stimme, die nicht aus dem Mund eines lebenden Menschen kommt
[98]) Jenseitige Wesen, die die Leitung der Vorgänge ausübten

beiwohnten, nämlich der skeptische Arzt Gudmundur Hannesson, der Augenarzt Björn Olafsson und der Schriftsteller Einar H. Kvaran. Nach einem harten Kampf mit zwei Intelligenzen, die in ihren Ausdrücken sehr grob waren, setzte ich mich mit dem Medium zusammen auf eine Treppe, die zum Rednerstuhl führte. Ich hielt beide Arme um die Schultern des Mediums und preßte seine beiden Beine zwischen meine Knie, um es zu kontrollieren. Da wurde plötzlich der Rednerstuhl, der sowohl an die Wand wie an den Fußboden angenagelt war, abgerissen oder abgesprengt und auf den Fußboden bis ganz an das Netz hingeworfen. Ich hielt das Medium weiter auf dieselbe Weise fest, wurde aber nun mit ihm in den Armen etwas in die Luft hinaufgeworfen, so daß wir beide weithin auf den Fußboden flogen.

Ich stieß meine Hände beim Hinfallen, und das Medium war so nahe an den weggerissenen Rednerstuhl hingeflogen, daß einer der Nägel tief in seine Lende drang.

Hier muß ich eine Bemerkung einschieben. Einige meiner Leser werden vielleicht denken: 'In einer solchen Begebenheit hast du den Beweis, daß ihr mit bösen Geistern oder Teufeln in Verbindung gewesen seid.' Aber ich bin ganz anderer Meinung. Im Grunde bekommt man eine ganz falsche Vorstellung von dieser Art Phänomene, wenn das, was die Intelligenzen erzählen, aus dem Bericht weggelassen wird. Deshalb finde ich, daß ich in aller Kürze mitteilen muß, was die Friedensstörer selbst sagten, teils was die Kontrollen uns von ihnen erzählten. Einer von ihnen wurde der Kapitän genannt, denn er war – nach dem, was sie meinten – Führer eines Fischkutters gewesen und vor kurzem mit der ganzen Besatzung beim Untergang des Schiffes umgekommen.

Nach dem, was sie uns erklärten, waren sie ins Boot gekommen und hatten sich mit Branntwein gestärkt. Nach langem Kampf mit dem furchtbaren Wetter waren sie doch in der Brandung dicht am Land umgekommen. Derjenige von Indridasons Kontrollen, der am deutlichsten Bescheid gab, behauptete, daß sie sowohl böse wie betrunken gewesen seien, und in diesem Zustand waren sie ertrunken. Und er fügte hinzu, daß es gefährlich wäre, direkt vor dem Übergang ins Jenseits in diesem Zustand zu sein. Ein solcher Gemütszustand würde unvermeidlich eine Weile auf der anderen Seite fortdauern, und er glaubte, sie wären auch nicht ganz über die Situation orientiert. Nach einiger Zeit hörten alle Unruhen auf. Und eines Abends manifestierten diese Intelligenzen sich außerhalb des Mediums nochmals als direkte Stimmen. Nun waren sie vollkommen ruhig und baten uns um Verzeihung für das, was sie getan hatten. Und der Kapitän fügte hinzu: 'Wir wußten tatsächlich nicht, was wir taten, wir waren wie im Rausch.'

Der skeptische Arzt, der nun Professor an der Universität Reykjavik ist, wurde im Laufe des Winters von der Realität der Phänomene vollständig überzeugt und meldete sich bei unserer Gesellschaft[99]) an. Im Jahre darauf schrieb er eine Reihe von Artikeln in einem der Blätter über seine Untersuchungen und bringt darin die Erklärung, daß, obwohl er bei jeder Sitzung den ganzen Winter über versucht hätte, Betrug oder Tricks zu entdecken, er doch nie einen solchen hätte finden können. Dagegen war er davon überzeugt worden, daß die Phänomene echt waren. Und er ist noch derselben Meinung. Ehe ich Island diesmal verließ, hatte ich ein Gespräch mit ihm, und u. a. erklärte er: 'Du kannst als meine feste Überzeugung erzählen, daß die Phänomene unzweifelhafte Tatsachen sind.'"

Die Versuche mit Indridi Indridason fanden ihr Ende, als er im Juni 1909 an Typhus erkrankte, später außerdem Lungentuberkulose bekam und daran im Sommer 1912 starb.

---

[99]) Gemeint ist die Gesellschaft für Psychische Forschung auf Island

15.

Schlußfolgerungen aus dem Erfahrungsmaterial

Welche Schlüsse lassen sich nun aus dem vorgetragenen und dem zahlreichen sonstigen in der Literatur berichteten Erfahrungsmaterial ziehen, wenn man es als wahr annimmt?

Die Informationen einzelner Verstorbener bestehen offenbar weiter, aber nicht „leblos" wie in einem Buch abgedruckt, sondern kommunikations- und aufnahmefähig mit allen Merkmalen der früheren Persönlichkeit. Nach Definition im physikalisch-nachrichtentechnischen Sinn ist das dann Fortleben, ganz gleich, wo man die Fortexistenz annimmt. Diese Auffassung ist unter dem Namen „Spiritistische Hypothese" oder „Spiritistische Theorie" bekannt geworden. Manch einen mag eine solch einfache Beweisführung nicht überzeugen. Hier werden ja auch keine mathematischen Beweise vorgelegt, sondern nur sog. Erfahrungsbeweise, wie sie im täglichen Leben und auch vor Gericht als Indizienbeweise ständig verwendet werden. Viele Menschen machen sich außerdem gar nicht klar, daß die tiefsten Grundlagen aller Wissenschaften nicht exakt beweisbar sind, sondern immer auf irgendwelchen Annahmen oder Axiomen oder Grundprinzipien beruhen, die nicht beweisbar sind. Auch in der Physik, die doch als sog. exakte Naturwissenschaft gilt, sind sehr wichtige Gesetzmäßigkeiten nicht exakt beweisbar. So ist z. B. das 1687 von Isaac Newton formulierte Trägheitsgesetz: „Jeder Körper verharrt in seinem Zustand der Ruhe oder der gleichförmig geradlinigen Bewegung, sofern er nicht durch einwirkende Kräfte gezwungen wird, seinen Zustand zu ändern" ein reiner Erfahrungssatz, d. h. die Schlußfolgerungen, die aus dem Satz zu ziehen sind, werden durch die Erfahrung bestätigt.

Ein unmittelbarer Beweis dieses Satzes ist unmöglich, da wir keinen Körper äußeren Einflüssen völlig entziehen können. Man nennt das dann (10, S. 452) eine erkenntnistheoretische Voraussetzung, die auf keine Weise bewiesen werden kann, ohne die man indessen nicht weiterkommt.

Eine ähnliche Lage liegt in der Wärmelehre vor. Bei der Temperaturfestlegung geht man nämlich von der nicht beweisbaren Annahme aus, daß Änderungen von Körpereigenschaften (z. B. Volumen, elektrische Eigenschaften usw.) in gesetzmäßiger Weise von ihrem Körperzustand, den wir Wärme nennen, abhängen. Die Physiker L. Bergmann und Cl. Schäfer sagen dazu (10, S. 451):

„Will man diese Annahme nicht machen – und man kann auf logischem Wege nicht dazu gezwungen werden – so muß man auf eine wissenschaftliche Behandlung der Wärmelehre verzichten."

Ähnlich ist es in der Parapsychologie. Niemand kann auf logischem Wege dazu gezwungen werden, die spiritistische Hypothese durch Erfahrungs- und Indizienbeweise als „bewiesen" anzusehen. Aber dieser muß dann eben auch auf eine wissenschaftliche Behandlung nachtodlicher Zustände und Entwicklungen verzichten. Er wird nie auf den Gedanken kommen, etwa das Leben nach dem Tode erforschen zu wollen. Für ihn wird jeder Spukfall nur reine Psychokinese von Menschen sein, die materiell auf dieser Erde leben. Ein solcher wird nie auf den Gedanken kommen, in bestimmten Spukfällen etwa mit einem „verstorbenen Spukverursacher" Verbindung aufzunehmen, ihn über seinen Zustand aufzuklären und zu veranlassen, den Spuk einzustellen. Ein Gegner der spiritistischen Hypothese läßt höchstens Menschen, die von dem Spuk betroffen sind, psychologisch oder psychiatrisch auf neurotische Symptome untersuchen.

Natürlich bleibt festzuhalten, daß im wissenschaftlichen Sinn die Annahme vom Fortleben nach dem Tode nur eine Hypothese ist. „Exakte" Beweise gibt es dafür nicht, wie es überhaupt in keiner Wissenschaft exakte Beweise für ihre Grundlagen gibt. Die angeführten Erfahrungs- oder Indizienbeweise gelten außerdem nur für einzelne Individuen, keinesfalls erstrecken sie sich aber auf alle Individuen dieser Welt. Es ist also ein kühner Schluß, wenn man von den Indizien des Fortlebens einzelner Menschen auf das Fortleben aller Menschen schließt. Es bleibt dem einzelnen überlassen, ob er auch diese Annahme macht.

Es ist weiter zu bemerken, daß das Erfahrungsmaterial der Parapsychologie keinerlei Hinweise gibt auf etwas, was wir „Unsterblichkeit" nennen. Fortleben nach dem irdischen Tode und Unsterblichkeit sind ja zwei verschiedene Dinge. Die Erfahrungen der Parapsychologie reichen nur in den unmittelbaren Bereich nach dem Tode hinein.

Aber trotz allem ist die Überlebenshypothese wichtig (78). Ohne einen ausreichenden Vorrat von Hypothesen verarmt jede Wissenschaft. Hypothesen sollen einer Forschung den Weg weisen. Sie sollen zum sinnvollen Suchen anregen, sie sollen uns Richtlinien geben, die in die Zukunft weisen. Zur Überlebenshypothese ist hier zu sagen, daß auch sie, wie das Trägheitsprinzip in der Physik, uns in die Lage versetzen soll, uns auf künftige Situationen einzustellen, und zwar auf Situationen unseres nachtodlichen Lebens. Das Trägheitsprinzip gibt, obwohl nicht exakt beweisbar, aber unzählige Male in seinen Schlußfolgerungen bestätigt, Richtlinien für physikalisch sinnvolles Handeln. Die Überlebenstheorie kann uns, wenn wir sie annehmen, Verhaltensrichtlinien für unser Leben geben, sie kann uns Einblicke in Zusammenhänge geben, die wir sonst nicht durchschauen, die uns sonst sinnlos erscheinen.

Wenn wir das an Erkenntnis annehmen, was uns aus der Welt angeboten wird, in die wir nach unserem Tode eintreten, wenn wir es sorgfältig prüfen und verwerten und die Richtschnur unseres Handelns darauf entsprechend ausrichten, können wir Menschen mit mehr Ruhe und Gelassenheit durch das Leben gehen. Auch Schicksalsschläge werden uns, wenn wir das irdische Leben nur als Durchgangsstation zu einem nachtodlichen Leben ansehen, nicht in dem Maße umwerfen, wie sie es tun, wenn der Tod für uns unwiderrufliche Endstation ist.

Ähnliche Hilfe wollen uns ja auch die Religionen dieser Erde geben, insbesonders auch das Christentum. Das Christentum und sein Vorläufer, die Mosaische Religion, kannten sogar Zeiten der ständigen unmittelbaren Verbindung mit der jenseitigen Welt und der Welt Gottes. Die Annahme der Überlebenshypothese und die Beschäftigung mit ihren Erfahrungsberichten kann auch Einfluß auf die religiöse Haltung eines Menschen ausüben. Dazu äußert sich der schweizerische evangelische Theologieprofessor Fritz Blanke (14) mit folgenden Worten:

„Unsere theologische Parole gegenüber den parapsychologischen Dingen lautet also nicht einfach in globo: Hände weg! Diese Mahnung gilt gegenüber der Magie. Sie, die sich Gottes selber bemächtigen will, ist für die Seele eine Gefahr. Aber es wäre unwahr und ungerecht, wollten wir die Beschäftigung mit der Parapsychologie allgemein als seelengefährlich hinstellen. Es gibt Menschen, die der Parapsychologie einen inneren Fortschritt verdanken, Menschen, die, versunken im Materialismus und Rationalismus, dem Okkulten begegneten und daraufhin an ihrer bisherigen Weltanschauung zu zweifeln begannen. Und dieser Zweifel endete damit, daß sie wieder zu Religion und Christentum zurückfanden.

Gewiß, es gibt auch immer wieder Personen, die im Parapsychologischen stecken bleiben und es geradezu als Ersatzreligion gebrauchen. Aber das muß nicht sein. Es gibt, wie gesagt, andere Menschen, die auf dem Umwege über die Parapsychologie und ihre Geheimnisse zum ersten Mal wieder auf die Welt Gottes aufmerksam wurden. Ich weiß von solchen, die, angeregt durch die Parapsychologie, wieder zum Neuen Testament griffen und denen vieles an den biblischen Schriften wieder glaubwürdig wurde. Von mir selbst muß ich bekennen, daß mir durch die Kenntnis der parapsychologischen Tatsachen wieder ein neuer Zugang zur biblischen Wirklichkeit der Engel und Dämonen eröffnet wurde. Ich bin heute weniger als jemals bereit, die Auffassung der Bibel, daß es Gewalten und Mächte zwischen Himmel und Erde gibt, als mythologischen Ballast über Bord zu werfen. Nicht, als ob die Parapsychologie den Glauben ersetzte, aber die Ergebnisse parapsychologischer Forschung schaffen für den Glauben Raum, und darum ist die junge Wissenschaft der Parapsychologie, richtig verstanden, eine hilfreiche Brücke zum Vollzuge christlicher Existenz. Wenn wir Theologen den Menschen der Gegenwart wirklich dienen wollen, so haben wir alle Veranlassung, das parapsychologische Forschen ernst zu nehmen und es gewissenhaft zu verarbeiten."

In einem späteren Band soll vorgetragen und beurteilt werden, was uns aus der jenseitigen, nachtodlichen Welt an Nachrichten, Auskünften und Belehrungen auf medialem Wege zufließt. Hier soll zum Abschluß nur eine Durchgabe angeführt werden, die 1982 durch ein Trance-Medium in Zürich, Frau Brunner[100], mitgeteilt wurde. Das durch sie sprechende jenseitige Wesen hat über 30 Jahre hindurch in meist öffentlichen Veranstaltungen seine Schilderungen vorgetragen und sagte am 16. Oktober 1982 (32, S. 15):

„Überhaupt sollte man von der feinstofflichen Welt Schilderungen bringen und den Menschen eindringlich klarmachen, daß das Leben nach dem Abscheiden weitergeht und daß dort — ich sagte es schon — alles offenbar wird, was man im Erdenleben getan, gesagt und gedacht

---

[100]) Gestorben 1983 im 74sten Lebensjahr

hatte. Denn das Leben des Menschen hat ja so tiefbedeutsamen Sinn! Doch werft einmal einen Blick auf jene Menschen von heute, die sich kein Gewissen daraus machen, zu stehlen, zu rauben, Menschen umzubringen. Sie zeigen damit, daß sie keinerlei Verantwortungsbewußtsein besitzen. Sie kennen den Sinn ihres Lebens nicht, geschweige den Sinn der Schöpfung.

Was aber hat die Religion dem Menschen zu sagen? Religion erfordert, dem Menschen die Wahrheit zu offenbaren. Doch darf der Mensch vor der Wahrheit nicht davonlaufen! Er will die Wahrheit einfach nicht hören. Ihm muß man in aller Deutlichkeit klarmachen, daß er auf Erden nur Gast ist. Gott hat ihm für die Zeit seines Erdenlebens Gastrecht eingeräumt. Aber ebendieser Gastgeber, zu dem der Mensch ja zurückkehrt, wird ihn nach seinem Abscheiden zur Rechenschaft ziehen. Freilich: ein Mensch, der weder die Ursache der Schöpfung noch den Sinn seines Erdenlebens kennt, sagt leichthin: 'Das glaube ich nicht. Wenn ich gestorben bin, ist alles aus!' Solche Menschen haben weder zu Gott noch zu seiner feinstofflichen Welt eine Beziehung. Ihnen ist die geistige Welt gleichgültig, fremd.

Trotzdem sollte es mit der Zeit möglich werden, dem Menschen die Verantwortung aufzuzeigen, die er trägt – für sich selbst wie für seine Mitmenschen. 'Und Gott schuf den Menschen nach seinem Bilde.' Also trägt der Mensch in sich das 'Bildnis Gottes' ... Es lohnte sich für den Menschen, darüber nachzusinnen.

So vieles gibt es für mich zu sagen und zu erklären. Auch mir fällt es schwer, es in einer Weise zu tun, die das Gesagte euch verständlich macht, so daß ihr glauben könnt und anfangt, euch mit der Wahrheit zu befassen."

16.

Der Gegensatz Spiritismus – Animismus

Für die bisher vorgetragenen Tatbestände gibt es auch eine völlig andere Hypothese, zusammengefaßt unter dem Namen „Animistische Hypothese", im Gegensatz zu der bislang nahegelegten sog. „Spiritistischen Hypothese".

Die Vertreter der animistischen Hypothese führen alles bisher Geschilderte auf eine sehr weit gefaßte außersinnliche Wahrnehmung (Super-ASW-Theorie) zurück, gegebenenfalls in Verbindung mit Psychokinese lebender Menschen.

In manchen Fällen wird die spiritistische Hypothese auch als „unwissenschaftlich" bezeichnet. So heißt es in einem Lexikon der Parapsychologie (15, S. 26): „Wissenschaftstheoretisch ist die spiritistische Hypothese weder beweisbar noch widerlegbar, der Animismus hingegen ordnet sich unserem Wissenschaftsbegriff ein. Vielen erscheint die spiritistische Erklärung – meist in der Form, der Geist eines Verstorbenen bewirke das Phänomen – jedoch leichter annehmbar als die animistische; tatsächlich müssen im konkreten Fall zur Verteidigung des Animismus oft recht gewagte Konstruktionen herhalten, andererseits bleibt die spiritistische Möglichkeit in der Sphäre des Glaubens und damit außerhalb der Wissenschaft."

Dazu muß man sagen, daß es reine Willkür ist, die spiritistische Hypothese, die in sich folgerichtig und schlüssig ist und sich auf gewichtige Indizien stützt, einfach aus der Wissenschaft auszuschließen. Ein solches Vorgehen vereinfacht aber das Verfahren, weil man dann die Erfahrungsbeweise, die für die spiritistische Hypthese sprechen, nicht mehr ernsthaft zu erörtern braucht.

Der bekannteste lebende Vertreter der animistischen Auffassung im deutschsprachigen Raum ist der Freiburger Psychologe und Parapsychologe Prof. Hans Bender. Er schreibt (9, S. 96): „Der Streit zwischen 'Animismus' und 'Spiritismus' – Rückführung der Phänomene auf Fähigkeiten Lebender contra Verbindung mit Jenseitigen — wird seit bald hundert Jahren unter dem genannten Stichwort ausgetragen. Das Bemühen um Vorurteilslosigkeit gebietet zuzugeben, daß der Unbeweisbarkeit der spiritistischen Hypothese auch die Unbeweisbarkeit gegenübersteht, daß sie nicht richtig sein kann. Nach allem, was die Parapsychologie bisher erarbeitet hat, ist aber die animistische Deutung viel näherliegender und wahrscheinlicher, doch ist andererseits die Unrichtigkeit der spiritistischen Hypothese nicht zwingend beweisbar."

Die Ansichten darüber, was wahrscheinlicher ist, gehen unter Fachleuten sehr auseinander. Der katholische Theologe Prof. Gebhard Frei, Mitbegründer und erster Präsident von IMAGO MUNDI, stellt jedenfalls fest (30, S. 104):

„Das Resultat der bisherigen Überlegungen ist, daß sicher der weitaus größere Teil derer, die sich überhaupt ernstlich und eingehend mit parapsychologischen Fragen beschäftigt haben, oft nach langem Ringen, zum Schluß kamen, eine gewisse Summe von Phänomenen könne nur durch das Hereinwirken Jenseitiger erklärt werden. Also könne die Parapsychologie empirisch das Überleben des Todes, was begrifflich mit 'Unsterblichkeit' im strengeren Sinne noch nicht identisch ist, beweisen".

In ähnlicher Weise äußert sich der britische Physiker George Tyrrell, von 1944-46 Präsident der Society for Psychical Research. Er schreibt (90, S. 228):

„Alles läuft darauf hinaus, daß die parapsychischen Phänomene sehr dafür sprechen, daß es Kommunikationen mit Verstorbenen wirklich gibt. Natürlich ist es möglich, diese Schlußfolgerung zu umgehen, aber nur, wenn man eine noch ungewöhnlichere Hypothese einführt. Die Tatsachen sind ganz klar. Man kann sich ihrer nicht entledigen, indem man sich schweigend darüber hinwegsetzt, seinen Blick abwendet oder verfälschend darüber berichtet. Früher oder später wird man sich mit ihnen auseinandersetzen müssen."

Prof. Bender hält solchen Auffassungen entgegen (8, S. 8):

„Persönlich möchte ich bemerken, daß ich durchaus bereit bin, mich von einem zwingenden Beweis überzeugen zu lassen und keine Vorurteile gegen die Hypothese des Überlebens habe. Doch fühle ich mich als Wissenschaftler an den alten scholastischen Grundsatz verpflichtet 'Entia non sunt numeranda praeter necessitatem' — Prinzipien sollen nicht über das notwendige Maß hinaus erweitert werden. Auf die Kontroverse Animismus — Spiritismus angewandt, heißt das: Wir machen als Parapsychologen bei spontanen Phänomenen und im Laboratorium ständig die Erfahrung von den Raum und die Zeit transzendierenden Fähigkeiten der leibgebundenen Psyche. Wir verfügen aber über keine unmittelbare Erfahrung, daß die Psyche als personale Entität leibfrei existieren kann." Ebenso sagt Bender (22, S. 186):

„Wenn eine Äußerung, die sich auf etwas bezieht, was nur ein Verstorbener wußte, überhaupt verifiziert werden kann, muß die Verifikationsquelle entweder telepathisch oder hellseherisch, also im Rahmen der 'animistischen Deutung' erreichbar sein. Ich halte einen strengen Beweis der spiritistischen Hypothese für ausgeschlossen."

Zu diesen Ausführungen ist folgendes zu sagen:

1. Die Meinungen gehen wiederum darüber auseinander, ob nun die Einführung der Super-ASW-Theorie oder die Einführung des sog. Astralleibes und einer feinstofflichen, jenseitigen Welt die weitergehende Erweiterung der Prinzipien oder Annahmen ist.

2. Kein Parapsychologe der spiritistischen Richtung behauptet, daß die Psyche den Tod leibfrei überlebt. Sie existiert in einem Leibe weiter, nur ist er besonderer Art und wird Astralleib genannt oder mit anderen Namen belegt.

3. Zwingende Beweise kann man in dieser Welt weder in irgendeiner Wissenschaft, noch im täglichen Leben, noch im Gerichtswesen erbringen. Alle Wissenschaften beruhen auf irgendwelchen Annahmen und Grundprinzipien, die nicht beweisbar sind. Trotzdem werden Wissenschaften betrieben. Ebenso werden vor Gericht Prozesse geführt, obwohl Geständnisse, Zeugenaussagen und Indizien falsch sein können und es manchmal auch sind.

Eine absolute Sicherheit ist also nirgends zu erreichen. Wer bereit ist, nur bei absoluter Sicherheit etwas zu unternehmen und sich nur durch „zwingende" Beweise überzeugen läßt und das konsequent durchhält, ist zu absoluter Untätigkeit verurteilt.

Die Beweisschranke wird von den Animisten in der Parapsychologie so hoch gehängt, daß sie nie übersprungen werden kann. Ganz folgerichtig sagt Bender dann auch, daß er einen strengen Beweis der spiritistischen Hypothese für ausgeschlossen hält.

In allen anderen Wissenschaften gibt man sich schon mit sehr viel geringwertigeren „Beweisen" zufrieden, besonders auch in der Psychologie. Ja es gibt einen Fall, wo man nur von sich selbst ohne jeden Beweis auf alle anderen Menschen schließt. Gemeint ist hier das Ich-Bewußtsein und die Wahrnehmung der Sinneseindrücke (Farben, Töne usw.). Jeder geht davon aus, daß, abgesehen von pathologischen Fällen, auch alle anderen Menschen im wesentlichen die gleichen inneren Empfindungen haben wie man selbst. Einen halbwegs stichfesten Beweis gibt es dafür aber nicht. Schließlich kann man ja die Berichte anderer über ihre inneren Empfindungen, die man in keiner Weise kontrollieren kann, nicht als strenge Beweise im wissenschaftlichen Sinn ansehen.

In der Philosophie gilt der Grundsatz, daß die Beweiskraft eines Beweises sich nach der Stärke der Beweisgründe richtet. Was will und kann man aber in der Parapsychologie mehr erwarten, als wenn Verstorbene leibhaftig wiedererscheinen, sich ausfragen, betasten und sogar Herz- und Pulsschlag prüfen lassen. Und das nicht einmal, sondern Tausende von Malen. So geschehen bei Einer Nielsen, Carlos Mirabelli und anderen.

Dieses gewichtige Material wird aber meist in seiner Echtheit angezweifelt. Es wird behauptet, die ganzen Materialisationserscheinungen seien vorgetäuscht, die Bilder Fotomontagen, alle Materialisationsmedien seien Schwindler und die Beobachter und Untersucher (teils bedeutende Naturwissenschaftler, teils Laien) seien leichtgläubige Idealisten. Diese Vorwürfe sind schon gegen Crookes, Zöllner und Schrenck-Notzing erhoben worden. Sie haben sich aber kräftig dagegen zur Wehr gesetzt. Trotzdem wurden die Vorwürfe weiterhin aufrechterhalten und weiterverbreitet, mochten die „Enthüllungen" auch noch so fadenscheinig sein.

Als Beispiel dafür mögen die Ausführungen von Dr. Peter Ringger dienen, die er in der Zeitschrift „Neue Wissenschaft", 1954, S. 362 f unter dem Titel „Phantome oder Phantomfälschungen?" machte. Er sagt dort u. a. (S. 367):

„Zum Schluß noch einige Bemerkungen zu dem von Dr. Gerloff veröffentlichten Bildmaterial.[101]) Wer sich etwas auskennt in Photographien über Materialisationen und Phantome, wird sich von den in diesem Heft wiedergegebenen Abbildungen nicht sonderlich aufregen lassen. Man gewöhnt sich mit den Jahren an manches: Trotzdem (ich habe die Probe bei ein paar Laien gemacht), der dauernde und bleibende Eindruck ist, daß wir es hier nicht mit Materialisationen, sondern mit Montage zu tun haben. Ein Phantom mit so natürlichen Zähnen, Augen, mit offenbar geschminkten Lippen – das ist einfach nicht zu glauben –"

Ihm antwortete im Heft 2/3, 1955, S. 85, derselben Zeitschrift Prof. Dr. Gebhard Frei[102]):

„Lieber Herr Dr. Ringger,

Darf ich ihnen zunächst meinen Dank aussprechen, daß Sie mir in Ihrer eigenen Zeitschrift Raum gewähren, um zu sagen, warum ich mit Ihrem Urteil über das Buch von Dr. Hans Gerloff über das Medium Einer Nielsen nicht einig gehen kann (cf. November-Dezemberheft 1954 S. 362 ff). Vielleicht müßte das Gespräch schon beginnen beim Ausdruck 'im wissenschaftlichen Sinne'. Der Astronom kann sein Objekt nur beobachten, nicht mit ihm experimentieren wie ein Chemiker oder Physiker, und doch gilt die Astronomie als eine Wissenschaft, aufgebaut auf genauer Beobachtung. Wenn Weltgeschichte z. B. keine Wissenschaft wäre, so würde sie nicht an der Universität doziert wie andere Geisteswissenschaften. Sie beruht aber auf glaubwürdigen Zeugnissen, die uns aus vergangener Zeit zugekommen sind. Deswegen ist es mir nicht einsichtig, daß, wie Sie sagen, 'auf die Integrität der Zeugen allein in so schwerwiegenden Fällen in wissenschaftlichem Sinne nicht abgestellt werden kann'. Mir scheint aber, daß man das kann, ja muß, obwohl ich wohl alles kenne und bedenke, was über Täuschung, bewußten und unbewußten Betrug im Mediumismus, Kollektivhalluzinationen u. s. w. in so reichlichem Maße geschrieben wurde.

Was nun Einer Nielsen betrifft, so habe ich erstens einen Brief eines verehrten Freundes, Peter Hohenwarter, Doktor der Theologie, der

---

[101]) Gemeint sind Bilder von Einer Nielsen aus (34 u. 35)
[102]) Gebhard Frei, 1905-1967, schweizer Religionswissenschaftler und Prof. für Philosophie am schweizerischen Missionsseminar in Schöneck, Mitbegründer und Präsident der Internat. Ges. kath. Parapsychologen, Mitbegründer der schweiz. Ges. kath. Psychotherapeuten u. des C.G. Jung-Inst. in Zürich

u. a. am 17.3.1954 über seine Ausbildung (schon als Geistlicher) schreibt: 'Schließlich lernt man in einem beinahe fünfjährigen mathematischen und physikalischen Universitätsstudium doch ein wenig nüchtern zu beobachten und zu urteilen' und sei deshalb nicht kritiklos. Und ein Leben lang hat er diese nüchternen Wissenschaften denn auch bis zu seiner Pensionierung doziert. Und trotzdem bezeugt er, daß er im Oktober 1953 'Ungeheures' bei Einer Nielsen in Kopenhagen erlebte, 34 Vollmaterialisationen an einem Abend. Also gerade in allerneuester Zeit!

Im übrigen, als Zwischenbemerkung, hat mich Ihr Satz sehr erfreut: Es sei 'überhaupt ein bedenkliches und obendrein lächerliches Zeichen, daß nur Akademiker (und Animisten!) glauben, kritisch sein zu können', ein Fehler, dem wir allzuoft in der Literatur begegnen.

Für mich ist das Zeugnis eines Mannes, wie des genannten, der mir als kluger Mensch und tadelloser katholischer Geistlicher persönlich bekannt ist, schon sehr schwerwiegend, und ich müßte als anständiger Mensch doch wirklich triftige Gründe haben, um ihm zu sagen, sein Zeugnis bedeute mir nichts.

Nun schlage ich das Buch von Dr. Gerloff auf, und da bezeugt nicht er allein, sondern sehr viele andere tun es auch, daß sie das gleiche im Laufe vieler Jahre bei Einer Nielsen erlebt haben. Gewähren Sie mir ein wenig Raum in Ihrer geschätzten Zeitschrift, um dem Leser einen gewissen Eindruck zu vermitteln, den er aus Ihrer Besprechung nicht gewinnen konnte. Sie selbst anerkennen, daß der Ingenieur Grunewald den Erweis für echtes Ektoplasma bei Einer Nielsen erbracht habe. Er war in 13 Sitzungen vom 15. September bis 13. Dezember 1921, mitbezeugt vom Arzt Knud Krabbe und Prof. Dr. Winther. Fünf Fotoapparate bestätigten das Zeugnis der Sinne. –

Bei den Testsitzungen in Island, die unter der Kontrolle von Schriftsteller Kvaran, Professor Nielsson, Oberlandgerichtsrat Einarsson, Arzt Halldos Hansen und dem Dozenten der Medizin Thoroddson stattfanden, wurde u. a. die Dematerialisation des Phantoms Elisabeth beobachtet und wie sich in einem Fall die Füße des Phantoms erst unter den Augen der Beobachter bildeten. –

Frau Prof. Nielsson sah am 29. August 1929 19 verschiedene Materialisationen, und bei einer andern Sitzung kam die Gestalt ihres verstorbenen Mannes: 'Da beugte er sich und legte seine Wange an die meine, sie war warm, doch kaum voll normal warm...' –

Der Gärtner Hammer bezeugt, daß er am 11. Dezember 1929 seine beiden Söhne, die am 23. Juni 1929 ertrunken waren, in materialisierter Gestalt sah, mit ihnen sprach, von ihnen geküßt wurde usw. Ebenso, daß Agnete, der Schutzgeist des Mediums, in materialisierter Gestalt kam. −

Als Einer Nielsen 1931 wieder in Island war, waren 15 Sitzungen, über die der Propst Kristian Danielsson Protokoll führte. In 11 Sitzungen kamen materialisierte Gestalten, wovon 6 als Angehörige und Freunde erkannt wurden. Bei 8 Sitzungen war mehr als eine Gestalt gleichzeitig zu sehen, bei 7 Sitzungen waren das Medium und dazu eine oder zwei Gestalten gleichzeitig zu sehen. −

Lindhardt Jensen bezeugt, am 5.7.1932, daß sein Sohn 'viele Male' 'vollmaterialisiert' aus dem Kabinett herauskam, den Eltern die Hand drückte, die Eltern küßte und lang zu ihnen sprach, daß Pastor Christensen kam und mit ihm Lindhardt Jensen, betete und sich plötzlich auflöste. −

Waldemar Langtved aus Kopenhagen erzählt, daß der materialisierte Schutzgeist Agnete 20 Minuten lang am 6. März 1933 im Stuhl neben dem stehenden Einer Nielsen saß, ihm, d. h. Waldemar Langtved, Modell saß, damit er Agnete zeichne und mit ihm dabei plauderte. −

Dr. Gerloff lernte einen besonders wichtigen Zeugen, Pastor Lilljeblad, noch persönlich im Juli 1950 kennen. Lilljeblad hatte die erste Sitzung bei Einer Nielsen am 2.2.1938. Eine Woche später sah er bei einer Sitzung 17 Gestalten. Er erlebt den jugendlichen Knud in allen Variationen. Er ist dabei, als der Sohn einer ungenannten Dame als Phantom kommt und die für ihn bestimmten Pfingstlilien an die Anwesenden austeilt, da er sie ja doch nicht mit hinübernehmen könne. Die Frau eines Kaufmanns aus Kopenhagen kommt an einem Abend viermal und umarmt den Mann, den Sohn und die Schwiegertochter und spricht lang mit ihnen. Vierzigmal innert 1½ Jahren sieht Lilljeblad Rita, einmal, was sehr instruktiv ist, wie sie sich direkt aus dem Plasma bildet und sofort zu reden anfängt. Bischof Ludwigs, gestorben 1930, kommt zum erstenmal 1938. Bischof Kingo, der Sänger Dänemarks, gestorben 1703, materialisiert sich sehr oft. Die Frau des Pastors Lilljeblad ist zuerst dem Ganzen gegenüber negativ eingestellt. Sie erlebt aber die Materialisa-tion ihres ersten Mannes. John King zeigt, daß er keinen Unterkörper hat, sondern nur der Oberkörper materialisiert ist. −

1946 stirbt die Frau des Pastors Liljeblad und materialisiert sich noch zehnmal, Juni 1949 stirbt die Tochter Liljeblads und materialisiert sich noch fünfmal. Liljeblad selber stirbt am 6.8.1951 und materialisiert sich in den Sitzungen, denen Dr. Gerloff beiwohnte. –

Die Tochter der Frau Alström in Kopenhagen kommt und sagt ihrer Mutter, sie hätte ihr bestimmte Schmuckstücke nicht ins Grab mitgeben sollen, aber sie wolle sie holen. Und sie drückt der Mutter in die Hand einen Bernstein in goldener Fassung und eine kleine Silberbrosche, die die Mutter in den Sarg ihrer Tochter mitgegeben hatte, als der Deckel zugeschraubt wurde. Von 1934 bis 1949 sind mindestens hundert Apporte verschiedenster Art bezeugt.

Das ist nur eine Auswahl, was durch nun fast vierzig Jahre Menschen immer und immer wieder bezeugt haben. Wenn ich der Summe dieser Zeugnisse keinen ernsten Tatsachenwert beimessen kann, dann weiß ich nicht mehr, was mir auf der Welt noch bezeugt sein soll. Wo haben wir ein Medium, das vierzig Jahre lang vor so vielen Menschen gearbeitet hat und nur ein allereinziges Mal in seiner Integrität angezweifelt wurde? Und wie bedeutungslos dies in der Gesamtleistung ist, hat Dr. Gerda Walther im Septemberheft 1952 dieser Zeitschrift in verdienstvoller und überzeugender Art dargetan in dem Artikel mit dem bezeichnenden Titel: 'Die angebliche Entlarvung Einer Nielsens in Oslo im März 1922' (nicht 1952, wie durch Druckfehler steht).

Man muß sich hinsetzten und ganz affektlos Seite für Seite des Gerloffschen Buches auf sich wirken lassen, man muß sich imaginativ jede Situation vergegenwärtigen, die geschildert wird, und dann – so scheint mir – kann man an der Echtheit dieser Phantome nicht vorbei kommen."

So weit die Entgegnung von Prof. Gebhard Frei. Natürlich gibt es auch in der Parapsychologie und unter Medien Schwindler. Die gibt es in jeder Bevölkerungsgruppe und in jedem Berufsstand. Ich selbst habe auch schon schwindelhafte Materialisations-Demonstrationen gesehen. Zwei meiner Bekannten, von mir ausgerüstet mit einem Infrarot-Nachtsichtgerät, konnten ähnliche Beobachtungen in Camp Silver Belle (U.S.A.) und Brasilien machen. Aber diese und andere Demonstrationen waren auch schon vor der Benutzung von Nachtsichtgeräten als äußerst verdächtig anzusehen. Die Medien saßen unkontrollierbar in großer Entfernung von den Beobachtern, die

Beleuchtung war äußerst schlecht, alle Kontrollmaßnahmen waren verboten, meist sogar die Benutzung von Tonbandgeräten untersagt. Hier wurde niemals das Entstehen und Vergehen der Phantome und das Herausfließen des Ektoplasmas aus dem Medium unmittelbar beobachtet. Bei Nielsen wurde das aber von wissenschaftlich geschulten Beobachtern oft unter einwandfreien Bedingungen gesehen. Trotzdem ist aber auch Nielsen von der Verdächtigung der Täuschung nicht verschont geblieben. Im Mai 1915 wurde er sogar aufgrund einer nicht beweisbaren Verdächtigung (34, S. 124) für 2 Tage in Untersuchungshaft genommen. Unmittelbar danach fanden erneut Kontrollversuche mit Nielsen statt, bei denen er sich vorher nackt ausziehen mußte und dann in fremde Kleider gesteckt wurde (34, S. 126 f). Außerdem fanden die Versuche nicht in seinem Hause statt. Trotzdem erschienen Phantome und traten andere physikalische Phänomene auf. Die von den Untersuchern unterschriebene Ehrenerklärung hat aber nicht dazu geführt, daß Nielsen nicht doch mit allen anderen Schwindlern in einen Topf geworfen wird. Auch für ihn gilt: „Etwas bleibt immer hängen."

Dr. Gerloff hat sich viele Jahre lang bemüht, Parapsychologen (auch der animistischen Richtung) Europas und Amerikas zu Einer Nielsen zu bringen und sie zur Untersuchung der Phänomene anzuregen. Der Göttinger Mathematiker Prof. Lyra versuchte das gleiche mit dem Kopenhagener Atomphysiker Niels Bohr. Alles vergebens. Keiner von ihnen befaßte sich mit Nielsen. Heute heißt es aus dem Kreis der gleichen Parapsychologen, daß die Versuche mit Einer Nielsen als äußerst fragwürdig anzusehen seien, da es nur Wohnzimmerexperimente gewesen seien. Der Parapsychologe Prof. Hans Bender sagte mir im Herbst 1961 in einem Gespräch: „Ich stimme mit ihnen darin völlig überein, daß die physikalischen Phänomene für die Parapsychologie äußerst wichtig sind. Aber man muß es doch nicht gleich wie dieser Dr. Gerloff machen und zu Einer Nielsen fahren, um dort mit seiner eigenen Großmutter zu frühstücken." Warum eigentlich nicht? Ich würde ein solches Frühstück mit der eigenen (verstorbenen, wohlgemerkt) Großmutter als äußerst beweiskräftig ansehen. Der Gesprächspartner scheute aber offensichtlich einen solchen „Beweis".

So werden also Nielsen und andere bedeutende Materialisationsmedien weiterhin umstritten bleiben. Manche Kritiker und Gegner der Parapsychologie werden weiterhin lieber annehmen (wie früher u. a. vielfach behauptet), daß die gebildeten Vollphantome nur durch

Helfershelfer dargestellt worden seien. Aber seit wann gibt es halbseitig durchsichtige Helfershelfer oder solche, denen der Unterleib fehlt und die dann schweben? Und die umfangreichen tuchartigen Ektoplasmaproduktionen bis zum Umfang eines Bettlakens, so wurde behauptet, hätten Nielsen und andere Materialisationsmedien entweder aus dem Magen herausgewürgt oder aus dem After hervorgezogen und dorthin nachher auch wieder spurlos verschwinden lassen. Die gegenteiligen Beteuerungen erfahrener Wissenschaftler (Ärzte, Naturwissenschaftler, Ingenieure) und anderer Beobachter wurden dagegen einfach übergangen.

Der Leser möge sich die Unmöglichkeit einer derartigen Täuschungsbehauptung einmal selbst an Hand der Bilder 20 und 21 vergegenwärtigen. Es handelt sich um Aufnahmen, die im Mai 1953 bei Einer Nielsen in Kopenhagen gemacht wurden (35, S. 39 u. 41). Bild 20 zeigt Nielsen in Trance in einem Sessel sitzend. Tüllartiges Ektoplasma entströmt seinem Mund. Es fällt aber nicht, der Schwere folgend, zu Boden, sondern „weht" einer anwesenden Zuschauerin über das Gesicht.

Anschließend fließt weiteres Ektoplasma, jetzt tischtuchartig, aus Nielsens Mund. Die Bilder 21a und 21b sind gleichzeitig mit zwei Photoapparaten aus verschiedenen Blickwinkeln aufgenommen worden. Sie zeigen deutlich die Lage, insbesondere auch das tuchartige, etwas verknitterte, lange Ektoplasma. Das tüllartige Ektoplasma von Bild 20 ist inzwischen vom Gesicht der Zuschauerin herabgefallen und hat sich auf das lange Ektoplasma gelegt. Wie soll man betrügerisch derartige Tuchmengen aus dem Magen hervorwürgen, und das noch, ohne daß umfangreiche Flecke vom Magensaft daran erkennbar sind? Und dann muß das Ganze ja hinterher auch wieder beseitigt werden, ohne daß jemand etwas davon merkt. Kein Trickkünstler hat derartiges bislang unter den Bedingungen, wie sie bei solchen Materialisationsversuchen herrschten, tricktechnisch nachahmen können. Ich habe selbst schon tricktechnische Nachahmungen von wesentlich harmloseren paranormalen Vorgängen durch erstklassige Zauberkünstler gesehen. Sie wirkten absolut unecht und hielten keinen Vergleich mit den echten Phänomenen aus. Es überstieg einfach ihr Können, paranormale Vorgänge überzeugend und „echt aussehend" nachzuahmen.

Es gab aber und gibt auch jetzt noch Zauberkünstler, die für die Echtheit paranormaler Vorgänge eintreten. Einer von ihnen war Samuel

Bellachini (1828-1885). Er war im vorigen Jahrhundert weltberühmt. Ein Buch über „Große Zauberer und ihre Geheimnisse" sagt über ihn (77, S. 83): „Bellachini empfing mehr Ehren und Auszeichnungen als irgendein Staatsmann, General oder Wissenschaftler seiner Zeit. Kein zeitgenössischer Monarch versäumte es, ihn auszuzeichnen: vom russischen Zar bis zur Königin Viktoria, vom italienischen bis bayrischen König, ganz zu schweigen von den Fürsten all der kleinen Länder." Der Name Bellachini war damals in vielen Ländern gleichbedeutend mit Zauberei überhaupt. Und dieser Bellachini gab am 6. Dezember 1877 in Berlin eine notariell beglaubigte Ehrenerklärung für das amerikanische Medium Henry Slade ab, das seinerseit in den Ländern Europas mit seinen paranormalen Darbietungen großes Aufsehen erregte. Slade wurde damals, wie viele Medien nach ihm, öffentlich des Betruges und der Täuschung bezichtigt. Bellachini wies diese Behauptungen als falsch zurück (97, S. 217) und bestätigte in seiner Erklärung, daß er Slade und seine Leistungen während mehrerer Sitzungen bei hellem Tage geprüft habe und bei schärfster Beobachtung und Untersuchung seiner Umgebung zu dem Ergebnis gekommen sei, daß keine tricktechnischen Manipulationen dabei im Spiele gewesen seien. Er halte es für unmöglich, derartiges tricktechnisch zu erklären.

Viel genützt hat diese Erklärung aber nicht. Die Betrugsbehauptungen über Henry Slade[103] und andere Medien wurden weiterhin aufrechterhalten und geglaubt. Sie paßten und passen eben den meisten Menschen viel besser in das vorherrschende materialistisch gefärbte Weltbild, als zuzugeben, daß es auch jenseits unserer täglichen Erfahrung noch andere Dinge gibt.

Dem zweifelnden, aber gutwilligen und wißbegierigen Leser dieser Zeilen bleibt daher nichts anderes übrig, als die Originalliteratur sorgfältig zu lesen und sich an Hand der Berichte und Argumente selbst ein Urteil zu bilden. Mancher wird vielleicht auch selbst Zugang zu paranormalen Geschehnissen finden. Echte Materialisationsmedien wie Nielsen, Mirabelli und andere, die man heute noch besuchen könnte, sind zur Zeit leider nicht bekannt. Wenn es sie geben sollte, so wirken sie im Verborgenen. Es hat den Anschein, als ob derartige Begabungen in der heutigen, materiell ausgerichteten Zeit nicht mehr zur Entwicklung und zum Durchbruch kommen.

---

[103] Seine Fähigkeiten und die von ihm dargebotenen Phänomene werden in einem späteren Band ausführlich behandelt werden

Es ist aber auch gar nicht erforderlich, daß nun alle Menschen, Wissenschaftler oder Parapsychologen von dem „Beweismaterial" für die spiritistische Hypothese überzeugt werden. Wichtig ist nur, daß **einige** überzeugt sind und von der Plattform des Spiritismus aus weiter vorstoßen in unbekannte Bereiche. Es wird sich dann zeigen, ob von dieser Ausgangsposition größere Erfolge errungen werden können als mit der rein animistischen Hypothese. Bislang ist allerdings noch keinem der große Durchbruch in der Parapsychologie gelungen.

Zur Zeit hat es aber der Animist, kurzfristig gesehen, einfacher. Er überblickt in Ruhe einen begrenzten Bereich. Er braucht sich nur mit Gegnern wie Prokop und Wimmer auseinanderzusetzen, braucht sich jedoch nicht auf „schwankenden" Boden vorzuwagen. Für den aber, der sich dazu durchgerungen hat, die spiritistische Hypothese als gerechtfertigt anzusehen, beginnen damit erst die Schwierigkeiten. Er muß sich nämlich daranmachen, die Phänomene zu sortieren in die, die wirklich spiritistisch zu deuten sind, und in die, die nur scheinbar eine spiritistische Deutung nahelegen. Er muß die Flut der „Jenseitsmitteilungen" sichten und dort die Spreu vom Weizen trennen. Das ist eine sehr schwierige Aufgabe, die dem Animisten erspart bleibt.

So muß jeder Mensch und jeder Forscher seine eigene Entscheidung treffen, wie er das vorgelegte Erfahrungsmaterial bewerten und welchen Weg er danach einschlagen will. Auch in den normalen Naturwissenschaften waren die Meinungen über die „Beweisfähigkeit" von gewissen Versuchen und Beobachtungen oft sehr geteilt. Es hat manchmal sehr lange gedauert, bis sich eine neue Theorie voll durchgesetzt hat. Hier wie auch in der Parapsychologie gilt der Satz, den der bedeutende Physiker Prof. Max Planck 1933 veröffentlicht hat: „Eine neue wissenschaftliche Idee pflegt sich nicht dadurch in der Welt durchzusetzen, daß ihre Gegner allmählich überzeugt und bekehrt werden, sondern in der Weise, daß die Gegner aussterben."

17.
Literaturangaben

(1) O. Verf.: „Sammlung einiger Nachrichten von dem gegen Ende des 1746 Jahres auf dem Braunschweigischen Carolino vielmals erschienenen Gespenste eines daselbst verstorbenen Hofmeisters", Bauchische Buchdruckerey, Leipzig o.J. (etwa 1748)

(2) O. V.: „Aufnahme und Verarbeitung von Nachrichten durch Organismen", Vorträge auf dem Gebiet der Kybernetik, S. Hirzel Verlag, Stuttgart 1961

(3) Adeisidaimone: „Wahrhafte Geschichte von Erscheinung eines Verstorbenen in Braunschweig, nebst denen von diesem Gespenste gesamleten Nachrichten", Braunschweig 1748

(4) A. Aksákow: „Ein interessanter Fall von nach dem Tode erfolgender Fernwirkung", Psychische Studien XIX/1892, H. 1, S. 5-19

(5) A. Aksákow: „Animismus und Spiritismus", 2 Bände, Verlag O. Mutze, 4. Aufl. Leipzig 1905

(6) W. Barrett: „Death-bed Visions", Verl. Methuen & Co., London 1926

(7) W. Bärtschi-Roschaix: „Bewußtsein und Bewußtlosigkeit im Lichte moderner Hirnforschung", Schweizerische Medizinische Wochenschrift 81/ 1951, Nr. 35, S. 829-833

(8) H. Bender: „Parapsychologie und Spiritismus", Z. F. Parapsychologie 1971, S. 1-23

(9) H. Bender: „Unser sechster Sinn", Deutsche Verlagsanstalt, Stuttgart 1971

(10) L. Bergmann u. Cl. Schäfer: „Lehrbuch der Experimentalphysik", Band 1, Verlag de Gruyter, 7. Aufl., Berlin 1965

(11) A. v. Bernus: „Die amerikanische Erbschaft", Neue Wissenschaft, Jahrg. 2/1952, H. 4/5, S. 163-164

(12) A. Bier: „Die Seele", J. F. Lehmanns Verlag, München 1940

(13) W. Bischoff: „Geheimnisse der Seele", Anker Verlag, Frankfurt o. J.

(14) F. Blanke: „Parapsychologie und Christentum", Neue Wissenschaft 4/1954, H. 4, S. 97-99

(15) W. Bonin: „Lexikon der Parapsychologie", Scherz Verlag, Bern u. München 1976

(16) L. Borchardt: „Die körperlichen Grundlagen der seelischen Lebensvorgänge", Hippokrates 1955, S. 357-361

(17) R. Brown: „Musik aus dem Jenseits", Paul Zsolnay Verlag, Wien u. Hamburg 1971

(18) R. Brown: „The Rosemary Brown Piano Album", Paxton, Borough Green, Sevenoaks, Kent 1974

(19) R. Brown, eine Reihe einzeln erhältlicher Klavieralben mit folgenden Titeln: „Musik from Beyond" (von Bach, Beethoven u. anderen); „An Album for Children of all Ages" (von Beethoven, Schubert u. a.); „Intermezzo in A Flat" (von Brahms); „Le Paon" (von Debussy); „Woodland Waters" (von Liszt); „Impromtu in E Monor. Two Studies" (von Chopin); „Swan at Twilight & en Bateau" (von Liszt); „ Lyrik" (von Rachmaninoff); alle im Verlag Basil Ramsey, Eastwood, Leigh on Sea, Essex, 1977-1982

(20) W. B. Cannon: „Der Weg eines Forschers", Verlag Hermann Rinns, München 1948

(21) J. Delgado: „Gehirnschrittmacher, Direktinformation durch Elektroden", Verl. Ullstein, Frankfurt 1971

(22) H. Driesch: „Parapsychologie", Kindler Verlag, München o.J.

(23) W. Eisenbeiss: „Der Fall Viktor Ullmann", Allg. Z. f. Parapsychologie 3/1978, H. 3, S. 77-80

(24) W. Eisenbeiss: „Leben nach dem Tode", Geistige Welt, H. 3/1981, S. 25-36

(25) J. Eschenburg: „Entwurf einer Geschichte des Collegii Carolini in Braunschweig", Verlag Friederich Nikolai, Berlin u. Stettin 1812

(26) E. d'Esperance: „Im Reiche der Schatten", Verlag der Hofbuchhandlung von Karl Siegismund, Berlin 1897

(27) M. Fidler: „Die Toten leben", Verlag von Max Spohr, Leipzig 1909

(28) A. Findlay: „Gespräche mit Toten", Verlag Hermann Bauer, Freiburg 1960

(29) H. Frank: „Informationspsychologie und Nachrichtentechnik", Umschau in Wissenschaft und Technik 1961, S. 600-603, 634-636

(30) G. Frei: „Probleme der Parapsychologie", IMAGO MUNDI Bd. II, Verl. Ferd. Schöningh, 2. Aufl., München 1971

(31) J. G. Fuller; „The Ghost of Flight 401", Berkley Publishing Corporation, New York 1976. Zusammenfassende Darstellung von W. Schiebeler in Allgem. Z. f. Parapsychologie 3/1978, H. 1, S. 23-27

(32) Geistige Welt, Nr. 3/1983, ABZ-Verlag, Zürich

(33) G. Geley: „Vom Unbewußten zum Bewußten", Union Deutsche Verlagsges., Stuttg., Berlin, Leipz. 1925

(34) H. Gerloff: „Die Phantome von Kopenhagen", Dr. Gerlach-sche Verlagsbuchhandlung, 2. Aufl. München 1955

(35) H. Gerloff: „Die Phantome von Kopenhagen, ein Bilderbuch", Verlag Welt und Wissen, Büdingen-Gettenbach 1958

(36) H. Gerloff: „Das Medium Carlos Mirabelli", Verlag Walter Pustet, Tittmoning/Obb. 1960

(37) J. Greber: „Der Verkehr mit der Geisterwelt Gottes, seine Gesetze und sein Zweck", J. Greber Memorial Foundation, 139 Hillside Avenue, 10. Aufl. Taeneck, N.J. (U.S.A.) 1987

(38) Dr. Hilpert u. D.E. Stöber: „Johann Friedrich Oberlin's vollständige Lebensgeschichte und gesammelte Schriften", Verl. Scheible, Rieger & Sattler, Stuttgart 1843

(39) E.v. Holst: „Die experimentelle Erforschung tierischer Triebe", Umschau in Wissenschaft und Technik 1960, S. 545-549, 574-576

(40) H. Holzer: „Gespensterjäger", Verl. Hermann Bauer, Freiburg/Breisg. 1963

(41) G. Huber: „Das Fortleben nach dem Tode", Origo Verlag, Zürich 1957

(42) H. Ibelgaufts: „Physische Grundlagen psychischer Störungen", Umschau in Wissenschaft und Technik, Nr. 14/15, 1982, S. 462-464

(43) S. v. Jankovich: „Mein schönstes Erlebnis war mein Tod", Esotera, H. 1/1973, S. 11-16

(44) A. Johnson: „On the Automatic Writing of Mrs. Holland", Proceedings of the Soc. for Psychic. Res., Part LV, Vol. XXI, June 1908, S. 167-391

(45) A. Johnson: „Sequel to the 'Sesame and Lilies' Incident", Proceedings of the Soc. for Psychic. Res., Part LX, Vol. XXIV, March 1910, S. 319- 326

(46) A. Johnson: „Third Report on Mrs. Holland's Script", Proceedings of the Soc. for Psychic. Res., Part LXIII, Vol. XXV, June 1911, S. 218- 303

(47) M. Kemmerich: „Gespenster und Spuk", Haus Lhotzky Verlag, Ludwigshafen/Bodensee 1921

(48) W. J. Kolff u. A. C. Kralios: „Künstliche Organe in den 70-ger Jahren", Umschau in Wissenschaft und Technik 1971, S. 42-47

(49) E. Kündig: „Erfahrungen am Kranken- und Sterbebette", Verlag von Felix Schneiders Buchhandlung, 2. Aufl., Basel 1859

(50) O. Lodge: „Das Fortleben des Menschen", Verlag F. E. Baumann, Bad Schmiedeberg u. Leipzig, o.J. (vor 1930)

(51) O. Lodge: „Evidence of Classical Scholarship and of Cross-Corresspondence in some New Automatic Writings", Proceedings of the Society for Psychical Research, Part LXIII, Vol XXV, 1911, S. 113-176

(52) A. F. Marfeld: „Kybernetik des Gehirns", Safari Verlag, Berlin 1970

(53) F. Marryat: „There is no Death", Verl. David McKay, Philadelphia 1917

(54) E. Mattiesen: „Das persönliche Überleben des Todes", 3 Bände, Verlag Walter de Gruyter, Berlin 1936-39 Neuaufl. 1962 u. 1987

(55) R. G. Medhurst u. K. M. Goldney: „William Crookes and the Physical Phenomena of Mediumship", Proceedings of the Society for Psychical Reserarch, Vol. 54, Part 195, March 1964, S. 25-157

(56) H. Meves: „Die Funktion erregbarer Membranen", Umschau in Wissenschaft und Technik, Nr. 10/1962, S. 299-302

(57) R. A. Moody: „Leben nach dem Tod", Rowohlt Verlag, Reinbek 1977

(58) R. A. Moody: „Nachgedanken über das Leben nach dem Tod", Rowohlt Verlag, Reinbek 1978

(59) S. J. Muldoon: „Die Aussendung des Astralkörpers", Verlag Hermann Bauer, Freiburg 1964

(60) H. Nielsson: „Eigene Erlebnisse auf dem okkulten Gebiet", Verl. Oswald Mutze, Leipzig 1922

(61) K. Osis u. E. Haraldsson: „Der Tod – ein neuer Anfang", Hermann Bauer Verlag, Freiburg 1978

(62) K. Osis: „Sterbe-Erfahrungen amerikanischer und indischer Patienten", Zeitschr. f. PARA-Psychologie u. verwandte Gebiete, H. 1/1981, S. 26-31 u. H. 4/1981, S. 4-10

(63) T. Patterson: „100 Years of Spirit Photography", Regency Press, London 1965

(64) M. Perty: „Die Realität magischer Kräfte und Wirkungen des Menschen", C. F. Winter'sche Verlagshandlung, Leipzig und Heidelberg 1863

(65) M. Perty: „Fernwirkung eines Sterbenden und Ekstase einer Lebenden", Psychische Studien 1874, H. 3, S. 122-127; H. 4, S. 116-171

(66) E. Petersen: „Ein Identitätsbeweis?", Neue Wissenschaft 3/1952, H. 2/3, S. 51-57

(67) E. Petersen: „Meine Erlebnisse mit dem dänischen Materialisationsmedium Einer Nielsen", Neue Wissenschaft 2/1952, H. 8, S. 263-272

(68) J. G. Piddington: "A Series of Concordant Automatismus", Proceedings of the Society for Psychical Reserarch, Part LVII, Vol. XXII, 1908, S. 19-417

(69) I. Poltawetz von Ostranitza: „Okkulte Erlebnisse eines Kosakenoffiziers", Neue Wissenschaft 1950/51, H. 7, S. 4-13; H. 8, S. 1-8; H. 9, S. 1-11

(70) W. F. Prince: „The Case of Patience Worth", Boston Society for Psychic Reserarch, Boston 1929

(71) C. du Prel: „Philosophie der Mystik", Verlag von Max Altmann, 2. Aufl. Leipzig 1910

(72) M. Rawlings: „Beyond Death's Door", Sheldon Press, London 1978

(73) C. Renz: „Ein Astralgesicht oder was sonst?", Z. f. Parapsychologie 1927, S. 475-478

(74) P. Ringger: „Die Mystik im Irrsinn", Neue Wissenschaft 1958, H. 5, S. 217-220

(75) A. Rosenberg: „J. F. Oberlin, die Bleibestätte der Toten", Turm Verlag, Bietigheim o.J.

(76) R-r: „Ein musikalischer Idiot", Der Okkultismus, Nr. 1/2, 1926, S. 127

(77) M. Seldow: „Die Kunst, Frauen zu zersägen", Gustav Lübbe Verl., Bergisch Gladbach 1964

(78) W. Schiebeler: „Parapsychologische Probleme und physikalische Forschungsmethoden und Forschungsergebnisse", Allg. Z. f. Parapsychologie, 3/1978, H. 2, S. 35-42 u. H. 3, S. 85-90

(79) C. L. Schleich: „Bewußtsein und Unsterblichkeit", Stuttgart und Berlin 1920

(80) A. v. Schrenck-Notzing: „Materialisationsphänomene", Verlag Ernst Reinhardt, 2. Aufl. München 1923

(81) H. Sherman: „You live after death", Creative Age Press, 3. Aufl. New York 1950

(82) S. Smith: „Die astrale Doppelexistenz", Scherz Verlag, Bern, München, Wien 1975

(83) J. Snell: „Der Dienst der Engel diesseits und jenseits", Turm Verlag, Bietigheim

(84) K. Steinbuch: „Bewußtsein und Kybernetik", Grundlagenstudien aus Kybernetik und Geisteswissenschaft 3/1961, S. 1-12

(85) K. Steinbuch: „Automat und Mensch", Springer Verlag, 3. Aufl., Berlin 1965

(86) A. Stern: „Das Jenseits", Verlag der Missionsbuchhandlung P. Ott, Gotha 1912

(87) A. Stucki: „Johann Friedrich Oberlin, der Vater des Steintals", Verl. Friedrich Reinhardt, Basel, 3. Aufl. 1958

(88) G. W. Surya: „Der Tod – kein Ende!", Karl Rohm Verlag, Lorch/Württ., 4. Aufl. 1949

(89) G. Tolentino: „Union Esperitista Christiana de Filipinas. Some published and unpublished Writings", San Diego, California (U.S.A.) 1972 (wahrscheinlich Selbstverlag)

(90) G. N. M. Tyrrell: „Mensch und Welt in der Parapsychologie", Broschek Verlag, Hamburg o. J. (etwa 1960)

(91) A. W. Verrall: „A New Group of Experiments, History of the Mac Script", Proceedings of the Soc. for Psychic. Res., Part LX, Vol. XXIV, March 1910, S. 264-318

(92) G. Walther: „Zur Problematik der Doppelgängererlebnisse", Neue Wissenschaft 3/1952, H. 2/3, S. 45-50

(93) W. Weidel: „Kybernetik und psychophysiologisches Grundproblem", Kybernetik 1/1962, S. 165-170

(94) G. C. Wittig: „Mr. Myers' Verteidigung der Erscheinungen Verstorbener mit vier ausführlicheren Beispielen vom Herausgeber der 'Psychischen Studien'", Psychische Studien, XIX/1882, H. 1, S. 19-21

(95) C. S. Yost: „Aus dem Jenseits, Offenbarungen einer Seele", Verl. Reuss u. Pollack, Berlin 1921

(96) H. Zehfuß: „Die Herren von Rodenstein nebst der Sage von den Wandergeistern auf Schnellerts und Rodenstein", Darmstadt 1825

(97) F. Zöllner: „Wissenschaftliche Abhandlungen", Band II/1, Verlag L. Staakmann, Leipzig 1879

18.

Personen- und Sachverzeichnis

Aksákow, Alexander, Dr.
38, 44, 114, 173
Aksákow, Sophie 109 f
Animistische Theorie 237 f, 248
Astralleib 31 f, 49, 50, 73
Astrid von Belgien 121 f
Aufklärung 73, 91
Austritt des Astralleibes 31
Außersinnliche Wahrnehmung
7, 239
Auschwitz 211
Autosuggestion 8

Barret, William F., Prof.
57, 58, 183
Bellachini, Samuel 247
Bender, Hans, Prof.
237 f, 245
Bergmann, Ludwig, Prof. 233
Bernus, Alexander von 169 f
Beweis 22, 23, 63, 156, 232,
239 f, 248
Bewußtlosigkeit 31, 32
Bewußtsein 14, 24 f, 31, 240
Bewußtseinssperre 49
Bibel 59
Bier, August, Prof. 13
Blanke, Fritz, Prof. 234
Boursnell, Richard 115
Botha, Petrus Johannes 116
Brown, Rosemary 115, 202 f

Cannon, Walter B., Prof. 19
Christentum 60, 234
Collegium Carolinum 83 f
Colman, Arthur 151, 152
Cook, Florence 127 f, 152 f
Cook-Collins, Mabel 128
Crookes, William, Prof. 128, 240
Curran, Leonore 216 f

Dämonen 230, 235
Delirium 50, 57
Dignowity, Karl 93 f
Dörrien, Melchior 84 f

Eglinton, William 150
Eisenbeiss, Wolfgang, Dr. 79 f
Ektoplasma 118, 246
Elektroenzephalogramm
16, 18, 20
Elektrokardiogramm 16 f
Engel 51, 71, 235
Erfahrungen 22
Erfahrungsbeweis 9, 23, 232 f
Espérance, Elisabeth 171 f
Extra 115

Fidler, Matthias 172 f
Findlay, Arthur, 179 f
Fortexistenz 9, 21, 122
Fortleben 9, 13, 20 f, 31,
63, 122, 156, 183, 197

Frei, Gebhard, Prof. 238, 241 f
Fuller, John G. 78

Gedächtnis 18, 21, 31
Gehirn 17, 19, 21, 30
Gehirntod 19
Gehirnverletzung 18, 25
Geisteskrankheit 27 f
Geistiges Leben 14, 17, 24
Geistige Heilung 8
Geley, Gustave, Dr. 25, 26
Gemütsbewegung 14, 19
Gerloff, Hans, Dr. 117, 118, 240 f
Gott 9, 61, 62, 124, 235, 236
Grübelei 208 f
Gurney, Edmund, Prof. 183

Halluzination 57, 73, 241
Happich, Fritz, Pfarrer 29
Haraldsson, Erlendur, Dr. 50
Harenberg, Joh. Christoph,
    Prof. 90 f
Herzmuskel 17
Hinduismus 60
Höfer, Joh. Gottfried 84 f
Holland (Alice Kipling-Fleming)
    183, 186 f, 195
Höllenvision 70
Holzer, Hans, Prof. 164 f
Huber, Guido, Dr. 34
Hutchings, Emily 217 f

Impulsfrequenzmodulation 17
Indien 11, 59
Indizienbeweis 9, 23, 233 f
Indridason, Indridi 227 f
Informationsspeicherung
    15, 18, 20 f, 31
Informationsverarbeitung
    15, 18, 20 f, 30, 31

Jankovich, Stefan v. 35 f
Johnson, Alice 184, 186

Kabinett 118
Karl I, Herzog von Braun-
    schweig 83, 90
Kemmerich, Max, Dr. 47
Kien, Peter 211
Kolumbus, Christoph 9 f
Kreuzkorrespondenzen 183 f
Kübler-Ross, Elisabeth, Dr. 66 f
Kündig, Eucharius, Pfarrer 56

Leben 8, 13, 14, 20
Lebensfilm 71
Lehmann, Wilhelm, Pfarrer 55
Levitation 8, 227
Liljeblad, Martin, Pfarrer
    121, 243
Liszt, Franz 202 f
Lodge, Oliver, Prof. 195
Loft, Bob 74 f

Marryat, Florence 124 f
Materialisation 8, 73, 118 f,
    121, 129, 229, 240 f
Materialismus 83
Mattiesen, Emil, Dr. 33, 117, 188
McGowan, Samuel 167 f
Medium, Medialität
    8, 72, 115, 121, 157
Mirabelli, Carlos 117, 240, 247
Moody, Raymond, Dr. 67
Muskelaktionsspannung,
    Muskelkontraktion 17
Myers, Frederic W. H., Prof.
    93, 183, 186, 192

Naturwissenschaft 232
Nervenaktionsspannung 15, 17
Nervenfasern 17

Nervensystem 15, 17, 24
Nervenzelle 15, 17, 18
Neu-Stockholm 173
Newton, Isaac 232
Nielsen, Einer 117 f, 240 f
Nielsson, Haraldur, Prof.
    227 f, 242

Oberlin, Joh. Friederich, Pfarrer
    105 f
Oeder, Joh. Ludewig, Prof. 86 f
Olhaver, Hinrich 158
Osis, Karlis, Dr. 50, 58 f, 63
Ostranitza, I. Poltawetz v.
    95 f
Ouija-Brett 217 f

Paranormologie 6
Parapsychologie
    6, 7, 31, 235, 248
Parapsychophysik 7, 225 f
Persönlichkeitsstruktur
    22, 31, 49
Perty, Maximilian, Prof. 113, 114
Petersen, Erich, Dr. 118 f, 157 f
Phantom 73, 83, 117 f
Physik 15, 23, 24, 30, 232, 234
Piddington, J. G. 184, 196
Piper, Leonore 184, 195
Planck, Max, Prof. 248
Powles, John 124, 128
Präkognition 7
Prince, Walter F. 216
Psychokinese 3, 225

Rawlings, Maurice, Dr. 70
Reinkarnation 59
Religion 59, 234, 236
Renz, C., Dr. 52

Rochlitz, Joh. Friederich 158 f
Rosenkranz 152

Sagée, Emilie 44 f
Schleich, Carl Lud., Prof. 25
Searle, Humphrey 208 f
Ségur, Louis Phil. de 107
Seidler, Joh. Wilhelm, Prof.
    88 f
Selbstmord 70
Sherman, Harold 39
Sidgwick, Henry, Prof. 183 f
Silberne Schnur 32, 50, 54
Sinnesorgane 15, 32
Slade, Henry 247
Snell, Joé 51, 115
Society for Psychical Research
    183 f, 195, 221, 283
Speicherinhalt 22
Spiritistische Theorie
    9, 232, 237 f, 248
Spuk 73, 79, 164, 233
Stead, William 115, 116
Steinbuch, Karl, Prof. 24
Sterbebettvisionen
    50, 55, 58 f, 63
Strömberg, Sven 172 f
Swihart, Phillip, Dr. 70

Telekinese 8, 225 f
Teleplasma 118
Telepathie 7, 116, 168, 183, 239
Telka 220 f
Theologen 6, 67, 227, 235
Tod 8, 9, 12, 13, 22, 31, 49, 50,
    70, 72
Tod, klinischer 32, 50
Tolentino, Guillermo, Prof.
    225
Tracy, Walter 172

Trägheitsgesetz 232, 234
Trance 7, 117, 119, 157, 227
Trick 150, 231, 246
Tristar Jet L-1011 74 f
Tyrell, George 185, 221, 238

Ullmann, Viktor 211 f
Unsterblichkeit 233, 238
Unterbewußtsein
    122, 124, 183, 223

Verrall, Arthur, Dr. 183 f
Verrall, Margaret 183, 193, 197
Vision 54, 57, 73, 222

Wahnvorstellung 70
Wärmelehre 233
Weitzer, Demeter, alias Surya 27
White, Joseph, Prof. 20
Williams, Charles 150
Wolff, Christian, Prof. 83
Woodward, Kerry 210
Worth, Patience 218 f

Yost, Caspar 220, 222

Zehfuß, Heinrich 84
Zentralnervensystem 15, 16, 30
Zöllner, Friedrich, Prof. 240

Nachfolgende Bände
von
Werner Schiebeler

Aus der jenseitigen Welt
Wirkungen und Erscheinungen

Der Bildbericht eines Physikers

Physik, Biologie und Physiologie sind die Wissenschaften, die sich mit den Vorgängen der unbelebten und der belebten Natur befassen. Sie versuchen, die Gesetzmäßigkeiten für die „normalen" Natur- und Lebenserscheinungen zu finden. Daneben gibt es aber wenig bekannte und seltene Naturerscheinungen, die man als „paranormal" bezeichnet und die eng mit dem menschlichen Leben verknüpft sind. Es handelt sich dabei um Fernbewegung von Gegenständen, freies Schweben von Personen, Bildung und Auflösung von menschlichen Gliedmaßen, Gesichtern und ganzen Gestalten, die behaupten, verstorbene Menschen zu sein.

Entspringen solche Erscheinungen dem Unterbewußtsein der dabei beteiligten lebenden Menschen, oder sind es Wirkungen und Erscheinungen aus einer jenseitigen Welt?

Seit Jahrzehnten geht der Autor solchen Geschehnissen nach, beobachtet sie und sammelt Berichte darüber. Er hält sie für echte Naturerscheinungen, die auf eine neben unserer materiellen Welt bestehende jenseitige Daseinsebene hinweisen.

(Vorgesehen für Herbst 1989.)

Werner Schiebeler

Leben nach dem irdischen Tod

Die Erfahrungen von Verstorbenen

Der Bericht eines Physikers

Die beiden vorangehenden Bände „Der Tod, die Brücke zu neuem Leben" und „Aus der jenseitigen Welt" schildern die vielseitigen Wirkungen, die aus dem nachtodlichen Daseinsbereich auf unsere Erde einströmen. Sie zeigen, daß unsere materielle Welt nicht die einzige Lebensform ist. Diese Erscheinungen liefern die Erfahrungsbeweise dafür, daß der irdische Tod keinesfalls das Ende des Lebens ist und deuten auf eine anschließende feinstoffliche Lebensform in einer anders aufgebauten Welt hin. Seit es Menschen auf dieser Erde gibt, waren große Teile der Menschheit davon überzeugt, daß ein Nachrichtenaustausch zwischen den beiden Lebensbereichen möglich ist und daß man Rat und sogar materielle Hilfe von verstorbenen Vorfahren oder höheren Geistern aus der anderen Welt erhalten kann. Besonders Naturvölker machten davon reichlich bei der Jagd, der Kriegführung und der Aufklärung von Verbrechen Gebrauch. Damit war es ihnen möglich, den täglichen Überlebenskampf besser zu meistern. Bei den europäischen Kulturvölkern ging das Wissen um diese Dinge weitgehend in Vergessenheit. Erst der im vorigen Jahrhundert aufkommende moderne Spiritismus als praktische Ausübung der Verbindung zur jenseitigen Welt zeigte interessierten und wißbegierigen Menschen, daß man nicht nur gute Ratschläge aus einem anderen Daseinsbereich erhalten konnte, sondern auch umfassende Schilderungen über die dortigen Lebensbedingungen. Über sie wird in diesem Band berichtet, zugleich aber auch vor Phantasieerzeugnissen geltungssüchtiger Geistwesen oder Medien und leichtfertigem Umgang mit spiritistischen Praktiken gewarnt.

(Vorgesehen für Herbst 1989.)

Elisabeth Kübler-Ross

Über den Tod und das Leben danach

Zum erstenmal werden mit diesem Buch die Ergebnisse zum Thema „Über den Tod und das Leben danach" veröffentlicht, zu denen die berühmte Wissenschaftlerin und Ärztin Dr. ELISABETH KÜBLER-ROSS nach vielen Jahren des Erforschens an den Betten Sterbender gelangte.

„Ich glaube, es ist jetzt Zeit, daß die Leute wissen, daß der Tod gar nicht existiert, wenigstens nicht so, wie wir uns das vorstellen."

ISBN 3-923781-02-4
mehrfarbig, broschiert
90 Seiten, DM 16,80

Rene & Mirabelle Coudris

IM TRANCE-DIALOG MIT „C. G. JUNG"
ODER KONTAKTE MIT DEM UNBEWUSSTEN?

Durch das österreichische Channeling-Medium Mirabelle Coudris, bekannt durch den telepathischen Kontakt mit ihrem Ungeborenen („Ich kann sprechen", Goldmann-Taschenbuch), spricht eine geistige Wesenheit, die sich dazu bekennt, zuletzt als der große Kultur-Psychologe CARL GUSTAV JUNG gelebt zu haben. Ist er es wirklich? Für viele, die mit „ihm" – per Mira's bewußter (!) Tieftrance – direkt sprachen, steht das außer Frage. Auch Reporter von Presse, Funk und Fernsehen sind vom jenseitigen „JUNG" fasziniert, denn er weiß auf alle ihre Fragen tiefgründig zu antworten.
Die Themen des ersten Bandes reichen vom „Analytischen Denken" über „Traum und Wirklichkeit", den „Geheimnissen der Archetypen" bis hin zur „Psychischen Hormonfunktion" und der „Immunschwäche Aids".

ISBN 3-923781-28-8
illustriert, broschiert,
188 Seiten, DM 24,80

Prof. Max Seiling

Goethe als Esoteriker

Viele der heutigen unzähligen „Esoteriker" werden erstaunt sein, in Goethe einen der ihren entdecken zu dürfen. Für den wirklich Wissenden war es indessen längst kein Geheimnis, daß Goethe – der Freimaurer und Mystiker – ein erfahrener Esoteriker und großer Eingeweihter in die Urgeheimnisse des Lebens war. Astrologie, Mesmerismus, mystische Meteorologie, Physiognomik, Alchimie, Träume, Somnambulismus, Radiästhesie, Reinkarnation (über Frau von Stein sagte er: „Wir waren einst Mann und Weib") und last not least sein unzweideutiger Geisterglaube („Die Geisterwelt ist nicht verschlossen") spielten in seinem Forschen und Dichten eine nicht zu übersehende Rolle.

ISBN 3-923781-22-9
vierfarbig broschiert
mit zus. Goldschrift
154 Seiten, DM 22,80

Harold Sharp

Auch Tiere überleben den Tod

Indem das berühmte hellsichtige Medium Harold Sharp seine Erlebnisse mit „verstorbenen" Tieren erzählt, führt er zugleich den Beweis, daß Tiere den Tod überleben und sich aus ihrer jenseitigen Welt ihren irdischen Freunden bemerkbar machen oder zeigen können. Zugleich vermochte es der Autor, mit seinem Astralkörper das Jenseits aufzusuchen und das Erlebte in Erinnerung zu behalten. Somit haben wir in diesem Buch auch einen authentischen Bericht vorliegen über das Leben der Tiere in der jenseitigen Welt.

ISBN 3-923781-17-2
farbig broschiert
92 Seiten, DM 15,80

Anthony Borgia

Begegnungen in der Unsichtbaren Welt

In dem Buch „DAS LEBEN IN DER UNSICHTBAREN WELT" (Verlag „Die Silberschnur") hatte der bekannte englische Schriftsteller und Priester Robert Hugh Benson durch das Medium ANTONY BORGIA seinen Übergang in das Leben nach dem Tod und die jenseitige Welt, so wie sie ihm erschienen war, beschrieben. In diesem Buch führt er an der Seite von seiner Begleiterin Ruth einen Neuankömmling in das Jenseits ein. Sie zeigen und erklären ihm das Geschaute und stellen ihn einer Reihe von bedeutenden Personen vor, unter denen sich auch Tschaikowsky und Haydn befinden.

ISBN 3-923781-27-X
farbig broschiert
156 Seiten, DM 19,80

Hildegard Schäfer

WO SCHATTEN IST, IST AUCH LICHT
EIN BUCH ZUR LEBENSHILFE

Das vorliegende Buch der bekannten Autorin ist im besten Sinne echte Lebenshilfe. Es wendet sich an alle Menschen, die mit Problemen, Sorgen, Leid und Kummer belastet sind und zeigt, wie die persönlichen Probleme , Schicksalsschläge und negativen Einstellungen im Leben aufzulösen und in Positivität und Lebensbejahung umzuwandeln sind.

ISBN 3-923 781-21-0
farbig broschiert
162 Seiten, DM 19,80

Hans Sperling

Was die Welt im Innersten zusammenhält

– Versuch eines ganzheitlichen Weltbildes –

Der vielseitig gelehrte Dr. Hans Sperling, der mit über dreihundert Veröffentlichungen auf verschiedenen Gebieten hervorgetreten ist, schreibt am Ende seines Lebens ein Buch, in welchem er den Versuch unternimmt, die Erscheinungen dieses und des jenseitigen Lebens zu einem ganzheitlichen Weltbild zu verknüpfen.

ISBN 3-923781-18-0
farbig broschiert
124 Seiten, DM 17,80

Gertrud Walter

Unterwegs zur menschlichen Ganzheit

– Eine physisch-spirituelle Fastenanleitung –

Dieses auf Erfahrungen der Autorin begründete Buch gibt dem Leser Anweisungen, wie er durch verschiedene Fastenmethoden an Leib und Seele Nutzen für sich ziehen kann. Vor allem derjenige, der nach spirituellen Erfahrungen sucht, findet hier über die anschaulich dargestellten praktischen Anleitungen hinaus ein komplettes Programm zum Wecken und Entfalten seiner übersinnlichen Begabungen. Ein Fastenbuch also, das es für geistig Suchende und Esoteriker bislang nicht gab und das manchen in seiner Entwicklung weiter bringen wird.

ISBN 3-923781-16-4
mehrfarbig broschiert
176 Seiten, DM 24,80

Gerda Scheer-Krüger

Die Falterprinzessin
– Ein Märchen –

mit 12 farbigen Aquarellen von
Elisabeth Grünwidl-Tobler

Dieses bezaubernde und wunderschön illustrierte Buch ist weit mehr als ein Märchen. Es ist Ausdruck überirdischer Wirklichkeiten.

Für alle – vom jüngsten bis zum ältesten Leser, Lauscher und Betrachter –, die sich am lichtvollen Märchenglanz erfreuen können, wird der Text mit den wirklich „bezaubernden" Bildern ein willkommenes Geschenk sein.

ISBN 3-923781-23-7
farbig kartoniert
32 Seiten, DM 14,80